講座　近代日本と漢学

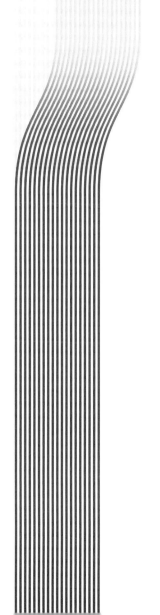

第5巻

漢学と教育

江藤茂博
加藤国安　編

戎光祥出版

「講座　近代日本と漢学」刊行にあたって

　ここでいう「漢学」という言葉は、「国学」や「洋学（蘭学）」に対しての表現であり、近代の用語である。それが近代以降の用語であるのは、それ以前において漢文漢籍を読解することは、学問そのものだったからだ。もっとも中国の漢籍から学ぶこと自体は、朝鮮半島を経た漢字の伝来から始まったといってもよいだろう。以来、日本人は漢籍から学び続けることになる。しかし、江戸幕藩体制から明治新政府に政権が移った時、天皇制日本は欧化政策による近代化を目論んだために、「漢学」という学問は衰退することになる。江戸時代後半には、各藩にあった「漢学」を学ぶ藩校も、明治期に入ると近代的な教科内容の学校として組み替えられていくか、廃止されていくことになった。

　しかし、江戸時代に育った若者たちには、手に入れた「漢学」の読解素養で新時代の知見を手に入れようとするものもいた。新しい帝都には、たくさんの漢学塾が開かれており、地方の若者たちが遊学したのである。もちろん、いち早く英語塾で学ぶものも多かっただろう。しかし、こうした西洋の言語や諸制度に、多くの若者たちが目を向けたことは、近代の私立学校の成立史にはっきりと示されている。やがて世代の推移とともに漢学塾そのものは消滅していき、漢文で書かれた小説を読むものも、漢詩文を作るものも少なくなっていった。明治末年、自然主義文学の流行からより新しい文学の台頭に見るように、明治期の近代的な教育制度のなかで育った世代が若者に成長してきたからだ。

　しかも、帝国大学文科大学の制度では、中国の文献を対象とした領域の「漢学」は、ひとつは各国文学としての中国文学に向かわざるを得ないことになる。各国文学とそれを対象にした学問研究が、近代国民国家の成立と共に生みだされたからである。さらに、学問体系が哲学・史学・文学に再編されていくなかでは、「国学」が対象としたものは、哲学（神道）と国史学と国文学に分かれ、「漢学」が対象としたものは、中国哲学と中国史と中国文学に分かれていく。これらを近代史のなかでの学問領域の再編と呼んでもいいだろう。

また、藩校や漢学塾などで学ばれていた、「漢学」の教育的要素は、近代教育制度のなかでは、中等教育に移されていく。その後、幾度も存亡の危機に会うことになる、いわゆる漢文科の登場である。

こうして、江戸時代後半期に「漢学」として明確な輪郭をこの日本に現した、いわば総合的な学問領域は、近代日本の諸社会制度のなかで切り刻まれ、その姿を消すことになる。あるいは、天皇制イデオロギーと結びついて、新たに再編された姿を現すことになる。ここでは、江戸時代から近代までの、日本の「漢学」という領域の軌跡を追うことで、広く学問というものの意味を問いたいと思う。そのための講座本を、何よりも漢学塾から展開してきた二松学舎大学が提供したいと考えた。漢学塾二松学舎の軌跡は、あるいは、創設者三島中洲の人生は、日本の「漢学」が近代社会のなかで揺れ動き、切り刻まれた歴史そのものでもあるからだ。

*

本講座本は、町泉寿郎を代表者とする「二松学舎大学　文部科学省私立大学戦略的研究基盤形成支援事業（SRF）」によるものである。ここでは、「漢学」が解体・再編された過程を、通時的、共時的かつ多面的にとらえることによって、「漢学」から日本の近代化の特色や問題点を探ることを目的とする。したがって、時間軸としては前近代・近代を分断せず通時的に見ることに努め、内容的には西洋由来の外来思想と東洋の伝統文化がいかなる接点を探ったかを問題とする。また、東アジア諸国を含む国外の多様な分野の研究成果をできる限り取り込んだ。より広い視野を備えた「近代日本漢学」という学問領域の構築と、その普及を目指したい。

二〇一九年一〇月

二松学舎大学学長　江藤茂博

目次

【凡　例】

・本講座の編集にあたって、文字の統一や表記、さらに記載内容・考察などは各執筆者に委ねた。したがって、各項目の文責は各項目執筆者に帰属するものである。
・本講座の写真の選択はすべて執筆者による。
・人名や歴史用語には適宜ルビを振った。読み方については、各章の執筆者による。

第Ⅰ部　藩校から近代学校制度へ

第一章　大原観山から安倍能成へ
——松山藩藩校と近代思想との接点

加藤国安

第一節　内藤鳴雪の語る二つの時代

江戸時代後期、わが国の文教事業の軸だった藩校は、その後どのようなプロセスを経て、明治へと移行していったのか。これまで少なからぬ報告があるが、ここでは伊予松山藩の藩校明教館を例に概述する。

小論をなすにあたり、まず当時「はからずも新旧両時代の接点に身を置くことになった」[*1]松山藩御用達の子息の名を上げたい。俳人内藤鳴雪《めいせつ》（一八四七—一九二六）である。鳴雪といえば周知のように、「人も知る如く俳句に於いては僕は子規《しき》子の徒弟である。子規子は僕の師である。……内藤鳴雪を造つたのは子規子である」[*2]と、親子ほども離れた正岡子規の門弟たることに、ただ謝意の一念をもって対した人物である。子規からすれば、郷里の先輩にして寄宿舎の監督者、またその漢詩の添削者にして、二一歳もの年長者にもかかわらずである。本名の素行《もとゆき》をもじり、万事成り行きに任せる流儀から「鳴雪」と号した。大人《たいじん》にして洒

＊1　『鳴雪自叙伝』「解説」（宗像和重）三九〇頁。本書は岡村書店（一九二二年）、青葉図書（一九七六年）、岩波文庫（二〇〇二年）の各版があるが、ここは岩波文庫版の頁による。

＊2　鳴雪『老梅居雑著』「獺祭書屋俳句帖抄」（俳書堂、一九〇七年）。

脱な風格をもった鳴雪。その人間味の豊かさとともに、また「幕末から明治という激動の時代を証言するすぐれた語り手」[*3]としての評価のゆえに、今も図書館の片隅で複雑化する当世の行方を眺めている。その書架の本こそ、かの『福翁自伝』と並ぶ名著『鳴雪自叙伝』である。本書の中には、じつは愛媛県の初期の教育改革の責任者だった鳴雪の発言が、貴重な証言として散見されるのである。

いわく、「寛政年間、桑名《くわな》の楽翁《らくおう》（補―松平定信）が当局中に漢学は程朱《ていしゅ》の主義に従うべきものと一般に規定せられてから、私の藩などでは殊にそれを遵奉していた。明教館にもそれらの明文を掲げてあるくらいだ」[*4]ったと。当時の明教館（現在、松山東高校敷地内にあり）の威風ぶりが想像されてくる。そして次の一文に来ると、思わず目が釘付けになった。「我藩の名君定通《さだみち》公が創始せられた……（明教館の）「学則の第一」に『学は程朱に従ふべき事』とあったのだが、私はそれを取り除《の》け」[*5]たとある。これはほかならぬ教育改革を任された責任者としての弁である。松山藩にとっては、きわめて重みのある伝統的な「程朱の学」をきっぱり除外した人物、それがこの鳴雪だった。

明教館「教則」[*6]を見ると、「講堂正面に白鹿洞《はくろくどう》書院掲示一枚、論語課会説一枚、各細字にて板に刻するを掲ぐ」とある。この「白鹿洞書院掲示」は、第三代藩主・松平定長《さだなが》（一六四〇―七四）が居室に掲げていた物を、講堂開設によりここへ移したものである。松山藩が三代藩主の時より朱子学を奉じていたことへの格別の矜恃《きょうじ》が、ここに見られる。また右述の「桑

＊3　『鳴雪自叙伝』「解説」三九〇頁。

＊4　同第六章、一一三頁。

＊5　同第十三章、二三二頁。

＊6　『日本教育史史料』第二巻「旧松山藩」八七九頁（文部省編、冨山房、一八九一年）。また『豫陽叢書』第七巻（予陽叢書刊行会〈松山〉一九七三年／昭和一一年刊の複製）所収『松山叢談』第四「松山藩学事」二二七頁。

上：明教館（外観）　下：明教館（内部）
共に松山市教育委員会提供

名の楽翁」松平定信こそ、九代藩主定国（一七五七—一八〇四）の実弟にあたり、松山藩が親藩としての自尊を抱く一背景でもある。「教則」について、「条目」第一条としてこの「学術は程朱に従ふべき事」が誇らしく配されている。だが、松山藩校の教育改革が始まると、この部分こそ「陳腐因循」（後述を参考）なものとして大きくクローズアップされるのである。

鳴雪またいわく、「明治三年……、従来の学規も教則もまた教官連をも凡《すべ》てを廃止した。……学科は普通科、皇典科、洋典科、医療科、算数科というを置いて、その普通科が実は漢学を主として日本の在来の漢籍やその他西洋の翻訳書等を教授させたのである。そうして、以前私どもが教えを受けた、老先生は凡てを免黜《めんちゅつ》して、比較的年の若くて多少西洋の話しも判りそうな者だけを教官に残し、その他は、私の同年輩あるいはそれ以下の聞かじりのハイカラ書生などを用いた」[*7]と。当時は「日本の旧来のものは何事も陳腐因循だとして、一も二も西洋でなければならぬという主張であった」[*8]がゆえの、大断行だった。東京・昌平学校帰

＊7　『鳴雪自叙伝』第十三章、二三三頁。
＊8　同第十三章、二三〇頁。

りの鳴雪の「ハイカラ病もいよいよ発作して」「思う存分に改革」[*9]を断行したのである。まさに、委細は後回しの拙速の最たる大転換劇だった。

そして右にいう、「以前私どもが教えを受けた、老先生」の代表的人物こそ、正岡子規の外祖父・大原観山《かんざん》（一八一八―七五）、その人だった。

第二節　明教館の開校前史

近年、伊予松山藩の大儒・大原観山について初の悉皆調査が行われ、その知られざる素顔が浮かび上がってきた[*10]。大原観山の旧蔵本・古文書などは計千数百点にも上り、これまで全く未着手だった調査が進行中である。

従来の観山像といえば、藩校明教館を代表する謹厳な朱子学者の印象ばかりが強かった。鳴雪いわく、「私は以前より漢学の方は自信があり、先生達にも認められていたので、先輩は勿論、先生達さえ別に恐いとは思わなかった。尤《もっと》も大原武右衛門、号を観山という、即ち正岡子規の母の実父に当る人は、経書も歴史も詩文も総《すべ》ての漢学に熟達し、人物も勝れていたので、この人ばかりは恐れていた」[*11]と、鳴雪も畏怖する大儒だった。ただ調査が進むにつれて、意外にも洋儒兼学の実践に意欲的にこれ勉め、内外の「知」を総覧してわが国流の近代化を模索していた様子が分かってきた。しかし結局、幕藩体制は崩壊。松山藩は朝敵となっ

＊9　同第十三章、二三二頁。

＊10　加藤国安「幕末の一儒の載道精神―伊予松山藩儒・大原観山旧蔵書考」（『日本中国学会報』第六九集、二〇一七年）。

＊11　『鳴雪自叙伝』第八章、一四七頁。

大原観山肖像画　個人蔵

たことで、御用達として藩政を支えてきたがゆえの挫折感はすこぶる大きかった。かくして「天下の為に外冦を憂ひ、藩主の為に遭厄《そうやく》を憂ひ、子弟の為に廃学を憂ふ。憂ひて已《や》まず鬱《うつ》悒《ゆう》」（藤野海南《かいなん》「観山先生墓表」*12）のまま没する。この「子弟の為に廃学を憂」いたという「廃学」こそ、鳴雪が「陳腐因循」だとして決然敢行したものだった。

　では、その内実とはどんなものだったのか。以下、当該藩の学問と教育について概観してみることにしよう。松山藩藩校の創設には、高橋復斎《ふくさい》（天明八―天保五年／一七八八―一八三四）が深く関わっている。復斎の事績を略述すると、*13藩主松平定通《さだみち》（一八〇五―一八三五）の命により昌平黌に学び、古賀精里《せいり》の業を受け、日夜勉学に励み群籍を閲読すること七年。高い成績を修めたことで抜擢され、書生寮の舎長を務めることとなった。その名を聞いた学頭・林述斎《じゅっさい》が接見し人物を見定めるや、松山藩の役人に会った際にはしばしばその人となりを称賛した。文政四年（一八二一）、定通公（一八歳）の侍読に上げられ、「動静涵養之要」*14（日常生活での大切なこと）数十条を進言。その忠勤ぶりを聞き、定通公の叔父・桑名の老侯（松平定信）が召して報奨を賜ったという。復斎は藩主のためによく仕事をこなし、少しでも補佐すべき所があれば為さざるなく、定通公が江戸出向となれば、そのつど勤労にこれ努めた。文政一一年、藩は府学（明教館）を建設することとなり、復斎を改めて教授に任じ、また同事業の総括者とした。建物の設置や学制に関しては、ほとんどが彼の建策によった。議論紛々とした状況が続いて起きたが、そのつど復斎の対応は流れるようで、人々はそ

---

*12　『大原観山遺稿集』（愛媛文学叢書刊行会、一九八二年）。

*13　日下陶渓「松山故府学教授高橋復斎先生之墓碑銘」（『日本教育史史料』第五巻、二四七頁／文部省編、冨山房、一八九一年）。また『陶渓文集』下巻「高橋復斎先生墓碑」（写本〔松山〕伊予史談会蔵）。

*14　『陶渓文集』では、「動静涵艱之要」とする。

の才幹に服さないものはなかったという。

かくして、観山らを含む松山藩の「知」を育てた藩校明教館が、ここに誕生する。同館の創設については、全国的な藩校設立の気運に対応したものと見がちだが、同館開設に至るまでの藩の長い文教政策の積み重ねがあったこともぜひ理解すべきである。そこには文化の建設のために、多くの先人たちが払ってきた尊い苦心が、「開校前史」としてあったのである。また明教館史を、単に開学から廃学までの四〇余年の区切りのみで考えることも適当ではない。同校が残した遺産と近代化との関連、すなわち「閉校後史」もあわせて見なければならない。

そこでまず『松山叢談』「松山藩学事」[*15]、『同』各藩主世家[*16]、および『日本教育史資料』第五巻「旧松山藩」などをもとに、その開校前史を概観してみよう。先に述べたように、松山藩の朱子学への関心は早い。三代藩主の久松定長の時、城内の大書院において儒者・長谷川正庵を招き、家老以下に『大学』を聴聞させ、また、直筆の白鹿洞学規、論語課会説の額を掲げさせている。この白鹿洞学規が、のちに明教館が開設されると、「定長の世、居室に掲げし物なりしを、此堂（講堂）創立に付、之を此に移せしなり」（「松山藩学事」）と記されるものであり、これぞ松山藩の誇りとする精神の至宝だった。

松山藩の勃興期を牽引した四代定直《さだなお》（一六六〇―一七二〇）も、自ら将軍綱吉の講書に連なる篤学の君主だった。嫡子定英《さだひで》公（第五代藩主）への「小訓」にも、「小学、四書の講習、

*15　前掲『豫陽叢書』第七巻。

*16　『豫陽叢書』第五巻所収『松山叢談』第十「瑞竜院殿定国公」、『同』第六巻所収『松山叢談』第十一「文楽院殿定則公」、第十二「爽粛院殿定通公」、第十三「隆聖院殿勝善公」、第十四「寛裕院殿勝成公」、第十五「忠敏定昭公」などによる。

幾遍も委細相極《きわめ》、無用の雑書、一切に被致見聞間敷候」（『却睡草《めざめぐさ》』）[*17]と記すほどである。そして土佐南学の大高坂芝山《おおたかさかしざん》（一六四七―一七一三）や、浅見絅斎《けいさい》門下の大月履斎《りさい》（一六七四―一七三四）を召し抱えた。履斎は「御家中の面々、御政事ニ御用ニ相立候様ニ、みちひき教可申旨申上しとかや。朱学なれとも経済を専らとせし趣なり」[*18]（「却睡草」）と、藩政の向上のため家臣全体の実学的研修の必要性を説いた。履斎の『燕居偶筆《えんきょ》』[*19]は米価政策の先駆的な経済論として、今日でも高く評価されている。

六代定喬《さだたか》（一七一六―一七六三）は、履斎の門弟三戸新兵衛・松田東門を登用して儒学を藩内に普及させた。七代定功《さだかつ》（「さだなり」ともいう／一七三三―一七六五）も、三戸（崎門学《きもん》派）、尾崎国治（堀川学派）、佐藤勘太夫（朱子学派）と幅広く学び、詩文に耽らず経学を根本とすべしとする通達を出している（「文学の儀は、人たる道の根本に候へば、一統相学可申事に候。然しながら経学の本意を失ひ、只だ詩文章のみ専らに相学候儀は、心得違に候。経学を主とし相学可申事」[*20]）。

八代定静《さだきよ》（一七二九―一七七九）になると、藩内は仁斎の古義学（堀川学）が根強かったものの、江戸の徂徠学派が力を持つようになってきたことに鑑《かんが》み、安芸の斎宮必簡《いつきのみやひっかん》（服部南郭の門弟／一七二九―一七七八）を招き、毎月講筵を開いて藩士に聴講させるなどした。こうした好学的な空気のもと、御前講釈役の浅山数馬（徂徠学派／一七五四―一七九七）が、安永七年（一七七八）、急進的な提言を行う。大要は[*21]――、現在、お上には儒学を好まれ、時に

＊17　『却睡草・赤穂御預入始末』（伊予史談会叢書一三、一九八六年）一五頁。松山藩儒・安井熙載（一七九〇―一八二七）著、一七六編の逸話集。

＊18　同、八六―八七頁。『日本教育史資料』第五巻、二二〇頁にもあるが、異同がある。今、右の伊予史談会叢書本による。以下同。

＊19　『日本経済叢書』第六巻（日本経済叢書刊行会、一九一四年）、『日本経済大典』第十一巻（明治文献、一九六七年）、『日本思想大系』三八（岩波書店、一九七六年）「近世政道論」と代々刊行されている。

＊20　『日本教育史資料』第五巻、二二二頁。原典は『政法編集』。

＊21　同第五巻、二二三頁。原典は『松府古士談』。

講釈なども仰せつけられるが、ご家中にはさして学者も出ておらないように思う。これはお上が真から儒学を好んでいるというのではないからであろう。また世間体で講釈を仰せつけられているが、これも真から好んでいるというのではないから、下も上に習って世間体で講釈を聞きにきて、ただその座に連なっているだけで、内実は書物に向き合っているわけではない。お上が真に儒学を好まれるなら、他所より儒者を召し抱え、学校の創建を仰せつけられるべきである。そうすればお上より学問の儀を勧められずとも、自然とよき学者も出てくると考える。今のままでは世間体で行っている学問だと下々も考え、世間体の学問しかしない。これでは風紀上好ましくない、云々と。

まさに一刀両断的直言だったがゆえに、かえって共感の輪は広がらず、「才量有ニまかせて、浅学にて事を行ひ、御政事を改め、万事を俄ニ動せし故、俗人等不帰服従、終ニ事破たり。可惜事也」[*22]（『却睡草』）の途絶に終わった。浅山の構想はその性急な物腰が災いし破綻となったけれども、藩の現状を洗い出し課題を明示した点では大きな意味があった。

九代定国（一七五七―一八〇四）の代になると、自身好学の藩主だったこともあり、年来の課題に取り組むかのように、学問の興隆に向けて本格的な施策を開始する。定国はかの田安宗武の次男で、弟が松平定信という好学一家の出で、幼時より壮年に至るまで細井平洲の教育を受け、開明的な君主へと成長していった。藩儒としては宇佐美淡斎・杉山熊台《ゆうだい》（以上徂徠学）・由井天山・丸山南海（以上仁斎学）・宮原龍山（崎門学）らを揃え、学校創建の好機

＊22　同第五巻、二二七頁。原典は『却睡草』で前掲叢書本九二頁。

到来となった。が、財政難と干ばつによる農村の危機に加え、不運にも藩主が病没したことで、実現は次の代を待たねばならなかった。定国以後の松山藩は、定則―定通と田安家出身が三代続き、親藩意識がより純化されるとともに、江都の文教文化への傾斜度が深まっていく。

文化二年（一八〇五）、一〇代定則（定国の子息／一七九三―一八〇九）は、叔父松平定信の訓育を受けて成長した。定信公が直接定則に宛てた「書付」によると、「主人と申者は、兎《と》角《かく》寛大になければ不相成。寛大に無之候而《て》は、人も服し不申、国家治まり不申」として、「寛大は万の御徳」たるをわきまえて、「文武の道」[*23]に励むよう説いている。そして初めての藩校・興徳館が士族の邸宅を用いて開かれ、小規模ながらも念願が実現した熱気と歓喜が藩内に広がった。「夥敷《おびただしき》書物御買上ニ相成、稽古場へ拝覧被仰付、我師杉山熊台、蒙命頭取られたり。尤《もっとも》復古の学也。御用掛の士八人被仰付、何《いずれ》も時の秀才也。炭、あふら、紙、筆ニ至る迄被下之、夜陰も九ツ時迄、諸士勤学せり。月々勤怠の帳面を官ニ奉る。追々英才もおひたゝし」[*24]（『却睡草』）と、その昂揚感が伝わってくる。興徳館では熊台の「復古の学」（徂徠学）を修め、また丸の内に別の学問所を興し宋学を主として学んだ。さらに江戸藩邸の子弟教育として愛宕町下屋敷に学舎を設け、定信公に校名をお願いすると、「早速、三省の二字を御自筆にて、御認被遊被下置」[*25]（『可与権』）の運びとなった。藩内では、「追々、学校の式を以て御造立あらは、幾千代かけて難有御事なるへし」[*26]（『却睡草』）と、本格的な学校事業に向けて期待が盛り上がったが、文化六年（一八〇九）、定則は一七歳の若さで没してしまう。

＊23　前掲『松山叢談』第十一、二二頁。原典は『豫陽老諺集』。

＊24　『日本教育史資料』第五巻、二三二頁。前掲叢書本『却睡草』二七頁。

＊25　同頁。原典は加藤鶴居筆録『可与権』。

＊26　『日本教育史資料』第五巻、二三二頁。前掲叢書本『却睡草』二七―二八頁。

＊27　梶原景毅《かげたか》『残香録』（天保八年〈一八三七〉）。定通公の事績を伝えたもの。その跋文

この不運を乗り越えて、弟の定通が一一代藩主となりこの事業を承け継いで行く。「天性英武」にして「博覧多識の御学力」[*27]（「残香録」）と称えられ、また幼年時にかの楽翁より「能々《よくよく》根本の所を御考なされ候」[*28]（「久松家記」）との薫陶をたっぷり受けただけに、定通の施政は腰が据わっていた。文化八年には宮原龍山から『大学』、杉山熊台から『孝経』の講釈を自ら受けている。同一一年には物故した龍山の後任として、大和の儒者池内貞輔を賓師として招聘し、城内外の諸士に広く聴聞を許した。さらに翌年九月、藩主自ら幕府儒官の古賀精里に入門するほど熱心に取り組んだ（「公、古賀弥助殿樸へ御入門にて、御学問なさせ給ひけれ云々」[*29]）。これは古賀精里への入門の礼を取りつつ、松山藩の指導者養成への支援を依頼し、かつ藩内に朱子学への全面転換の範を示そうとするものだったのではないか。これに符合するかのように、「文化十二年、以命入江戸昌平学、従学精里古賀先生、改宗洛閩《らくびん》、棄旧学」（「松山府学前教授日下陶渓《とうけい》（伯巌《はくがん》）先生之墓碑銘」[*30]）とあり、同年、藩儒日下伯巌が精里に入門し、蘐園《けんえん》（徂徠）学から洛閩＝朱子学へと転向しているのである。前述の高橋復斎が「以藩命入江都昌平学、受業於精里古賀先生」[*31]というのも、ほぼ同時の入門と推測される。かくして昌平黌での朱子学の修得を推進し、藩校開設への機運が進展するかに見えたが、またしても天災、そして藩財政の窮乏もあって持ち越され、結局、文政一〇年（一八二七）八月一〇日になって、ついに定通公の「御直御意」が告げられるのである。いわく「元来、治国之基は、人倫之道厚く、四民、業に安し候て可相立処……、一統際立、文武之道相励」[*32]云々と。ここに「開学

は大原観山の手になる。『松山市史料集』第三巻（近世編二、一九八六年）所収、一〇五一頁。『松山叢談』第十二、一二九頁にも引かれる。

＊28　『松山叢談』第十二、一三〇頁。『日本教育史資料』第五巻、二三七頁。全体は計九条からなる「覚」で、楽翁の熱意のこもった教育論である。

＊29　『日本教育史資料』第五巻、二三五頁。『松山市史料集』第三巻（近世編二、一九八六年）所収、一〇五五頁。が、「樸」を「模」と誤る。

＊30　同第五巻、二四八頁。『松山叢談』第十二「爽粛院殿定通公」一七一頁。

＊31　同第五巻、二四七頁。『松山叢談』同右、一六九頁。

＊32　同第五巻、二三三頁。『松山叢談』同右、七五頁。

前史」は終わり、いよいよ明教館の開設が予告されることとなる。

第三節　明教館の創設

文政一一年、念願の明教館開設。その内容は「松山藩学事」に詳細に記されるが、今、要点のみを拾う。教授陣に日下伯巖（四四歳）、高橋復斎（四一歳）が、助教に宮原弦堂《げんどう》（精里門下）ら、助教仮役には歌原松陽《うたはらしょうよう》（同門下）が任命された。前述のように明教館の組織・教則は復斎の案をもとに、伯巖も協力して事に当たった。明教館の扁額には藩主の自筆が懸けられ、そして講堂正面には、あの三代定長が居室に掲げていた白鹿洞書院掲示一枚がここへ移された。松山藩の誇らしげな表情が目に浮かぶ。「教則」「学則」も定められ、「学は程朱に従ふべき事」とある。冒頭にも述べたが、内藤鳴雪が「私の藩などでは殊にそれを遵奉していた。明教館にもそれらの明文を掲げてあるくらいだ」ったと回顧する通りである。

この「白鹿洞書院掲示」（南宋・朱熹《しゅき》）だが、「親と子」、「上司と部下」、「夫と妻」、「兄弟姉妹」、「友人」関係において、敬愛の心や相互信頼などを大切にすることを謳《うた》い、その実践の総計としてよき自己→よき家庭→よき社会→よき国家へという徳治構造を示したもので、これ自体は言い古された倫理観ではある。が、ここで朱子が言いたかったのは、その解説部にいう「今日の学ぶ者は、自己の名声・利益を求め、あまりにも本来の姿から逸脱している」の批判の

明教館（看板）　松山市教育委員会提供

通り、自己の学問のあり方そのものが科挙合格（そして将来の立身出世）のためという私本意に堕している以上、その延長線上の国家も堕落していることを問い糾そうというものだった。要するに、学問は万民＝公共の幸福につながるものでなければならないとし、その新たな全人格性の探求を高く掲げた書院＝学校の登場こそが画期的だったのである。幕府が朱子学を官学とした大きな一因である。

毎年正月八日が松山藩校の開講日だった。その式次第は、「講堂正面に文宣王（補―孔子）の画像を懸け、藩主、正服之《これ》を臨む。自ら瓶酒を奠《てん》す。次で教授、白鹿洞掲示を講義し、次で助教、奠を徹《ママ》し、之を銚子に移し、近習、之を受け、藩主、聖像の前に出て一杯を飲む。拝して退く。礼畢《おわ》る」（「松山藩学事」）と。毎年の正月は教授による白鹿洞掲示の講義で始まるのである。

次に明教館の漢学だが、小学（学齢―八歳）と大学に分けられ、まず小学は一等から五等までとし、一等―論語、二等―孟子、三等―大学・中庸・小学、四等―詩経・書経、五等―易・春秋・礼記を課し、大学は六等と七等からなり、六等―四書、七等―五経を課した。教育はすべてが四書五経なのである。象徴的な一則を示せば、「講堂・学問所に設る会講は、四書・五経・小学・近思録の外は之を禁ず」とある。もし、史子を読みたい場合は、「各自の意に任すと雖も、唯独看して質問するを得るのみ」（同）と制限された。

毎月の講義も細かく規定された。二七の日（毎月六回）は講堂での「表講釈」で、教授もしくは助教による大学・論語の講義。家老以下藩士も出席、藩主も在邑の時は臨席する。鳴雪が「君侯は学問所へは月に二回ずつ来て講釈を聞かれ[*33]」たと記す通りである。四九の日（毎月六回）は「内講釈」といい、学生のために教授が五経を講釈。またその夜は、小学・左伝等の会読を行う。三の日は教授・助教ともに出席して論語を輪講する。

　試験は「試業」といい、一年に一度、藩主の臨校のもと、「経籍を講せしめ、又唐本通鑑《つがん》等を読ましむ。且つ詩文類を出して之を作らしむ」とある。藩主不在の場合は「家老、之に代る」と定められていた。それは鳴雪の自伝に「漢学生に取っては晴れの場所であった[*34]」と記される大イベントだったのである。

　さて、標題に掲げた観山もこの「教則」を遵奉し、そして高い学力に至った。同校の後輩・藤野海南はいう、「天下の英才、千万人の上に傑出する者……、木下順庵は年十三にして……、祇園南海は年十七にして……、熊沢蕃山は年十六にして……、太宰春台は……年僅かに十五」（「大原士行〔観山〕の題詠花鳥図巻に題す[*35]」）と、大先哲と並べて観山を藩内に「才名」を響かす先輩として評するのである。朱子学を軸とした全人格的教育体系が整備される中、その申し子ともいうべき人物の登場、それが大原観山だった。

　その観山は、少年期は歌原松陽（一七九七―一八五九）に、青年期は日下伯巌（一七八五―一八六六）により学問の基礎をなした。その篤学ぶりを伝える詩が残っている。天保五年（一八三四）の作で、

＊33　『鳴雪自叙伝』第四章、七九頁。

＊34　同、第六章、一〇八頁。

＊35　前掲『大原観山遺稿集』。

「除夜作」（『観山遺稿　詩』（「十五歳〜二十歳迄」）[*36]）

検暦明朝又是春、幽斎守歳暗燈親。回思十有七年事、身属乾坤一罪人。

明朝が来れば新春、書斎で大晦日を過ごし灯りに親しみながら、この一七年を振り返る。（己の勉学不足を思うと）乾坤の一罪人かと思えてくる。——一年の目標に及ばなかった自分を見つめ、懈怠のあった日々をきびしく問うているのである。

天保六年、第一二代藩主・勝善公襲封。その翌年、観山一九歳の詩にいう、

「歌原碧山先生席上作」（同）

五年恩沢与天同、慚愧中心猶有蓬。壁掛鳶飛魚躍字、又知訓戒在茲中。

一四で歌原先生に教えを受けて以来五年、その恩沢は天と同じほど。しかし自分の中にある卑小さが恥ずかしい。壁に「鳶飛魚躍」の字を掛け、これを訓戒としている。——鳶や魚が持っている能力のように、「飛躍」せんことを座右の銘にしていたという。ストイックな書生であるとともに、心の伸びやかさを大切にする文人肌の思想家でもあった。歌原碧山は松陽の別号。のちに観山の義父となる人である。

第四節　観山の洋学

天保九年（一八三八）、二一歳で江戸へ遊学し、以後、安積艮斎《ごんさい》塾および昌平黌にて佐藤一斎・

*36　大原家蔵、写本。

古賀茶渓《さけい》らに学ぶこと計八年。また斎藤拙堂《せつどう》の論著からも多くを学び、以後、日本を覆う内憂外患に心を痛め、天下の大儒の薫陶の下、硬骨漢の儒人へと大きく脱皮していく。その胸中にいつもあったのは、毎年正月の開講式における「万民＝公共の幸福につながる儒学」の教えだっただろう。学問は天下の万民のために行うもの――、その思いが観山をして朱子のいう「当世の用」としての経世論へと導いていく。この頃の詩にいう――、

「偶題」（『観山遺稿　詩』（「廿一歳ヨリ東都留学中作」）[*37]）

前聖不可追、後聖不可待。吾曹将求師、彼此共已矣。
斯道終不滑、煌煌遺経在。恰如絲有経、緯以子与史。
棄之更何向、矻矻死而止。独学誠固陋、博文要約礼。
訓詁与詩章、勿事名声美。

昔の聖人は追うことができず、未来の聖人は待つことができない。されば我らはよき師を求めることが大事、それはかなえることができた。斯道は決して乱れることはなく、経典もその輝きを失っていない。あたかも縦糸に経学があり、横糸に子史があるように。この学問を棄ててどこへ行こうというのか。自分は努力を続け死して止むまでだ。殻にこもった学びで固陋になってはいかぬ。知見を広くし礼にかなった実践をすることが肝要。訓詁でも詩章でも、名声を求めるようなことはこれを慎まんと。――世風が洋学へと大きく揺れる中で、彼は思う、「之を棄てて更に何《いず》くに向かはん」と。また思う、これまでの学問以上に果たし

＊37　子規記念博物館寄託本、写本。

てどんな優れた「斯道」が有るというのかと。ここに当時の観山の学問観が端的に示されているといえる。だが素朴な疑問として、あれだけ激動する世にあって、真にこの域内に籠もって自若たり得たのだろうか。

観山旧蔵本を調べて行くと、幕末の大儒・安積艮斎翁への敬愛心を物語るものが多数存する。艮斎著『朱学管窺』に朱子学の大要を学んだのを初め、『観山遺稿　詩』中の朱点は艮斎筆による。巻頭に「艮翁評　戊戌到至己亥」と墨書された一冊子があるが[*38]、これは天保九年から一〇年にあたる。観山、二一から二二歳時のものだが、これは『安積艮斎門人帳』天保九年戊戌の条に入門記録者として、「松平隠岐守御内　大原城之介」と観山の名が見える、この時のものと確認される。また前掲の「写　廿一歳ヨリ東都留学中作」と題辞される『観山遺稿　詩』にも、「安積艮斎翁批評」とある。さらに『観山遺稿　文』上（「少壮ノ稿[*39]」）の批点者も、また艮斎翁である。この中の「豕書《しのしょ》」は、観山の時事的危機感・憂慮を諧謔的に綴ったものだが、師からは遊戯の文章だが、情意ともに言葉に力があり、それを表現する修飾も十分であるとの辞をもらっている。このほか[*40]、「艮斎先生著書目」（自筆写本）、「諸家文録」一（同）中の「艮斎文略序」「小洞記天」「松風亭記」にも師艮斎への深い信頼が窺われる。

その艮斎の著書で当時大きな影響を持ったのが『洋外紀略』である。観山旧蔵本中に本書は確認されないが、目を通していた可能性は高い。また、観山筆「翻訳蘭書[*41]」の目録には、「夷匪犯境録」（安積艮斎序）というアヘン戦争の記録も見える。が、観山が師の文書中、もっ

＊38　大原家蔵、写本。

＊39　同。

＊40　「艮斎先生著書目」は大原家蔵、写本。「諸家文録」一は子規博寄託本、写本。

＊41　前掲寄託本、写本。

とも強い関心を持ったのは、おそらく、フィルモア米大統領の開港を求める国書だっただろう。その漢訳は艮斎の手になったものだった。それは「洋夷上書訳本」[*42]（観山自筆写本）に収録されているが、ここで米大統領は、もし貴国の君主がこれまでの仕来りにならい、他国の入港を禁止するのが国法であると仰せなら、まず数年、あるいは五年から一〇年、米国との通商が利益があるかどうか試されて、もし利益がないと判断されたなら、その時は元通りにされても構わない」と紳士的提案をする。だが、同時に提出されたペリー提督書翰の方では、「もし和約の儀、御承知無く候はば、来年大軍船を取り揃へ、早速渡来致すべく候」、さらにもう一通のペリー書翰でも「篤と御分別」あれ。そうでなければ、「来三月頃を待て、夫《それ》〱の船を連て、江戸の海へ乗込」と脅迫、この「砲艦（恫喝）外交」に観山は大きな衝撃を受けたのだった。

斎藤拙堂（津藩の藩校督学）は、安積艮斎と並び称された幕末の「知」の巨人で、観山が大きな影響を受けたもう一人の大儒である。観山筆「翻訳蘭書」には「鉄研斎輶軒書目　拙堂著」とある。外虜の侵犯から守るための図書目録だが、拙堂のこの目録と重複する観山筆「翻訳蘭書」の書名を拾うに、『采覧異言』『訂正増訳采覧異言』『職方外記』艾儒略（ジュリオ・アレーニ／イエズス会士）『外蕃通所』「辺要分界」『蝦夷志』『北海随筆』『海東諸国記』（朝鮮・申叔舟）『西域聞見録』（清・長白）『蒙古源流考』『三国通覧』『魯西亜志』（桂川甫周?・）（『環海異聞』大槻玄沢）等がある。拙堂は『増訳采覧異言』（山村昌永〈才助〉）を熟読し、世界的

＊42　前掲寄託本、写本。

視野を広げ、国際情勢を知る上で大きな助けとしたが、観山もそれに習ったのではないか。また、観山旧蔵書『大日本輿地便覧』[*43]は、山崎義故著・斎藤拙堂序であり、拙堂からの影響は随所に見られるところである。

観山が蘭語も学んだらしいことは、その「翻訳蘭書」に、『蘭言随筆』『和蘭説言解』『和蘭訳筌』（前野良沢著）および『ガランマチカ』（Grammatica　小原亨訳）『セインタキス』とあることから窺われる。藤野海南筆「観山先生之碑」（前掲）にも、「方《まさ》に米使の初めて至るや、学者未だ華盛頓《ワシントン》の何れの地なるかを知らず。先生曰く、「北米に華須賓格頓《ワスヒングトン》有り。蓋し是ならんか」と。後に地図を験ずるに果たして然り」と記し、このワスヒングトンについて、海南は「蓋し当時、訳者は蘭語を用ふ」とすることからも、観山が一心に西洋事情の書を筆写し学習に努めていたことが分かる。

以後、観山は一三代勝成公、一四代定昭公のもと、母校の教授や御用達の任に就く。その頃の観山について、文久三年（一八六三）、その学生だった鳴雪が「この人ばかりは恐れていた」（前掲）と回想もし、「老先生は凡てを免黜《めんちゅつ》」（同）したとも述べるが、さてどこまで「老先生」の胸中を見通せていたか。

ますます「天下の為に外寇を憂」（前掲）えるようになっていた観山――、『観山遺稿文』[*44]の「儒者角抵序」にはこういう、「（国君封侯の）徒《いたずら》に其の講を聴き徒に其の文を誦し、未だ嘗て実に道を求むる心有るを聞かず。……（儒者亦た）能《よ》く道を以て之（国君封侯）を

＊43　大原家蔵、写本。

＊44　大原家蔵、写本。

輔《たす》くる者有るなし。……今の儒者は徒に其の名のみ有りて其の実無し」と。「徒に其の講を聴き、徒に其の文を誦」するだけでは、儒学の「道」に真に通じたことにはならないとし、今の内憂外患のもとで儒者が「其の実」を上げようとすれば、この「道」について熟考し、これ以外のどんな社会秩序の体系が西洋にあるのかを確認すること――、これこそが、今日の「国君封侯」に真にお仕えし、万民の幸福につながる重要な責務だと洞察したのだと思われる。

観山いわく、「予嘗て外国の蛮夷の書を読み、其の風俗・政刑を考ふるを喜ぶなり。……惟《こ》れ国家は深仁・厚沢なるに因り、蛮夷の事と雖も苟も取るべきは、則ち政教を輔《たす》け民理を成すに資するを以てす。故に奇術・異芸は日《ひび》に盛んにして月に新たなり。而して蘭学も亦た因りて以て興る。嗚呼、此れ以て其の天下に公たるの心を観《み》るべきなり」（『環海異聞序』[*45]）と。たとい西洋のものであれ、真に天下のためになるものは学ぶべしと。だが問題なのは、「今者《ちかごろ》は洋夷の跋扈し、吾が治化を間《へだ》つるは年として茲《これ》有り。物価は踴騰《ようとう》し農商は食に艱《くる》しみ、東西に防戍して将卒は奔命に疲れ、其の害を為すこと、豈に特に強梗の其の間に間隔するのみならんや。……悪は極まり罪は大なり」（「噬嗑卦」[*46]）とし、すなわち他者の生存環境を一方的に抑圧しながら、自己の膨張を遂げようとする非道な政治は大罪だと道破したのである。

しかし西洋の圧倒的な武力の前に、ついに幕藩体制の崩壊の日がきた。観山詩にいわく――、

「感寓」[*47]（『観山遺稿』抹消詩）

＊45　『観山遺稿　文』（大原家蔵、写本）。

＊46　同。

＊47　『観山遺稿』の詩集に相当する冊子は一一種あるが、これは実子・加藤（大原）恒忠編『蕉鹿窩遺稿』の草稿に相当するもの。少なからず抹消詩がある（大原家蔵、写本）。

尚新好異果何為、一利安知百害随。今日廟堂称復古、怪来事事学洋夷。

最近の世相は新しく変わったものを好むが、一体それで何ができるのか。一利を求めて、百害がついて回るのを知っているのか。今日、ご政道は復古だと称しているが、それならなぜ洋夷に学ぶのか。

「或伝藤野士廸見余偶題及元日作云々」*48（『観山遺稿』抹消詩）

悪胡豈是為妨儒、不除此弊賊難除。識否内憂兼内患、禍根総自解行書。

今日、悪胡が儒学を妨げるどころではない。この弊害を除かなければ賊はなくならぬ。内憂と内患は一体のものであって、その禍根はじつはすべて洋学に起因する。

この絶望的な西洋観の根底にあるものは何か。定長公以来二〇〇年、松山藩主・藩民をあげて築き上げてきた「斯道」による藩政。大きくは三〇〇藩を統率する徳川の幕藩体制というもの、それが西洋の砲艦外交により一切が破砕させられるに至ったと痛哭されたことによる。本来、その国の未来はその国の国民の手で構築されてこそ、民情によく適い歴史的発展に合致したものを構築することができる。さればこそ観山も懸命に「外国の蛮夷の書を読み、其の風俗・政刑を考ふる」（前掲）にこれ努め、日本が変わるべき新しい国のかたちを模索したのだが、その努力も横暴な狂乱により潰えてしまった。二五〇年間、営々と積み上げてきた「斯道」の文化を敵視して放擲し、洋風一元による普遍主義の跋扈する事態となった。

では、新時代の「斯道」とはどういうものなのか。「共和倣《なら》ふべきなり」（『観山遺稿　文』「禅

---

*48　同。

譲論」)と叫ぶ、その根本の人間性を示す西洋の「斯道」とは何なのか、皆目分かってはいなかった。洋学の書は天文・地理か、医術・工芸がほとんどで、「風俗政刑の若きは、則ち十に其の一に居るのみ。蓋し予の固陋なるに、寡聞にして未だ之を見るに及ばず」(前掲「環海異聞序」)と。ゆえに、西洋諸科学と道徳を統合する西洋の「斯道」が見えてこなかった。西洋の近代化とは、人類にとって異次元の倫理緩和を意味したから、所詮見えるはずもなかったが……。東西に通底する全人的な「掲示」が全く準備不足な中、新世代の学校ではどんな「書院掲示」を掲げるべきなのか。肝心の「斯道」の精神文化がないままに、ただ物質文化だけがなだれ込んで来たのである。

第五節　観山から安倍能成へ

では、その後、松山の漢学はどのような道を歩んでいったのか。ただ潰滅の道を突き進んだだけだったのか。「閉校後史」も概観してみることにしよう。明治三年、新政府下の松山藩の教育を管轄したのは、前述したように権少参事・内藤素行(鳴雪)だった。彼の断行により、観山ら「老先生」は退任。その、観山は自分の私塾で孫の子規らに白鹿洞書院掲示などを講義していた。一方、藩校に代わる学校の「普通科」では、「実は漢学を主として日本の在来の漢籍やその他西洋の翻訳書等を教授させた」(前掲)と記すように、従来の四書五経などの漢学を残した上で、仏蘭西刑法や万国公法などの西洋法学を教えた。が、程朱の学に比すべき西洋の「斯道」学は未だ渡来していなかった。西洋社会の「斯道」らしきものが登場してくるには、まだ相当の時間と人間の往来が必要だったのである。

以後の松山人で西洋の「道徳」に関心を持ったのは安倍能成《よししげ》（一八八三—一九六六）だった。観山と能成の父義任《よしとう》（開業医）とは親交があり、「観山から来た書簡を二階の茶室の襖に一ぱい張つて居たし、……朱子の「四書大全」を買ひ取つて、家に蔵して居た。かういう風な漢籍が、……西洋科学の翻訳や医書、解剖図など、一緒に[*49]」収められていた。父は「漢籍で骨組を作つておかねば人間は駄目だ、といふことを絶えず口にし」、自ら漢学を教え、とくに孟子は四度も写させるほどだった。それが後年の能成の思想家としての基盤となったことは、「私が童蒙の時から読まされた孔孟の書、殊に孟子の書が、私の社会的政治的関心を無意識的に養つたのは、恐らく中学以前からからであり、これが永い間の私の反快楽主義的もしくはストア的傾向を馴致したともいへさうである[*50]」と述べる通りである。松山漢学の命脈は繋がっていたのである。

明治二九年、夏目漱石が熊本の五高に転勤するのと入れ違いに、能成が松山中学に入学。のち一高を経て東大文科へ。ここで岩波茂雄と出会い、以後、岩波書店の哲学分野の編集に深く関わるようになる。自身は西洋哲学史に関する書や『カントの実践哲学』を岩波から出版した。ここで注目すべきは、『オイケン[*51]』（安倍能成著）、『大思想家の人生観[*52]』（オイケン著、

＊49　安倍能成『我が生い立ち』「その頃の読物」（岩波書店、一九六六年）五〇頁。同様の記述は同「大原一統」一六四頁にも見える。

＊50　同「米のこと」一〇〇頁。

＊51　実業之日本社、一九一五年。

＊52　岩波書店、一九二七年。

安倍能成　国立国会図書館蔵

安倍能成訳）の刊行である。前著にて能成は、「オイケンの思想の尤《もっと》も根本的なそして大規模な主張としては、『精神的生活内容の為めの戦』（邦訳『新理想主義の哲学』）を挙げねばならない」（一三頁）、「オイケンの哲学は精神生活に尽きて居る。だから精神生活の真相を究明することは、即ちオイケン哲学の真相を明かにすることである」（一二頁）と述べ、西洋における教養主義的道徳論の一つの到達点を見い出し、オイケン自身の東洋的感受性もあって大正の理想主義思潮を大いに牽引することとなるのである。

後に能成は、観山―父義任の薫陶ともいうべき『孟子・荀子』*53を執筆、「内観によって自我の至深」を考究し、「前代の朱子学的倫理観の桎梏、閉鎖的な国粋思想、科学的決定論のもたらす虚無思想」の向こうに、「リベラルな魂」でもって「多彩で向上的意欲にあふれた真摯な自己追求の雰囲気を社会にもたらした」と評される。ここに「広い世界文学思想への関心から」*54、東西の「斯道」が交響する試みが立ち上がってくる。それはまさに観山が苦心して追い求めようとした全人的通底主義の世界でもあった。観山から能成へ―、そこには松山地方に蓄積された漢学を基層にしての、多文化に通底する人間学を探求せんとする営みのあったことが知られるのである。

明教館の遺構が見られる松山東高校を訪問すると、安倍能成の胸像が粛然と建っている。それを仰いでいると、あたかも近世―近代の二つの時代を繋ぎながら、その視線の先に人類がどんな「新書院掲示」を掲げるのかと、静かに見守っているように感じられた次第である。

＊53　小山書店、一九四九年。復刻版、日本図書センター、一九九七年。

＊54　この引用文全体が、『孟子・荀子』巻末の「『安倍能成選集』解説」（助川徳是）による。能成は、『世界』（岩波書店）の創刊期の代表を務め、戦後は文部大臣・学習院院長などを歴任した。

第二章　儒教文化を中心に——西村茂樹の場合

土田健次郎

第一節　漢学と近代の教育

明治時代以後の漢学と教育の結びつきを考える時、二つの場が問題になる。一つは道徳教育、もう一つは国語教育（漢文教育）である。そのうち前者を考える時、西村茂樹《にしむらしげき》（一八二八—一九〇二、号は泊翁《はくおう》など）は、はずせない存在である。

西村茂樹は、『日本道徳論』を著した日本近代の道徳運動家として知られる。西村の特徴は、漢学にしか通じていない漢学者とは異なり、漢学の素養を持ちながら、蘭学、英学にも造詣《ぞうけい》が深かったところにある。彼は儒教だけを金科玉条《きんかぎょくじょう》にすることはなく、西欧思想と是々非々の選択を行うことを主張した。無批判な欧化路線に異議を唱え、それゆえ伊藤博文から忌避されたりもした。宮中侍講を勤め、文部省でも各種役職につき、教育畑で多くの貢献をした。また日本の歴史、文化研究のための一大類書である『古事類苑』は西村のブリタニカ百科事典を念頭においた彼の建議によって作成され、近代国語辞書史の劈頭《へきとう》を飾る大槻文彦《おおつきふみひこ》の『言《げん》海《かい》』も彼の企画がもとである。晩年は宮中顧問官、貴族院議員になった。

特筆すべきは日本弘道会を作ったことである。この組織の特徴は、学会でありながら知識人のみならず民間人を多く取り込み、各地に支会を作るという形態を取り、国民道徳の探求と普及を図ったところにある。

西村が明治を迎えた時、既に四一歳であった（本稿の年齢は数え年を用いる）。没したのは明治三五年（一九〇二）で七五歳の時である。ちなみに福沢諭吉よりは七歳年長で、山田方《やまだほう》谷《こく》よりは一三歳若い。しかも江戸時代に既に藩政に深く関わっていたのであって、その事績は明治時代になってからの啓蒙や教育の活動によって著名であるが、実際には半分は江戸時代、半分は明治時代の人間であった。

西村茂樹の人格と学問の形成の中心は儒教にあった。西村は『自得録《じとくろく》』[*1]で、自分が治心の法を学んだのはおおかた中国の書に依ったと言い、特にどの書と特定はできないがとしながらも、もっとも力を得た書は儒書であったと述べる。また『往事録』でもこのように回顧する。「余は幼年の時より専ら儒教を学びしを以て、儒教の外には天下に道なしと思ひ居《を》れり、」[*2]この基礎のうえに蘭学、英学を学び、翻訳、翻案まで多数行ったこと、また漢学か洋学かの二者択一ではなく、両方を平心に選択統合する姿勢に、西村の個性がある。

＊1　西村七一—二歳の手書き原稿。

＊2　一九〇〇年刊、日本弘道会編『増補改訂西村茂樹全集』四（思文閣出版、二〇〇六年）の三八三頁。なお、本論文のルビは全て筆者が付したもの。

第二節　西村茂樹の事績

西村は、佐倉藩の支藩の佐野藩の出で、一〇歳で本藩の佐倉藩の成徳書院で学ぶようになった。一六歳の時に佐倉藩が海野石窓、安井息軒《やすいそっけん》、海保漁村《かいほぎょそん》の三儒を藩の子弟の教育のため招聘し、西村もこの三儒に学んだ。師の一人の安井息軒は時に四三歳であった。西村が「昭宣公基経論」を草したところ、息軒が称賛、西村は「文学（学問）」をもって世に立とうと心に決めるようになった。[*3] ただ藩は、幕府が宋学（朱子学）を信奉していたことから、宋学を本旨としていた。それゆえ宋学を学び、儒学を厚く信じたが、ただ宋学に対しては大いに疑問を持つようになっていった（『自省録』「二、学問の経歴」[*4]）。ちなみに安井息軒は昌平黌《しょうへいこう》の出身で後に教授になった人物だが、考証学的な学風を持ち、海保漁村も朱子学批判でも知られる折衷《せっちゅう》学派の太田錦城の弟子で、考証重視の点は息軒と似ていた。西村は一四、五歳の時に『大日本史』と頼山陽《らいさんよう》の『日本外史』を読み、「大に本邦古代の事を欽仰し儒教を本邦に用ひんとするには、本邦の歴史と相《あひ》対照して多少取捨を為すべきことを知れり」（『往事録』[*5]）と、史学の意義にも気づいた。そして会沢正志斎《あいざわせいしさい》の『新論』に傾倒したが、そのアメリカがヨーロッパよりも愚かであるという議論は最初から信じなかった。

そのうちに蘭学や英学を学び始める。発端は砲術学習で、二三歳の時に大塚同庵について

＊3　土田健次郎「安井息軒―泊翁との縁しから」（『弘道』九五八、一九九二年）。

＊4　西村七一―二歳の手書き原稿。

＊5　『増補改訂西村茂樹全集』四の三八三頁。

砲術を学んだが、二四歳の時に佐久間象山に西洋砲術を学び、そこで次のように象山に啓発される。「象山余に謂《いひ》て曰く、砲術は末なり、洋学は本なり、吾子（汝）の如きは宜しく洋学に従事すべし、」（『往事録』[*6]）この時西村は、攘夷のために砲術を学んだのであり、道徳政事は東洋の方が上であると思っていたが、後に象山の言うことに理があることを知った。そして三四歳の時に佐倉藩に招聘されていた手塚律蔵に、蘭学とともに英学も学ぶようになる。

　西村は、二七歳の時に佐野藩の溜間《たまりま》詰、席側用人、年寄役となる。同年、佐野藩主の堀田《ほった》正衡《まさひら》が逝去、嫡孫で一三歳であった正頌《まさつぐ》が跡取りになるが、正衡の遺托により藩の執政になり、更に翌年の二八歳の時に本藩（佐倉藩）溜間に手伝いを仰せつけられる。佐野藩のみならず本藩の佐倉藩の政務にも関わることになったわけである。三八歳には佐倉藩の席表用人となる。明治に入り、明治二年には四二歳で佐倉藩大参事になり藩政改革を行うが、二年後の四四歳の時に廃藩になり藩の後始末をする。このように西村は藩政に携わり政治の現場に関わっていて、そこでの経験も明治時代における教育、啓蒙活動に役立っている。藩政を執った時代は、荻生《おぎゅう》徂徠《そらい》流の武士土着論などを唱えていて（二九歳の時に佐倉藩主堀田正篤あての「時事策」、三〇歳の時の同じく正篤あての「安政四年十月上書」[*7]）、ここには儒学の内の一派に固執せず是々非々で採用しようという姿勢が見え、これが明治になってからの西欧思想と伝統思想の折衷の態度に結びついているように思える。つまり儒者であった時の思考訓練を基礎に近代に立ち向かっていったのである。[*8]

＊6　『増補改訂西村茂樹全集』四の三八三頁。（）内は筆者の補足。

＊7　高橋昌郎『西村茂樹』（吉川弘文館、一九八七年）に紹介があり、安藤優一郎「幕末期における西村茂樹の国家制度改革論―「建言稿」の分析を中心として―」（『西村茂樹研究論文集―我れ百年の後に知己を俟つ―』、日本弘道会、二〇〇四年）に分析がある。

＊8　土田健次郎『江戸の朱子学』（筑摩書房、二〇一四年）の二二一頁。

その西村は明治六年（一八七三）、四六歳の時に森有礼《もりありのり》の勧誘によって明六社の社員になった。明六社の最初のメンバーは、西村茂樹、津田真道《つだまみち》、西周《にしあまね》、中村正直、加藤弘之、箕作《みつくり》秋坪《しゅうへい》、福沢諭吉、杉亨二《すぎこうじ》、箕作麟祥《りんしょう》、森有礼であり、その後に阪谷朗廬《さかたにろうろ》ら数名が加わっている。明治六年というまさに日本近代の揺籃期《ようらんき》の結社であり、機関誌の『明六雑誌』収載の文章からは当時の知識人の真剣な模索の跡がうかがわれる。

西村は明六社に入った年に文部省に任官し、以後そこで一二年以上も活動する。明治一三年（一八八〇）、西村五三歳の時に文部省では編書課と反訳課を合わせて編輯局にしたが、西村はその編輯局長となり、以下の事業に着手する。

> 其一は小学及び中学校、師範学校の課業書の編纂なり、其二は前に言ひたる大学の課業書の翻訳なり、其の三は国家の文明に必要なるも巻帙浩瀚《かんちつこうかん》にして一個人の力に及び難き書を編輯するなり、前に記したる古事類苑のごとき是《これ》なり、第四は本邦辞書の編述にして、大槻文彦を以て其の委員となす、（『往事録』）*9

「其二」については、この年に『小学修身訓』という道徳教育の教科書を作成し、「其三」と「其四」としては類書の『古事類苑』や国語辞典の『言海』作成に関与したが、「其二」の翻訳活動の意義も大きい。西村は早くも明治二年、四二歳の時にドイツの物的爾《ウェルテル》の著作を珀尓倔《ベルク》がオランダ語訳したものから重訳した『泰西史鑑』、『万国史略』を刊行し、翌年には『西史年表』を訳述し、その一年後に刊行していた。一般の日本人が世界史というものを知り得るのに貢

＊9　『増補改訂西村茂樹全集』四の四六五頁。

献したのである。そのほか道徳関係をはじめ種々の分野の翻訳をしたが、教育関係で注目すべきものに、ヒロビブリアス Philobiblius『教育史』(History and Progress of Education) がある。明治一六年の再版本は、教科書として師範学校で使用された。*10

西村は五八歳で東宮殿下御教育御世話、六一歳で華族女学校校長、六三歳で貴族院議員になった。そして特筆すべきなのが、明治九年（一八七六）、四九歳の時に作った東京修身学社である。この会は明治一七年（一八八四）には日本講道会と名を改め、更に明治二〇年（一八八七）、六〇歳の時に、日本弘道会となった。民間の道徳普及運動として極めて特色あるもので、現在も日本弘道会の名で活動を続けている。

第三節　国民道徳論

西村の主著は明治二〇年、六〇歳の時の『日本道徳論』である。この書はその前年に行った帝国大学の講義室で行った講演をもとにしている。その内容に文部大臣森有礼は大いに共感したが、総理大臣伊藤博文は自身の欧化主義批判と受け取って激怒した。森は過激な表現の削除を西村に求めたが、西村は応じなかった。しかし既に贈呈配付した分が出回っていったので、結局は文言を若干改めて刊行された。これが世に行われた第二版と呼ばれるものである。明治四二年（一九〇九）に『泊翁叢書』が日本弘道会から刊行された時に最初の第一

＊10　海後宗臣『西村茂樹・杉浦重剛』（北海出版社、一九三六年）。

版の方が入れられ、岩波文庫もこの第一版である。[*11]
『日本道徳論』は西村の道徳論を最も端的かつ体系的に示す書である。なぜ西村は国民道徳の確立にこだわったのか。それは国家存亡の危機に対する痛切な認識があったからである。西村はこの書で言う。「凡《およ》ソ国ノ患フベキハ、国民ノ心ノ一致セザルヨリ甚《はなは》ダシキハナシ。……印度ハ人口二億ヲ有シ、東洋第二ノ大国ナリシモ、国民ノ心ノ一致セザルヨリシテ、竟《つひ》ニ英国ノ侵掠《しんりゃく》ヲ受ケ分裂滅亡ノ惨禍ニ罹《かか》レリ。[*12]」欧化の波に翻弄されて伝統的価値がゆらぎ、国民の価値観がばらばらの状態では、国の存続が危ういという危機感は、当時の知識人にとっては切実であった。
『日本道徳論』で西村は世教《せいきょう》と世外教《せいがいきょう》を分ける。世教は、儒教や西欧の哲学、世外教は宗教である。世教は道理を、世外教は信仰を主とするとされる。そして宗教は民衆中心のどれを信ずるかという世界であるからこの領域で共通了解は取りにくいとし、士人の間で行われてきた世教でこそ合意が取れるはずだと考えた。西村は今時の軽薄な連中は日本の伝統的世教を迂闊固陋《うかつころう》とし文明社会に合わないとするが、それは儒教の何たるかを知らないのだとする。しかし、西村も儒教が時代に合わない点があるところを認めていて、ここで西村が列挙する儒教の欠点を整理しておく。
一、近年の西欧の諸学、特に生器心性（生理や心理）等の学は精緻であるが、儒教はそれと合わない点がある。

＊11　岩波文庫版の一九三四年の吉田熊次の「解説」。

＊12　『増補改訂西村茂樹全集』一（思文閣出版、二〇〇四年）の一三二頁。

二、儒教は禁戒の語が多く勧奨《かんしょう》の語が少ない。それゆえ進取の気象に乏しい。
三、儒教は尊属の者に有利で卑属の者に不利である。
四、儒教は男尊女卑である。男性は妻妾《さいしょう》を置くのを認めるが、女性は夫が死んでも再婚を禁じている。今の時勢に甚だそぐわない。
五、儒教は古えを是《ぜ》とし、今を非《ひ》とする。事ごとに唐虞《とうぐ》三代の政治にならおうとする。これは無理だしそうすべきではない。

ただ、西欧の哲学の欠点も列挙しているので、それも整理しておく。

一、知を論ずるのを重視して行を論ずるのを軽視する。
二、治心の術が無い。
三、哲学者はみな古人を凌《しの》ごうとし、ことさら異説を立て古人を排撃するが、実際には古人と異なる点は少しで排撃の語のみが苛烈である。一方、儒者は聖賢の語に拘泥《こうでい》する。
四、哲学には多くの学派があり、学派によって道徳の原理が異なる。それゆえ一学派に依拠すると偏りが出てしまう。

儒教も西欧哲学も一長一短があることを冷静に認識しようという態度が明確に現れていて、儒教一尊《いっそん》ですませてはいない。しかし一方で儒教の修養論の蓄積、倫理の内容の普遍性は認めている。西村はかくてこのように述べる。

吾ガ一定ノ主義ハ二教（儒教・哲学）ノ精粋ヲ採リテ、其粗雑ヲ棄ツルナリ。二教ノ精神ヲ採リテ其形迹《けいせき》ヲ棄ツルナリ。二教ノ一致ニ帰スル所ヲ採リテ其一致ニ帰セザル所ヲ棄ツルナリ。*13

西村は二教の取捨の基準について、事実に依拠せよ、論理的であれ、といったことに加えて人々が直観的に感じ取れ、しかも同意を得られる「良心判断法」というものを提出しているのは、西村の国民道徳論が論理と感性の両面に基礎を置くものであることを示している。

第四節　儒教と教育

西村が文部省に入ったのは明治六年（一八七三）の四六歳の時であるが、文部省ができたのは二年前の明治四年、学制が頒布《はんぷ》されたのは明治五年であった。西村は当初から国家の教育方針が産業振興に力を入れ、道徳教育をゆるがせにしていることを憂いていた。明治一〇年（一八七七）に第二大学区（東海と北陸）を視察し「第二大学区巡視報告」（『文部省第四報』）を著したが、そこで世界諸国は修身を本としていること、欧米ではキリスト教がそれであること、中国、インド、ペルシア、アラビアもみな宗教に本づいていること、ところが日本は孔孟の道を廃し、キリスト教も取らないので混乱していることを述べる。そして「今日小学ノ修身書ハ漢籍ノ四書ヲ持チフルヲ以て第一トスベシ。此説、大ニ世論ニ違《たが》フト雖モ、茂樹ガ深ク信ジテ自ラ疑ハザル所ナリ」とする一方で、孔孟の教で足りないものとし

*13　『増補改訂西村茂樹全集』一の一二〇頁。

て「権理ナリ、義務ナリ、自由ナリ、愛国ナリ」とし、「故ニ、四書ノ如キハ之ヲ小学生徒ノ読本ニ供シ、中学ニ至リテ欧米諸大家ノ「モラル」ノ書ヲ熟読玩味シ、東西ノ説ヲ参考シテ自得スル所アランコトヲ望ムナリ」とする。*14 また修身の授業方法について、「方今小学校ノ修身ハ教ハ、只教師タル者ノ口授ニ留マリテ其他ニ及バズ」と口授のみにとどまることが問題であるとする。*15 そこで西村が努力したのは道徳の教科書の作成である。西村は明治一三年（一八八〇）、五三歳の時の「修身の教授法を論ず」で、次のように述べた。

然ラバ修身ヲ教フルノ法ハ如何《いかに》セバ可ナラン、曰ク、書籍ト口授トノ両法ヲ兼用《かねもち》フルニ在リ、*16

道徳教育には口授とともに教科書が必須なのである。そして同年に執筆したのが『小学修身訓』である。*17 この書の「凡例」で西村は、収載した語を生徒に熟読暗記させること、生徒が意味を理解できなくても記憶させれば次第にわかっていくこと、一切自分の語を載《の》せず全て古人の語であること、教師は収載の格言を敷衍したり故事を引いたりして講釈すること、嘉言と善行の両方を教えるのが必要であるが紙数の関係で本書では善行を載せていないので、善行については口授によるべきこと、本文の順序に必ずしも従わなくてよいこと、女子についての語は男子についてては略してもよいこと、を言う。本文の冒頭の「第一　学問」では、『中庸』、『礼記』、『論語』、『孟子』、程子、『顔氏家訓』、陶淵明の詩、『大和俗訓』、チュートソン、ペスタロッジ、アヂソン、『西国立志編』、『勧善訓蒙』が引かれている。更に頁《ページ》を繰っていくと、

＊14　山住正己校注『教育の体系　近代日本思想大系六』（岩波書店、一九九〇年）の五三―五四頁。

＊15　『教育の体系　近代日本思想大系六』の五〇頁。

＊16　『増補改訂西村茂樹全集』一〇（思文閣出版、二〇一〇年）の一二八頁。句読は著者が加えた。

＊17　米地正篤「西村茂樹と『小学修身訓』―『小学修身訓』改正についての考察」（『西村茂樹研究論文集―我れ百年の後に知己を俟つ―』）。

ソロモンの箴言、カルライル、ウォルテール、王充《おうじゅう》『論衡《ろんこう》』、プラトーなども出てくる（表記は全て原文のまま）。暗記させることが重要で、意味がわからなくてもよいというのは素読と同じであるが、材料が和漢洋にわたっている点が異なっている。なお、一〇年後の「修身教科書ノ説」でも「余ハ小学中学ノ徳育ニ必ズ教科書即チ経典ヲ用ヒザルベカラザルコトヲ自信セリ」と言っている。[*18] そもそも道徳の教科書は、著者自身が書き下ろしたものと、格言や逸話や故事を集めたものがあるが、『小学修身訓《しょうがくしゅうしんくん》』は前者である。[*19] 逸話や故事は教師が講義で肉付けして語ればよいし、格言は教え方次第ではふくらみが出る。生徒自身の解釈も生まれる余地があり、観念の固定化を避けられる長所もある。なお西村は女子の道徳教育にも力を入れ、特に皇后の内意により世界の女性の佳話を集めた『婦女鑑《ふじょかがみ》』は、校長を務めていた華族女学校の教科書として使用され、各地の小学校にも配付された。

　儒教による修身教育の必要は、明治天皇の名において出された明治一二年（一八七九）の「教学聖旨」で説かれている。この文は元田《もとだ》永孚《ながざね》（一八一八―一八九一）が起草したものだが、その元田は明治一五年（一八八二）に『幼学綱要《ようがくこうよう》』を編纂している。この書は当初は協力者の高崎正風《たかさきまさかぜ》の意見によって西欧の事例もあげ、西村はその選定を行ったが、[*20] 結局それは削除され、経書の語とそれに関連する日本と中国の善事美談のみが採録された。元田らのような儒教一尊主義と西村とは基本的な立場の差があった。

　ただ、西村は次第に儒教重視の比重を強めていく。没する一年前の本人の回顧では、維新

＊18　『増補改訂西村茂樹全集』一〇の四六九頁。〇印は原書のもの。

＊19　直筆原稿が残っている『初学宝訓』というものもある。

＊20　古垣光一「西村茂樹と修身教科書」（『増補改訂西村茂樹全集』一一「附録」九、二〇一一年）。

前後には中国の学問は無用と思うようになり、明治四、五年（四四、五歳）にはそれで固まってしまっていたが、五四、五歳ごろから西洋の学問にも疑いを持ち始め、六〇歳頃からまた漢籍を読み出したとする。その過程で徐々に儒教が国民道徳の本とならねばならぬと考えはじめ、六四、五歳の時に「我日本国ではドウしても儒教を本とせねばならぬと云ふことの了簡《りょうけん》を定めた」（「西村先生論語講義速記」）と言う。[*21] 六六歳の時に小中学校で道徳を教える教師のために『読書次第』を著したが、そこでは洋書の訳書も挙げられているものの、朱子の『小学』や四書をはじめとした漢籍も必読書とされている。西村は以前は反発した朱子学にも西洋哲学と伍する結構を見て取るようになった（『自省録』「六、宋儒」）。朱子学から出発し、後に訣別、それが思想遍歴のすえにまた新たな意義を見出したということであろう。[*22] 明治三三年（一九〇〇）の七三歳の時の「学校の徳育方策」では、儒教の中の時代に合わない部分を修正して学校での道徳教育の中心にすることが主張されている。晩年の西村の儒教への更なる接近は、先に引用した『西村先生論語講義速記』や、臨終の際に子孫に刊行を遺言した『儒門精言』の編集からもうかがえる。ただ西村は最後まで西洋の学問、キリスト教、仏教の研究の必要を言うのも忘れてはいない。[*23]

西村は道徳学の探求の場をどこに求めたのか。明治一三年（一八八〇）に「大学ノ中ニ聖学ノ一科ヲ設クベキ説」を著し、東京帝国大学に聖学という科目を置くことを提起している。これは中国の儒学と西国の哲学を合わせたものと言う。そして中学校以上の生徒を対象

＊21　以上は、「［資料］西村先生論語講義速記　第一回（その一）」（『弘道』一一〇〇、日本弘道会、二〇一六年）の三九―四〇頁。引用は四〇頁。

＊22　土田健次郎「西村茂樹と朱子学」（『増補改訂西村茂樹全集』七「附録」六、二〇〇九年）。

＊23　＊21所引の「［資料］西村先生論語講義速記　第一回（その一）」の四一頁。

に幅広い学問を教える私立の聖学校を作ろうとした。しかしその後、西村の姿勢は知識人や学問を中心にする姿勢から民間の一郷一村単位で「聖学会」を作り、そこでの実践によって道徳を普及しようと考えるようになっていった。[24] これが日本弘道会につながる。また、明治二二年（一八八九）の時に「土方宮内大臣に建言」（『建言稿』下）を書き、宮内省に明倫院を置くことを建言した。この明倫院で徳育を管理し、知育と体育は文部省にまかせよというのである。これは、文部大臣を更迭するごとに徳育の方針が変わらないようにするということであった。政府機関が道徳教育を扱うと政権によって左右されるが、政治の現場に超越する皇室に置けば恒久にして揺るがない道徳教育が確立できると考えたのである。西村は立憲君主制の支持者で、皇室を現実の政治から切り離すという考えも持っていた。西村は「帝室は固より政治の最上権を領する者なれども、亦政治の得失に直接の関係を有せず」（『泊翁巵《し》言《げん》』第一冊「廿七　帝室政府」）と言っている。[25] これらの公の場での道徳研究教育機関は実現せず、西村は結局、自分が作った東京修身学社（後に日本講道会と改称）をもとに日本弘道会を造り、これを基盤に道徳探求と普及の活動を展開していく。

　西村は、日本弘道会が日本に対して果たすべき条目として、明治二六年（一八九三）の「弘道会の目的に付き一言す」で、一、人心を正しくすること、二、風俗を善くすること、三、国力を養うことを挙げ、実際に行うのは第一と第二で、第三は傍らより支援するにとどまるとする。そして結局は人心を正すことが根本だとし、それには先ず己れの心を正しくするこ

＊24　真辺将之『西村茂樹研究―明治啓蒙思想と日本道徳論―』（思文閣出版、二〇〇九年）。

＊25　『増補改訂西村茂樹全集』三（思文閣出版、二〇〇五年）の六九七頁。

とを求める。そしてこのように言う。

心を正しくし行を修むるの方法いかん、敢《あへ》て遠きに求むる事を要せず、支那聖賢の訓戒する所を守りて之を身に修むれば已に十分なり。*26

更に続けて西欧の哲学には理論の精微を極めてものもあるが、実行の訓言となると中国の聖賢の訓誡の外に出ないとし、ここにも儒教への傾斜の強まりが現れている。

第五節　漢字・漢文

最後に西村の漢字、漢文についての考えを一瞥しておきたい。

明治七年（一八七四）、『明六雑誌《めいろく》』第一号に西周が「洋字を以て国語を書するの論」でローマ氏を国字にすることを主張し、明六社をその流布の機関にすべきであるとしたのに対して、西村は「開化の度に因て改文字を発すべきの論」を同号に載せ、時期尚早としている。ただこの議論は西の主張を全面否定してはいず、まず庶民に学問への意欲を掻き立て、その実があがった後であればローマ字国字化も意味があるとしている。なおその西村は一九〇〇年（明治三三）の「現今教育界ノ二問題」において、漢字廃止論者に一定の理解を示しながらも、漢字存続の意義を明確に説く。

支那ノ書ハ読ムニ及バスト言ハンカ、是亦《これまた》妄論ニシテ与《とも》ニ校スルニ足ラズ、我邦ノ漢学

＊26　『増補改訂西村茂樹全集』一〇の六〇五―六〇六頁。

ハ西洋ノ希臘拉典《ギリシャラテン》ノ学ノ如シ、西洋ニテ今日希臘拉典学ヲ廃セザルト同ジク、本邦ニテ
漢学ヲ廃スルコト能ハザルベシ、＊27

更に続けて漢字を廃止したら漢籍はおろか仏教書も読めなくなってしまうと言う。そして国の文字を政府が干渉すべき「普通」と、そうしない「専門」に分けるべきだとしたうえで、「普通」の方の小学教育においても漢字を廃止すべきではないとする。ただ漢字はなるべく画数の少ないものを使用し、繁多なるものは新字を作ること、言語、文字ともなるべく国語を用いることなどを言う。「専門」の方は政府が制限せず、漢字、仮名、ローマ字、新字のいずれを使用してもかまわないとしている。大衆啓蒙を意識しながらも古典の存続の意義も説き、漢字存続への傾斜を強めている感がある。

また漢文教育についても、一八九〇年（明治二三）の『日本教育論』でこのように言う。

又漢文の授業法の如きは、小学校には必要にあらざれども、中学校師範校には必修せざるべからざるの科目なるべき、……故に漢文を学ばんとするには、従前の漢学先生に依頼して、簡易なる文法語法を記したる書を編集せしむるを第一とすべきに似たり、其上に教員たる者は旧法に安んぜずして更に工夫を運らし、新規の授業法を発明せざらんことをもとめざるべからざるなり、＊28

ここにも教育の現場を考慮する西村の姿勢が現れている。西村は続けて西欧の学、日本の学、漢学に通じる人材育成を説くが、それぞれの専門学問の堅持にも意義を見出している。漢字

＊27『増補改訂西村茂樹全集』一一の二八九頁。

＊28『増補改訂西村茂樹全集』二（思文閣出版、二〇〇四年）の六八八―六八九頁。石毛慎一「西村茂樹の漢文教育観―儒教的中庸による思惟法から見て―」（『早稲田大学大学院教育研究科紀要』別冊一一（一）、二〇〇三年）もこの問題に触れている。

や漢学に対しても、西村は単に旧套を墨守するというものではなく、改良を加えたうえで存続すべきことを主張したのである。和辻哲郎は、西村の西欧哲学の学識の不足を言いつつも、その姿勢は儒教に対する反省と新たな意義の発見に貢献したとするが、[*29] それは漢学全般についても言えることであろう。

【参考文献】

『増補改訂西村茂樹全集』全一二巻（思文閣出版、二〇〇四―二〇一三年）
古川哲史『泊翁西村茂樹　転換期日本の大思想家』（文化総合出版、一九七六年）
高橋昌郎『西村茂樹』（吉川弘文館、一九八七年）
『西村茂樹研究論文集―我れ百年の後に知己を俟つ―』（日本弘道会、二〇〇四年）
真辺将之『西村茂樹研究―明治啓蒙思想と国民道徳論―』（思文閣出版、二〇〇九年）

＊29　和辻哲郎『日本倫理思想史』下（岩波書店、一九五二年）の七七〇頁。

第三章　明治初期の教育と海外知識——岡本韋庵を中心に

有馬卓也

第一節　岡本韋庵の立場と『小学新編』

明治の前半を彩った知育徳育論争[*1]という視点からすれば、漢学者岡本韋庵《おかもといあん》（一八三九—一九〇四）は明らかに徳育尊重の立場であったが、彼の目が西洋に向いていなかったわけではない。世界の歴史を記した『万国史記《ばんこくしき》』（明治一一年）にはじまり、西洋の事例を多く入れた『小学新編《しょうがくしんぺん》』（明治一五年）、諸国の制度を記した『万国通典《ばんこくつでん》』（明治一七年）、そして西洋の事例のみで構成された啓蒙書『西学探源《せいがくたんけん》』（明治三四年）等の著作があり、岡本が東西に広く目配りしていたことは『岡本子《おかもとし》』（明治二二年）に寄せられた以下のような序文・跋文も証明している。

先生の此の書を著すや、先に泰西学者の諸書を取り、展《ひら》きて読むこと一再にして、而る後に筆を起こすと聞く。則ち此の書は孔孟を祖述すると謂ふと雖も、徒《ただ》に古言を墨守する者のみに非ざるを知るなり。（『岡本子』立花銑三郎・序）

＊1　洋学を中心とした技術主体の知育と、儒教を中心とした徳育と、いずれを重視すべきかという論争であり、とりわけ明治一〇年代の二転三転する教育制度の手直しが象徴的である。

岡本韋庵肖像　徳島県美馬市立三島中学校蔵

東洋の学は道徳を主とし、其の弊は固陋。西洋の学は物理を主とし、其の弊は浮華。……韋庵岡本先生は所謂通儒なり。斯の道を以て憂と為す。嘆じて曰く「此を知らんと欲して、彼を知らざるは不可なり」と。発奮して泰西哲学の書を読み、之を久しくして曰く「可《か》なり」と。乃ち『岡本子』十五篇を著はす。（『岡本子』芳賀《はが》矢一・跋）

韋庵岡本先生は漢学者なり。而るに世の所謂漢学者に非ざるなり。世の所謂漢学者は韓・柳の文を講じ、李・杜の詩を誦し、白眼して洋学を罵しりて、以て夷狄《いてき》の道を為す者と為す、是のみ。先生は孔子の博学にして方なきを宗とするも、豈に此の輩ならんや。夫れ西洋の学は、分析に富み、思想に長ず。精にして且つ密と謂ふべし。而るに形以上に至りては、則ち未だ浅陋《せんろう》を免れず。……而るに漢土の学は形以上に在りては、最も其の精を究むれば、則ち漢土を以て経と為し、西洋を以て緯と為し、新たに一種の新哲学を創造するは、亦今日の急務と謂ふべし。……先生は漢学に於ては既に大家たり。而して

進取の志甚だ壮、力を尽くして西洋の訳書を読み、静坐黙考《せいざもっこう》して、発明する所あり。（『岡本子』浦井《うらい》鍠一郎・跋）

当時の漢学者たちが、どのような存在であったかが、浦井の記述からよくわかる。それは韓愈《かんゆ》や柳宗元《りゅうそうげん》、李白《りはく》や杜甫《とほ》といった文人の詩文に専心し、洋学を夷狄のものとして罵倒する者たちであった。また、芳賀の道徳を主とする東洋の学と物理を主とする西洋の学、浦井の形而上を主とする東洋の学と、形而下を主とする西洋の学という対比は冒頭に述べた徳育と知育という見方の反映であろう。そして、岡本はこのような類の漢学者ではなかったと三者ともに言う。岡本がいわゆる東洋道徳に固執した知識人でなかったことは一目瞭然である。しかしその一方で『耶蘇新論《やそしんろん》』（明治二六年）に代表されるように、「西洋道徳」の核を為すキリスト教批判の舌鋒は激しい。

さて、岡本韋庵の著作[*2]を概観すると、そこに三つのベクトルを見いだせる。一つは啓蒙・教育であり、一つは広義の修身であり、一つは歴史を範とするという姿勢である。岡本の著作は対ロシア政策を核とする北方関係のものを除けば、おおむねこの三つのベクトルのいずれかに属する。本章で取り上げる『小学新編』はこの三つのベクトルすべてを備えた一書である。

岡本が小学校の教科書として編纂した著作は『小学新編』にとどまらない。『小学読本農学入門』（明治一三年）・『小学修身新書《しょうがくしゅうしんしんしょ》』（明治一六年）・『国史紀要』（明治一八年）等がそれ

＊2　岡本韋庵の主要著作（刊本）については拙稿「岡本韋庵のメッセージ」（『徳島大学国語国文学』一七、二〇〇四年、後に『アジアへのまなざし 岡本韋庵』（岡本韋庵調査研究委員会、阿波学会、二〇〇四年）において論じた。また本章で取り上げた岡本の刊本は概ね国立国会図書館の近代デジタルライブラリーで閲覧することができる。

巻	篇　名	箴言数	実例数	（日）	（中）	（西）
	1　孝弟	21	24	13	7	4
巻上	2　忠誠	13	41	18	16	7
	3　敬和	23	28	13	11	4
	4　信譲	11	24	7	13	4
	5　苦学	19	46	20	6	20
	6　自立	9	15	7	1	7
巻中	7　操行	13	13	3	5	5
	8　言語	17	25	9	9	7
	9　威儀	9	16	8	2	6
	10 摂生	12	8	4	2	2
	11 節用	10	25	9	8	8
	12 涵養	10	27	13	8	6
巻下	13 省克	13	25	9	9	7
	14 度量	6	31	8	12	11
	15 慈仁	9	37	12	11	14
	16 教育	12	16	6	6	4
	総　計	207	401	159	126	116

表　『小学新編』の構成

である。明治一〇年代、岡本が精力的に教科書編纂に取り組んでいたことがわかる。

さて、岡本と同郷の盟友有井進斎《ありいしんさい》*3は本書の跋文で「茲《こ》の書や、蒙幼の為《ため》に設くと雖も、推して以て家国に達して可《か》なり、以て天下に達するも亦可なり。所謂大人の事具《そな》はる」と述べている。事実、岡本の『小学新編』は明治二〇年代、三〇年代において、家国・天下へと展開していく自身の著作群の中で橋頭堡的役割を担う一書であった。また、鳥尾得庵《とりおとくあん》の序文には「頃《このごろ》又『小学新編』の一書を著はす。古今を上下し、万国を折衷して、嘉言善行、則《の》るべく師とすべし。天下の好書と称するに足る」とある。岡本が将来的展望の上に、その担い手である子供たちに向けて本書を発信したのである。

本書は三巻三冊で、全一六篇から構成されている。各篇ごとに、まず篇を編んだ主意が記され、その後に箴言・実例と続く。漢文で記されているが、返り点と送り仮名が施され比較的読みやすいものとなっている。実例は日本・中国・西洋の用例が列挙されている。全体の

*3　有井進斎については拙稿「有井進斎の人と思想」（『凌霄』一六、二〇〇九年）を参照されたい。

構成については表を参照されたい。巻上において父母・君臣・夫婦・朋友の在り方から孝悌《ていい》・忠誠・敬和《けいわ》・信譲《しんじょう》が導き出され、巻中の前半部においては人間の基本的な材徳・人道・人行・言語の必要性から勉学・自立・徳行・言語の徳目を、後半部分においては威儀・健康・節約という身に着けるべき日常的配慮を、そして巻下では君子の徳性・省心・度量の理想的在り方を示した上で幸不幸と教育に関して述べている。この構成は『幼学綱要《ようがくこうよう》』（明治一五年）に示される二〇の項目（孝行・忠節・和順・友愛・信義・勤学・立志・誠実・仁慈・礼譲・倹素・忍耐・貞操・廉潔・敏智・剛勇・公平・度量・識断・勉識）に近似しており、当時のスタンダードな構成であったと言える。

第二節　明治一〇年代の啓蒙書

本節では本書が岡本の著作群の中で持つ意味、そして明治一〇年代において持つ意味について考えたい。本書の中村正直《まさなお》の序に「今 小学教課書の紛々として市に鬻《ひさ》がれ、玉石混淆《こんこう》・沙金雑糅《ざつじゅう》なるを見る」とあり、当時における教科書の氾濫を見て取ることができる。当時の教科書の出版状況、記述スタイル等の変遷については、高橋文博氏の「明治十年代の道徳教育―修身教科書を中心に―」[*4]がわかりやすい。また、筆者は拙稿「岡本韋庵『国史紀要』『義勇芳軌』について」[*5]において、岡本が報国の志を有し、またそれをもって『国史紀要《こくしきよう》』

＊4　西村清和・高橋文博編『近代日本の成立―西洋経験と伝統』第四章・ナカニシヤ出版、二〇〇五年。

＊5　『徳島大学国語国文学』二五、二〇一二年。

や『義勇芳軌《ぎゆうほうき》』（明治一八年）といった歴史書を著述し、子供たちや若者たちに向けて忠君愛国の志を育てようとしていたことを述べた。上記の鳥尾得庵序に「監輔《けんすけ》の志は報国に存すること、日を為して浅からず」ともあるのは、本書も同じベクトル上にあることを示唆する。

ここで岡本の啓蒙性の高い著作群について、簡単に言及しておこう。これらの著作はいずれも、たとえば志を立てることや徳を養うことの意義、家庭の在るべき姿、祖先を敬うことといった身近な倫理的問題から、政治や経済、軍事といった社会的国家的問題を、テーマ別に古典や歴史などに例を取りつつ論じたものである。『要言類纂《ようげんるいさん》』（明治一二年）がその基本にあり、それを子供たちの教育という視点から再編した『小学新編』（明治一五年）、それを哲学的に昇華させた『岡本子』、また『鉄鞭《てつべん》』『西学探源』（ともに明治三四年）は上海商務印書館で発行された中国向けのもので、『鉄鞭』は中国の古典と歴史がベース、『西学探源』は西洋の古典と歴史がベースとなっている。以下に掲げる各著作の目次を見れば、これらが同系統の著作であることが理解できよう。

『要言類纂』―　巻一…事天・立志・蓄徳　巻二…明倫・居家・処世
　　　　　　　巻三…知人・莅官・為政・司憲　巻四…議兵
　　　　　　　巻五…衛生　巻六…励業

『岡本子』―　第一巻…儀範・藝業・学統　第二巻…力行・体仁・一貫・万物
　　　　　　第三巻…論心・論性・天説　第四巻…道器・陰陽・鬼神

第五巻…政法・君道

『鉄鞭』―巻一…生編上（講学・訓蒙・学戒・教弊）
生編下（文則・学制・実業・至誠・一仁）
巻二…長編上（父子・尊卑・君臣・忠純・宏毅・夫婦）
長編下（性徳・道権・物心・礼譲・義命・制節）
巻三…収編上（君長・侍御・宰相・議員・法官）
収編下（諸貴・商賈・農工・山林・池溝）
巻四…蔵編上（武技・壮胆・死節・禦侮）
蔵編下（聖徳・雄図・天討・史徴・祖志）

『西学探源』―巻一…学習・教育・倫理・藝業　巻二…省克・宏毅・仁倹・廉信
巻三…報国・講武・経済・法律　巻四…言論・政事・君道・外交

上記の四書に比して、教科書として編まれた『小学新編』に見られないのは、政治・外交・軍事・産業といった「治国・平天下」レベルの部分と、『岡本子』のみにみられる「論心」「論性」「天説」「道器」「陰陽」といったより原理的なレベルの部分ということになる。すなわち、本書は岡本の国家構想を担い得ると想定された人格から、子どものうちに教化し得る部分、或は子どものうちから養成しなければならない部分を切り取って編集されたものと言える。そして、明治一〇年代という、明治政府の教育政策が揺れ動く時代にこそ、未来の日本を担う子どもたちへの徳育を声高に論じる必要があったのであろう。

第三節　女子教育に関して

本節では岡本の女子教育について述べていきたい。日本における女子教育は明治二〇年代から三〇年代にかけて大きく変革していったと言われる。概括的ではあるが、その大きな流れを小山静子氏*6の説に従ってまとめると以下のようになる。

氏は既に明治初期の時点で女子教育に変化の兆しが見え始めると指摘する。すなわち、世《せ》襲《しゅう》制であった江戸期においては男子の教育（家業の継承）は父親の役割であり、母親に教育の役割が当てられることは薄く、もっぱら女性に対しては妻としての役割の比重が大きかった。これが維新後は、世襲の枠組みが崩壊し、女性に担わされた子供の教育という役割が増大していった。江戸期から明治期へと移行し、女性に求められるものが変化していく中で、明治中期以降の良妻賢母論となり、またそれに対する反駁《はんばく》も生み出されていく。*7

この座標軸に岡本の女子教育論を位置づけようとした時、いかなる結果が得られるのかを同時に考えてみたい。すなわち、新しい女子教育の提示は、従来の三従《さんじゅう》や七去《しちきょ》*8に代表される『女大学』の前近代から脱却し、国民国家の在り方に対して、ある程度のビジョンを持っていたであろうことを推測させる。教育を受けた女子が成人した時に、どのような役割を担って国

---

*6　小山静子氏の『良妻賢母という規範』（勁草書房、一九九一年）及び『家庭の生成と女性の国民化』（勁草書房、一九九九年）、『子どもたちの近代―学校教育と家庭教育―』（吉川弘文館、二〇〇二年）の記述に基づく。

*7　たとえば明治四〇年代の下田歌子（『婦人常識の養成』（実業之日本社、明治四三年）・『良妻と賢母』（富山房、明治四五年）など）と阿部磯雄（『婦人の理想』（北文館、明治四三年）など）の論争などがそれにあたる。

*8　三従は嫁ぐ前には父に、嫁いだ後は夫に、夫の死後は子に従えという教え。七去は夫の両親に従わない者、子を生まない者、淫乱な者、嫉妬深い者、重い疾病のある者、おしゃべりな者、盗みを働く者、以上の夫が妻を離縁できる七つの理由。

家に関わっていくのか。女子教育の目的が未だ明確化していたとはいい難い明治一〇年代における岡本の国家構想の一端を、この切り口から窺ってみる。[*9]

(1)『小学新編』敬和篇

『小学新編』において妻役割を目した女子教育を専論とするのが敬和《けいわ》第三である。まず冒頭の主意に「夫婦の道は一国の風化の本づく所」と言い、夫婦の道は国家の教化にかかわり、その中核は敬と和にあるとする。国家を見据えた夫婦論である。そして、より具体的な箴言《しんげん》(嘉言)一八条がこれに続く。

まず冒頭において婦人のありようが国家の風俗に大きく関わり、良婦善母がそれに裨益する所大であると言う。

婦人の心行は一国の風俗に関はる。婦人の心行の卑陋《ひろう》なれば其の風俗も亦卑陋ならざるなく、婦人の心行の高潔なれば其の風俗も亦高潔ならざるなし。故に家に良婦善母あるを要するは、国に英雄を出《いだ》すより急なり。(1)

これに類するものとして「一家の実益は一夫一婦の同居偕老するに生じ、一国の利益は則ち一家の利益に生ずるなり(12)」と言う条もあり、夫婦が作り為す一家の実益が一国の利益を生むという。

続けて基本的な男女間の差異について言及する。

＊9　江戸期から明治期に至る女子教育の流れについては、石川松太郎編『女大学集』(平凡社東洋文庫、一九七七年)が一〇種のテキストを集めており便利である。

男女相須《あいま》ちて生るるは、曽《かつ》て貴賤の別なし。唯だ其の剛柔の性を異にするは、唱和趣を異にする所以にして、女子の縝密専愨《しんみつせんかく》*10なるが故に、其の下学に於ては、男子に過ぐるあり。（2）

ここで男女に貴賤の別はないとしつつも、本性に剛柔の相違があるとし、その細かくて一つのことに専念するという性質から、下学にすぐれているとしている。これは当時の一般的考え方といってよく、一八七〇年代からの女学校の課程内容と一致する。これについては後に言及する。

これより以下は婚姻・夫婦に関する条に終始するが、それぞれの役割に言及する条があり、「夫は外事に管し、婦は内政を治む。内政は本なり。外事は末なり。故に善く婦道を執る者は、家政を承当し、幼児を教訓し、兼ねて夫に善を為し過ちを改むるを勧め、下流に沈めしめず。能く夫の志業を助け、不幸にして夫死して子幼ければ、則ち夫に代りて家を保ち、子孫をして其の業を襲ふを得しむるなり。（15）」と言う。男は外、女は内というのはよく耳にするが、ここで注目すべきは外事を末とし、内政を本としている所であろう。そして内政に幼児教育・夫の志業の補助という母役割と妻役割が併記されている点も特記すべきであろう。ただし、子孫に家業を継がせることを前提としており、そこに新しさはない。

このほか、「夫婦相狎《あいな》るることの甚だしければ、必ず相侮《あいあなど》るに至る（8）」「婦人一たび人に適《とつ》ぐの後は、夫の家を以て己の家と為す。故に古人は嫁を謂ひて帰と為す（10）」「人生修

＊10　ここでは心づかいが細かく、ひたすらつつしむ様。愨は慤の俗字で謹しむの意。

身の事業は、皆夫婦相愛に本づく（11）」等々、当時にあっては普遍的・一般的な夫婦の箴言が多い。これは見方を変えれば、前近代的な在り方の踏襲でもある。また、舅や姑との交際（12）、後妻に入った場合（18）などの箴言も見える。

以上の箴言の後、二八の実例（善行）が列挙される。実例は箴言の教訓に合うようにセレクトされている。これは敬和篇以外の篇についても同様である。西洋の例を一つ示してみる。

英の合密児頓《ハミルトン》は、壹丁部《エヂンバラ》大学教授に任ぜられ、性理諸学科を教授す。勤勉なること度を過ぎ、身体を毀損し、年五十六にして中風を患ふ。其の妻 良人を助けて著撰し、之が手と為り、之が足と為り、之が耳目心思と為る。其の書を校正し、親《みずか》ら講義を写す。其の他、一切の為し得るの事、力を竭《つく》して扶助せざるはなし。意《おも》へらく、合密児頓は、賢妻の内助を得るに非ずんば、殆《ほとん》ど其の著作をして一世に顕はさしむるあたはず、と。（23）

本例が何に基づくものであるかは不明だが、敬和篇の実例は概ね先行する文献からの孫引きが多い。内容的には夫を支える妻、所謂「内助の功」の例にすぎず、類例は日本・中国の例にも同じものが多数見える。取り立てて西洋の例を引かねばならない必然性はない。ほかの西洋の実例についても同様である。西洋知識の導入は認められるものの、十分に消化できているとは言い難い。

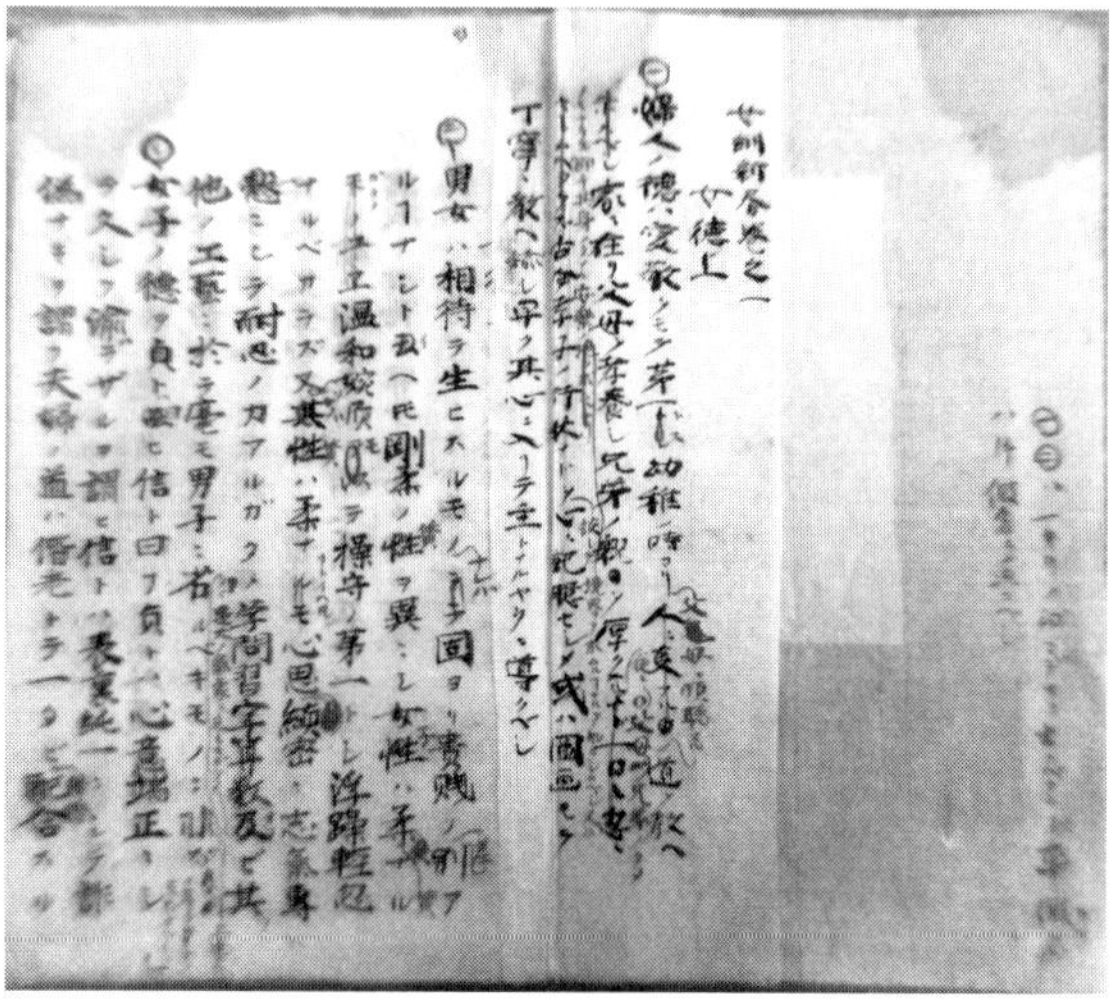
女訓新書冒頭　徳島県立図書館蔵

（2）『女訓新書』女徳篇

岡本が刊行しなかった著作の中に『女訓新書』と名づけられた一冊がある。[*11] 敬和篇が漢文で記されていたのに対し、こちらは漢字片仮名交じり文であることから、直接子どもに手渡す教科書を想定して書かれたものと思われる。

本書は三四の箴言と一七の実例（日本一〇、中国七）から構成され、そのスタイルは『小学新編』と近似している。また一七の実例の内、三例が重複している。異なる点を挙げるとすれば、本書には西洋の実例が全くない点、夫婦間における女性に論が限定されていない点、箴言が具体性をおびている点である。

箴言において敬和篇と近似する所は多く、たとえば敬和篇の（1）に対応する（10）には、

婦人の情形は人民の風俗品行に達せり。婦人の卑劣なる処は、一般の人民社会も必ず卑劣なり。婦人の善良端潔にして聡明才智《そうめいさいち》ある国は、其の人民の社会も亦必ず高尚なり。

＊11　写本。徳島県立図書館蔵・岡本韋庵蔵書目録1―3．159（258）。全文は『東洋古典学研究』第四七集（二〇一九年）で提示した。

故に婦人を教ふることは、即ち人民を教ふるなり。人民の品行善良なる国は福祥安寧ならざるはなく、品行善良ならざる国は土崩瓦解に至らざるはなし。人民をして善行を保せんことを欲せば、家中の教育より始むべし。家中の教育は第一に婦人の任ずる所なるゆえ、家内に良婦善母の多からんことを要するは、国中に英雄を輩出せしむるよりも急務なるものとす。(10)

とあって、婦人の情形が広く社会国家の福祥安寧に関わるとし、女性に良婦善母であることを求め、それが国家の急務であるとしている。また(2)に対応する(2)には、

男女は相待て生ずるものなれば、固《もと》より貴賤の差別あることなしといへども、剛柔の質を異にし、女子は柔質なるがため、温和婉順《おんわえんじゅん》もて操守の第一とし、浮躁軽忽《ふそうけいこつ》なるべからず。又その質は柔なりといへども、心思縝密に、志気専一にして、耐忍の力あるがため、学問・習字・算数および其他の工芸に於て、毫も男子に劣るべきものに非ず。(2)

とある。こちらは、男女に貴賤の別がないとする点、剛柔の質を異にする点、それにともなって役割を異にする点など、ほぼ敬和篇のそれに等しい。これに関連して、本書では「愛敬(1)」「貞信(3)」などの婦徳を求める。そして「男女は性すでに二種なれば、事も各々専属あるべし(7)」とした上で、その役割を「婦人たるものは家政と幼児の教育を担当すべきは言ふまでもなく、更に識見ありて夫の善行を勧め悪事を誡め、之をして品行を完全ならしめ、或は夫の成さんと欲する所の事を助くべし。不幸にして夫死し子幼きときは、夫に代りて万

事を担当し、一家を保持すべし。（8）」と規定する。

また、女性が学ぶことについては、「婦人の子女を養育するは天性なりといへども、学習するに非れば、良法を得ること能はず。良法を得ること能はざるときは、決して才徳ある子女を出すこと能はざるものなり。（9）」と述べた上で、「女子の学に入るは七歳より二十歳に至るを限とす。其の教は文学・習字・算数より、裁縫・割烹等に至るを普通なりとす。余は図画・音楽および一切の工芸に及ぶべし。（4）」と言い、敬和篇の箴言（2）において言及した女学校の課程に関する具体的な内容がここには明示されている。

このほか、流行を追うことの戒め（13）、嫉妬することの戒め（15）、多言することの戒め（17）（18）、忿怒・誹謗することの戒め（16）（20）（21）など、その内容は多岐にわたり、具体性を帯びる。この具体性は小学校教育ではなく、家庭教育用のテキストとして準備されたことに由るのかもしれない。

さらに、本書が敬和篇と著しく異なるのは、本書が女子教育の専論であり、本書を以て完結している点にある。箴末部の末尾には総括的な「婦人も自ら養ひ自ら治めて品行を強固にし、自主自立の人とならずばあるべからず。（27）」「婦人の徳は善悪とも大に男子を感化し、男子一生の命運を造り成すものたり。男子は頭脳の力あること婦人に愈《まさ》り、婦人は丹心の力あること男子に勝《まさ》れたり。（29）」「婦人は災禍不幸に逢へる人の天使と称せられたり。蓋《けだ》し弱き人を助け、零落《れいらく》せる人を起こし、痛苦艱難の人を慰撫《いぶ》して、暫《しばら》くも間断なければなり。

（31）」といった記述が集中する。ここでは女性に自主自立の人となることを求めると同時に、その人々を感化し教育する力を高く評価している。そして、「婦人の斯世《このよ》に在るは日月衆星の世界を照すが如く、人の心思をして光輝を生じ、且つ快活ならしむるものなり。（33）」と言う。これは女性の力が国家に裨益《ひえき》する所大であることを述べたものと解してよかろう。

以下、一七の実例がこれに続く。こちらは日本の例を一つ示しておこう。

衣縫金継《きぬぬいのかなつぐ》の女《むすめ》は本は右京の人にして、河内の志紀郡に居れり。生れて十二歳になりしとき父を喪《うしな》ひ、泣《なき》て血を流すほどに至り、其後も、父の墓側に住し、旦夕哀慟しけるを、路人も感賞せざるはなかりけり。此郡の境内に恵賀といへる一河あり。冬日は人の之を渉るもの甚だ苦みたりしかば、母と共に雑材を買ひ、仮橋を造りて往来に便《べん》せんとし、十五年の久しきを経て、更に怠ることなし。母年八十二にして終りしに、哭して声を絶たざりしとなむ。承和八年に、勅して三階に叙し、田祖を免じて、身を終へしめ、門閭に旌表《せいひょう》せり。

本例は土屋弘『修身《しゅうしん》人之基《ひとのもとい》』（明治七年）、白川幸『本朝彤史列女伝《ほんちょうとうしれつじょでん》』（明治一一年）、上野理一『皇朝女子立志編《こうちょうじょしりっしへん》』（明治一六年）などに取り上げられており、当時にあってはよく知られたものであったと思われる。孝子であると同時に、公共のために倦まず弛まず勤める母子の姿が描かれている。

岡本が歴史上の女徳を顕彰するスタンスを常に持っていたことは、たとえば『義勇芳軌』

では総計七〇数名中、日本の部に七名、中国の部に七名の女性が取り上げられていることからも明らかである。かかる女性を顕彰することによって、岡本がいかなる明治という国家を理想として啓蒙活動を行っていたかも推し量ることができよう。岡本にとって、女性は欠くべからざる国民であり、そのためには女徳・婦徳の伝播と確立が必須の条件として考えられていたことは違いない。ただ、その女徳・婦徳が前近代的なものからどれほど脱却できていたかについては、もの足りない部分もあった。その一例として、岡本の説く女徳・婦徳の中心は「妻」が大部分を占めており、明治の女性論が「母」を焦点とし始めていたこととの乖離は見逃せない。これは、たとえば福沢諭吉の『新女大学《しんおんなだいがく》』（明治三二年）と比較すれば明確である。新しい明治という国家を模索しながらも、そこには前近代的な古さがつきまとっていることは否定できない。

第四節　岡本韋庵の視角

本章では岡本韋庵の『小学新編』を取り上げ、漢学者岡本の小学教育・修身教育に対するスタンス、および海外知識の咀嚼《そしゃくど》度、そしてその中での女子教育のオリジナリティーについて論じてきた。『小学新編』と『女訓新書』を見た時、岡本の女子教育は『小学新編』こそ西洋の知識の導入が見られたものの、未だ十分に消化されていたとは言い難く、いわゆる女性の四行（婦徳・婦言・婦容・婦功）の枠内にあったと言える。後に西洋の知識を消化した岡本ではあったが、『小学新編』執筆当時は、まだその途上であったと言える。本書が近世以降の女子教育の壁を越えられなかったのは、筆者岡本の思想によるのか、或は漢学者であったことによるのか、あるいは未だ日本が新しい時代を受け入れる時期に達していなかったからか、答えは今後の課題である。

また、女子教育についての焦点は『女大学』が描き出す女性像から、どれほどの距離を持っていたかという点にあろう。本稿では紙幅の都合もあり十分に論じられなかった。これについては稿を改めて詳説したい。

【付記】本稿は日本学術振興会科学研究費・基盤研究(B)（一般）「泊園書院を中心とする日本漢学の研究とアーカイブ構築」（研究代表者：吾妻重二・課題番号 18H00611）による成果の一部である。

研究の窓

齋藤拙堂の津藩校督学としての教育事情

齋藤正和

明治維新による近代日本の形成は、多少の混乱はあったものの極めて短期間に進展した。その要因としては、各藩における藩校が人材輩出に重要な役目を果たしたことを無視できない。今、天下の文藩と称された津藩校（通称有造館《ゆうぞうかん》）について、さらには第三代督《とく》学《がく》齋藤《さいとう》拙堂《せつどう》（一七九七—一八六五）の教育について学んでみよう。

拙堂は江戸の藩邸に生まれた。家からほど近い昌平黌儒官古賀精里の塾で学び、文政三年（一八二〇）二三歳のとき、国元の津（現在の三重県津市）に藩校が創設され、最初の教官に採用。以後、津藩校督学を最終の職位として、生涯、藩校という教育の場に軸足をおき多方面にわたって活躍した。藩主はじめ藩の幹部からまで「先生」として敬愛される人物であった。

弘化元年（一八四四）、四八歳で督学に就任。これまで自ら精励してきた漢学の集大成をめざしたけれども、アメリカ船が浦賀に来航すると、現実問題として西洋文明に追いつかねばならないという新しい事態に即応すべく、次から次へと心を砕いて行かねばならなかった。その対応ぶりは「儒者」にして「洋儒兼学者」でもあった。洋学科の設置（一八四九年）、洋学研修生の留学派遣、種痘館の設置（一八五四年）など西洋医学の実施、演武荘《えんぶそう》の新設（一八四八年）と西洋式練兵の実施、加えて他流試合（それまで武芸の流儀は他藩に秘密だった）の奨励など枚挙に暇がない。庶民の学校「修文館」の開校（一八五八年）も、その多様な活動の一つである。

拙堂は、経験のない軍事的外圧を撥《は》ね返すには、武士が強さを取り戻さなければならないと考えた。では、人間の強さはどこから生まれるのか、それは私欲に惑わないところに生ずるのである。そのためには私欲をもたなかった古の聖人の言行を経書で学ぶのが一番だと。儒学が藩校教育の中心になる理由である。

他方、拙堂は道芸併修《どうげいへいしゅう》の基本方針により、「芸」である西洋技術の導入を着実に進めた。西洋を真似するのではない。中国の周代のごとく道徳と技術（礼楽射御書数）とを併修する教育制度に立ち返るのであって、西洋かぶれでも何でもない。それが拙堂の持論だった（「順正書院記」）。たとえば種痘を実施して、他藩より早く天然痘の撲滅に成功した。また長崎海軍伝習所へも留学生を派遣した（一八五五年）。留学生の中には有名な数学者村田佐十郎《むらたさじゅうろう》、日本で海図を一番早くに作った柳楢悦《やなぎならよし》、写真術の草分け堀江鍬次郎《ほりえくわじろう》など歴史に残る優秀な人材がいた。これも拙堂の新方針の一環といえる。

拙堂が洋学の導入に積極的であったことについては、彼が、外交に深く関わった古賀門の人であって、若いときから海外に関心が強かったことにもよるであろう。二九歳のときから藩主の侍読として一年おきに江戸へ出府していた彼は、渡辺崋山《かざん》の主宰するいわゆる「蛮社《ばんしゃ》」にも出席。恩師古賀精里の子息で昌平黌儒官の古賀侗庵《こがとうあん》も、そのメンバーであったし、後に昌平黌儒官になる安積艮斎《あさかごんさい》ともこの会で交流している。当時すでに、西欧列強の勢力が日本周辺に接近して開港を迫っていたが、拙堂はこの会で得た知識や情報を藩庁へ連絡したり、自ら啓蒙書『輶軒《ゆうけん》書目』『地学挙要《ちがくきょよう》』などに著したりした。『輶軒書目』は、漢文で書かれた海外事情を書いた書物の題目を網羅して、それに解題を付したものであり、各界各層の人々に重宝された。地学というのは地理学というより地政学に近い。また、『海防五策《かいぼうごさく》』（一八四三年）もこの頃に書いたものである。このときの研究が基礎になって、後にペリーが開港を迫ったときの対策である「制虜事宜《せいりょじぎ》」（一八五三年）が書かれ、「条件付き開港」の提案となったのである。

そもそも藩校の設立趣旨とは何だったのか。津藩に即していえば、納戸金（藩主個人の費用）を節約して貯めた一二〇〇両を藩校建設資金に充てた名君、藤堂高兌《たかさわ》が発表した諭告（一八一九年）には、建学の目的として「士風の振興」が謳われている。いわく――江戸開幕以来、泰平の世が続き武士は惰弱に流れ、その振舞いが商人風になって、有事の際の役に立たない懼れがある。ゆえに藩校を建てて、藩士がいかに自分の打算を排し、公益のために行動するかを教えるのだと。

これを受けて、藩教育の総責任者である総教家老多羅尾光寛《たらおみつひろ》が、「学則」（一八二二年。『日本教育史資料』所載[*1]）を訓示し、「文武兼修」、「道芸併修」を説いた。すなわち「学校は文を教えるところと思う人が多かったが、そうではない。講堂は文場ではなく、〈文武の道〉を講ずる場である。そこで講ぜられる武は神武であって斯文と一体のものである。孔子が武を説かなかったという人は物を知らないからで、よく読めば孔子も武を説いている。『兵法』は孔子の武の補助となるものである。聖人は文武の聖人であった」と。すなわち藩校とは、文武一如の聖人の道を教え、なおかつ、文章と武芸という実技を道と並行して教える教場であり、学生はこの文武双全を期さなければならないと説いたのである。

拙堂は文政七年（一八二四）に右の「学則」の跋文を書き、「偏文偏武は病気である。そのような病気をもつ藩士に対し、この学則は頂門の一針だ」と述べた。なお関連していえば、『拙堂兵話《せつどうへいわ》』に、『孫子』の「兵は詭道なり」を引いて、軍事とはインテリジェンス（諜報）であると喝破する。また「百戦百勝は善の善なるものに非ざるなり、戦わずして人の兵を屈するは、善の善なるものなり」を引いて文章の効用に繫げてもいる。

津藩校の学風だが、まず「学則」に漢唐注疏《かんとうちゅうそ》を基本とするが、これを墨守しない旨を謳っている。拙堂の方は朱子学を基本に据えながら、その思弁的に過ぎる部分は採らないことで、藩校の方針と歩調を合わせている。また拙堂は大塩中斎《ちゅうさい》と親交を結んでいたが、陽明学の「良知を致す」説は取らなかった。天下の大道は一つであるのに学派を争うのは「陋《ろう》」、すなわち了見が狭すぎるというのがその考えだった。国学の取扱については、日本の神は日本の聖人であるが、文字がなかったので記録は残らなかった。中国の古の聖人も日本の聖人と本質は同じであるから、経書を学べばわざわざ国学を学ばなくてもよいというのが藩校の統一見解だった。また実学についてだが、拙堂はこれを重んじ貝原益軒の名を挙げて模範にすべきと述べ、自らも飢饉対策や海防策を研究し、率先躬行、学生に範を示している。その他、拙堂は「厳師説」（一八二二）という論文を書き、教師は学生をその身分家格に拘わらず厳しく指導すべきこと、また学生は教師を君・親と並んで尊敬すべきこと等を述べている。幕藩体制下では教師の身分は高くなかったが、制度機構上の身分序列とは別に、「聖人の道」という尊いものを教える者への自然な敬意の念を大切にしたのである。

さて、国難下にあって、学生を導いて気節の士に育て上げるにはどうすればよいか。拙堂はいう、経書を学ぶことにより古の聖人の道を会得させねばならぬと。経書とは文章であり、経学と文章は二途に非ず。その文は気でできている形而下のものであり、道という形而上のものを載せる器である。この道徳と気節も別ものではない。すなわち有事の際の道徳を指して、とくに気節という。ゆえに古の聖人の道を会得するとは、経書において古人の気と古人の作文法を会得する謂いに外ならない。古人の法を知るとは何か。それは古文がどのように書かれているか、古文の篇法・章法・句法・字法を知ることである。経書を読んで古の聖人の道や気（気迫）を身につけたならば、次はそれに基づいて自分の考えを文章に表現し発信するのである。

その文章を作成するには、まさに古人の法によらなければならない。文章によって読み手に道を文気に載せて伝え、読み手の心を動かし実践を促すのである。教育の実際においては、この文章の解読と作文の学習が大きな比重をもつ。これができてはじめて学生は「士」の役目を果たすことができる。『拙堂文話』（一八三〇年）において魏文帝の語「文章は経国の大業にして、不朽の盛事なり」や「文は気をもって主となす」を引用しているのも、士が経世の実践において、いかに文章を重視すべきであるかを説いたものである。

最後に、拙堂が外圧に直面した時代の藩校督学として、士の心の有り様としていかに「恒心」と「労心」が大切であるかを説いたことに触れておこう。当時、日本が西洋に遅れをとっていた科学技術の摂取に非常な努力をしたことは、前述した通りである。だが、技術を使うのは所詮は人間であり、社会のリーダーたる士の心構えは、とくに重要だと拙堂は認識していた。それは彼の小著『士道要論』（一八三七年）に集約的に述べられている。士が「平生、耕さずして食らい、織らずして衣《き》る者」であり得るのは、有事の際に生命の危険を顧みず事にあたる任務をもつからである。その士が己を修め、人を治める仕事を全うするには、どうしても「恒心」と「労心」が必要である。「恒心」も「労心」も、まさに前述した通り私欲に惑わされない心、すなわち道心のより具体的な表現である。「恒心」とは『孟子』に「恒産無くして恒心ある者は、唯士のみ」とあるように、士のもつ、死生の際に臨んでも、貧苦艱難《ひんくかんなん》の場に居ても動かない心をいうのであり、「労心」とは平生、士の生活を支えてくれる民を不憫に思って気遣い、いたわる心をいう。つまり士にとって大切なものとは、この「恒心」と「労心」なのである。

明治の近代化に貢献した士、藩校教育を受けた士に、「恒心」があったことは疑い得ない。しかし「労心」の方はどうだっただろうか。拙堂が「労心」について述べた小文が『士道要論』に載っているので、ここに紹介しよう。「おのれある時、両三士《りょうさんし》と野外に出てあそびしに、折りふし秋の末つかたにて百姓ども忙しく稲を取り込みてありければ、同行の人に向かいて言いけるは、各々もろともに、百石二百石の禄賜りてやすく世をわたり、かくあそび歩くことは、上は君のご恩を頂き、下は百姓のかく働く故ならずや。あの通り妻子もろとも昼夜の界もなく働くもの十家二十家ならでは、我がともがら一家を養うこと能《あた》わず。しかるに、うかうかと日を暮らして職分を怠らば、天罰を蒙るべしと言いしことありき。されば、士なるもの、労心なくてはかなわざることなり」と。*2 このような一般の民への「労心」が、当時国民の間に十分共有されていたかは疑問である。拙堂がこの「労心」にこだわった理由の一つは、父親の遺訓にあった。拙堂の父親は村役人の家に生まれ齋藤家へ婿養子に入った人だが、『拙堂文集』（一八八一年刊行）所載の「先考如山府君《せんこうにょざんふくん》壙志《こうし》」にいう。「（父は）経世に志有れども、位卑《いや》しきを以て施すを得ず。居常《きょじょう》、謙（拙堂の本名正謙）に謂いて曰く『吾れ邨野《そんや》に生長して備《つぶ》さに小民の疾苦冤《えん》抑《よく》を知る。嘗て郡吏たりて之を救わんと欲して果たさず。汝、異日志を獲《え》ば、吾今日の言を忘るなかれ』云々」と。この「民」への人間愛、また一吏人としての責務感を、その子は遺訓として受け継いだのである。

以上、近代日本の成立が短期間に実現した一因である藩校教育の様態について、とくに齋藤拙堂が奉職した津藩校の事例を中心に取り上げた。「士」は「恒心」と「労心」とをもたなければならないという拙堂の思いは、明治の学者が若いとき拙堂の文章を愛読したことを通じて、近代日本の成立になにがしか寄与した面を有するが、今日の世相を見るに、私は今もなおその言葉は生きて問い続けているように思うのである。

【註】

＊1　『日本教育史資料』は文部省の刊行で初版発行は明治二三年七月になっている。奥付に「不発売」とあり、内容は江戸時代の幕府並びに全国各藩ごとの藩校についての学則や諸制度などの各種文書、私塾寺子屋関係文書。及び学校の図面など非常に詳細な資料が編集されている。

＊2　R．Pドーア『江戸時代の教育』二九頁にも「労心」の言及がある。

【参考文献】

『津市文教史要』（津市教育会発行、一九四一年）

第Ⅱ部　中等学校の成立と漢文教育

第一章　明治期の学校教育と漢文

西岡智史

第一節　明治期の学校制度の変遷と漢文教育

明治五年（一八七二）の「学制」公布以降、明治政府は教育の近代化に着手したが、そこで直面した課題の一つとして、漢学をはじめとした伝統的な教養の体系と近代学校教育制度との不整合が挙げられる。[*1]この近代教育創始の時代において、明治維新以前に根づいていた漢学的な教養はどのように引き継がれたのだろうか。本稿では主にその問題を取り上げることとするが、まず本節では明治時代の漢文教育の進展について、社会制度や教育法令の進展を踏まえつつ検討してみる。

明治という時代を象徴するキーワードとして、一般的には「文明開化」や「富国強兵」「殖産興業」が挙げられる。この時代は欧米列強による不平等条約などの圧迫に対抗する必要があり、性急な近代化政策が進められた時期であった。文部省編『学制百年史』において、明治時代は「近代教育制度の創始」（明治五年―明治一八年）から「近代教育制度の確立と整備」（明

＊1　天野郁夫『学歴の社会史　教育と日本の近代』（平凡社ライブラリー、二〇〇五年）、『近代の成立』所収の広田照幸「近代知の成立と制度化」（東京大学出版会、二〇〇五年、二五一―二七五頁）参照。

治一九年―大正五年）の時期に位置づけられている。[*2]すなわち、「学制」公布（明治五年）から「教育令」（明治一二年公布）の時期が「近代教育制度」の「創始」期、「学校令」公布（明治一九年）から第一次世界大戦後の教育改革・大正自由教育開始前までが「確立と整備」期と位置づけられており、明治三〇年代には基本的な教育制度体系や国民皆学は確立されたとされる。帝国憲法発布や帝国議会開設、日清戦争を経て、日本における近代国家の基本的な制度は明治三〇年代には一応成立していたと考えることができるが、近代教育制度の確立や「国語科」の成立もまた、それと同年代の出来事であった。

また、明治時代には文学の分野においても近代化の進展が見られる。山本正秀『近代文体発生の史的研究』によると、言文一致運動を中核とした日本近代文体形成史の時代区分において、明治三三年から明治四二年が言文一致の「確立期」と位置づけられている。[*3]明治三〇年代には国文学や国語概念の成立する一方で、それ以前に用いられていた「和漢学」「和漢文」という概念や、「和漢」内の「和」と「漢」の対立などは過去のものとなっていった。これは学校制度における「国語科」の成立や近代的な中等漢文教育の確立と同時期のことである。

次に、国語・漢文に関連した明治期教育法令の変遷を確認しておく。そして、国語と漢文のかかわりのみならず、中学校制度の整備との関連を念頭におきながら、明治期の教育課程における漢文の推移を確認してみたい。[*4]

＊2　文部省編『学制百年史 記述編』（帝国地方行政学会、一九七二年）。

＊3　山本正秀『近代文体発生の史的研究』（岩波書店、一九六五年）三二―三四頁、四八―五二頁。山本は「確立期」（明治三三年―明治四二年）について、「言文一致運動が最高潮に達し、文学上で言文一致体が写生文・自然主義文学両運動を通じて絶対のものとなり、また教育上でも言文一致の方針が確立した時期である。」（四八頁）と述べている。

＊4　引用史料は増淵恒吉編『国語教育史資料第五巻教育課程史』（東京法令、一九八一年）、文部省編『学制百年史資料編』（帝国地方行政学会、一九七二年）を用いた。

○明治期中等漢文教育をめぐる教育課程の主な変遷

・「学制」（明治五年）
・「中学教則略」（明治五年）
・「教育令」（明治一二年）
・「教育令改正」（明治一三年）
・「中学校教則大綱」（明治一四年）
・「中学校通則」（明治一七年）
・「中学校令」（明治一九年）
・「尋常中学校ノ学科及其程度」（明治一九年）
・「中学校令中改正」（明治二四年）
・「尋常中学校ノ学科及其程度」（明治二七年）
・「中学校令改正」（明治三二年）
・「中学校令施行規則」（明治三四年）
・「中学校教授要目」（明治三五年）
・「中学校令施行規則中改正」（明治四四年）
・「中学校教授要目改正」（明治四四年）

「学制」（明治五年）は日本初の近代学校教育制度の基本法令であり、ここで「中学」は「小学ヲ経タル生徒ニ普通ノ学科ヲ教ル所」と定義され、下等中学・上等中学に二分された。この「学制」にもとづいて「中学教則略」（明治五年）が定められ、そこで「中学」の教科目が規定された。そのなかに「国語」という科目が存在しているが、その目標・内容までは示されておらず、後に確立された国語系科目との一貫性・連続性は明らかでない。この期はそもそも、学校体系における「中学」の位置づけ自体が不明瞭な時期であった。「学制」から「教育令」までの文部省の施策の重点は初等教育と高等教育の整備に置かれており、「中学」の教育は地域の自主性に任されていたため、その内実は各種学校をも含む多義的なものであったといわれている。[*5] 明治一二年公布の「教育令」では「中学校ハ高等ナル普通学科ヲ授クル所トス」とし、この方針は「教育令改正」（明治一三年）に踏襲された。

「中学校教則大綱」（明治一四年）では、「高等ノ普通学科」という中学校の役割が踏襲されつつ、その目的は「中人以上ノ業務ニ就クカ為メ又ハ高等ノ学校ニ入ルカ為メニ必須ノ学科ヲ授クルモノトス」と規定された。つまり、中学校教育の目的として「中堅以上の職業人育成」と「進学者育成」の二点が示されたが、これが以後の教則の基本的な方向となった。そして、学科として「和漢文」（三・四条）が登場したが、ここでは「和漢文」の定義や和文と漢文の比重は明記されていない。この時期の学校教育の実態をうかがう参考として、明治一二年（一八七九）に群馬中学に入学した鈴木貫太郎（一八六七―一九四八、海軍大将・総理大臣）

＊5　文部省編『学制百年史　記述編』（帝国地方行政学会、一九七二年）二〇五―二〇七頁、神辺靖光『日本における中学校形成史の研究明治初期編』（多賀出版、一九九三年）。

の回想を次に引用しておく。*6

私が受けた小学校教育というのは、明治教育の最初の小学校制度によるもので、小学校は八年でした。私は前橋の桃井小学校を卒業すると中学校に入ったわけです。前橋にあった利根中学校（のち群馬中学と改称）といって、県に唯一つしかなかった。（二七頁）

その頃の教科書は、今日の教育から見ると誠に無頓着なもので、皆アメリカの翻訳の小学読本であった。中学校で英語のリーダーには自由共和の演説が書いてあったり、パトリック・ヘンリーの思想がそのまま最高の道徳と思って読まれたりしたわけだが、実際先生たちは善い悪いという判断も与えてはくれなかった。それは英語を読むということが字引と首っ引きで一生懸命であったし、それが第一の仕事だったから、深く内容に立ち入ってまで判断吟味するという余裕はなかったためでもあろう。一方にそんな外国思想をかじっているかと思うと、漢学の先生からは日本外史、政記などを教わった。これはすらすらと読めるので、面白いところは暗誦するくらいまで節をつけよく朗吟したのだった。日本外史の力は大きい、国体の思想はこれで作られた。

この頃は本をただ無茶に読むことを奨励したもので、私なども、小学校で十八史略を読んでいた。学校で教わる、家へ帰ってまたそこを読む、果ては毎日一冊あて読み切るという、今から考えると乱暴な話だが、その頃はとんと気もつかずにいたのであるが、

＊6　鈴木貫太郎『鈴木貫太郎自伝』（日本図書センター、一九九七年）より引用。鈴木貫太郎は明治一六年に中学を退学して東京の近藤真琴塾に入門し、翌年築地の海軍兵学校に入学した（三五〇—三五一頁を参照）。

後で考えてみるとよくやったと思っている。あの努力が、十四、五歳の私に、もう今の中学四、五年生くらいを完全にやり上げさせていた。

中学校で国語はわずか習ったが、これは文法をやるくらいなもので、先生は林甕臣という偉い歌よみの国学者だった。これはテニヲハの使ひ方をいくらか教わっただけで、生徒もそう重きをおいて聞いていなかったようである。（一九―二〇頁）

この回想に基づくと、当時の学習内容の実態は教育法令に示されている以上に漢文の影響の強いものであったことが指摘できる。

続く明治一七年（一八八四）の「中学校通則」は、主に教員資格や教材・設備についての要件を示したもので、この結果、充分な設備をもたない多くの私塾が「中学」の名称をはずすこととなった。[*7] その二年後の明治一九年（一八八六）に公布された「中学校令」は、従来の法令規則を整理しつつ中学校教育の基準設定をより徹底したもので、以後中学校教育の基幹をなす法令となった。この「中学校令」第八条において教科書の検定制度についても明記された。また「中学校令」第七条を根拠として「尋常中学校ノ学科及其程度」（明治一九年）が定められ、ここで「和漢文」に代わって「国語及漢文」が置かれることとなった。その学科内容については「漢字交リ文及漢文ノ購読書取作文」（「尋常中学校ノ学科及其程度」第五条）と規定されているだけだが、その記述から依然として漢文が優位であったことがうかがえる。なお、尋常中学校と高等中学校が発足したのもこの「中学校令」の方針である。

＊7　広田照幸「近代知の成立と制度化」（歴史学研究会・日本史研究会編『近代の成立』東京大学出版会、二〇〇五年、二六一―二六二頁）、文部省編『学制百年史記述編』（帝国地方行政学会、一九七二年、二一七―二一八頁）では、この時期「中学校教則大綱」「中学校通則」にもとづいて中学校の規定の厳格化・標準化が進められていたことが解説されている。

次の「中学校令中改正」（明治二四年）は主に中等教育の普及を図ったもので、尋常中学校は各府県に公立中学一校とする制限が撤廃され（第六条）、また新たに高等女学校が設置された（第十四条）。

明治一九年の「尋常中学校ノ学科及其程度」は明治二七年（一八九四）に改正され、「国語及漢文」の時数が増加した。その理由は「省令説明」によると、「国語ト漢文トハ相待テ其ノ用ヲ見ル蓋国語ハ主ニシテ漢文ハ客ナリト雖中古以来国語ノ材料ハ多ク之漢文ニ取レリ故ニ両者ノ間尤教授ノ上ニ適当ノ調和ヲ得ルヲ要ス」とある。ここで初めて国語が「主」で漢文が「客」であると明言されたため、教育課程上ではこれが国語優位への転換点であるといえる。なお統計調査によると、明治二一年に一時減少していた中学校生徒数が急増に転じたのはこの時期である。*8

「中学校令改正」（明治三二年）は「高等学校令」（高等学校の設置）にともなう改正である。高等中学校の高等学校昇格にともない、従来の尋常中学校は中学校へと名称変更され、いっそう学校設置を促進する方針が取られた（第一～六条）。この「中学校令改正」を受けて「中学校令施行規則」（明治三四年）が制定された。そこでは「国語及漢文」の目的について「普通ノ言語文章ヲ了解シ、正確且自由ニ思想ヲ表彰スルノ能ヲ得シメ、文学上ノ趣味ヲ養ヒ、兼テ智徳ノ啓発ニ資スルヲ以テ要旨トス」と規定された。この国語及漢文科の基本方針はその後制度改訂に伴い多少の変化はあったものの、昭和一八年の中学校規程における教科課程

*8　文部省編『学制百年史資料編』（帝国地方行政学会、一九七二年）所収の教育統計第28表では、中学校生徒数は、明治一六年・一四七六三名、明治二一年・一〇四四一名、明治二六年・一九五六三名、明治三一年・六一六三二名、明治三六年・九八〇〇〇名、とある。

の改編まで継承された。なお漢文教育の内容は「平易ナル漢文ノ講読」とされた（第一章第三条）。

「中学校教授要目」（明治三五年）はこの時期に新たに公布された学科目に関する規定である。「国語及漢文」の「漢文」では、その教材の程度について一・二学年では「平易」、三・四・五学年では「簡易」なものと表現されている。また教材として用いるべき作家や作品も学年別で具体的に列挙されているのも特徴である。教材は叙事文・伝記文・紀行文・論説文などが中心であり、日本漢文の比重が大きい。中国漢文に関しては四学年で「唐詩選ノ類」、五学年で「史記、蒙求、論語ノ類」が挙げられている。こうした教材の状況から、長谷川滋成（一九八四）はこの時期を「漢文危機の時代」と位置づけている[*9]。

「中学校令施行規則中改正」（明治四四年）は明治三四年版「中学校令施行規則」の一部改正であるが、第三条において従来の施行規則よりも漢文の優先順位が高められた[*10]。それを受けて同年公布された「中学校教授要目改正」（明治四四年）では、「国語及漢文」系の科目は国語講読・漢文講読・作文・文法・習字の五つに整理され、国語と漢文は科目の上では明確に分離した。そのため改正前より漢文の独自性は認められ、地位が回復したように見える。ただし漢文講読の内容としては、第一に「漢文講読ノ材料ハ平易雅馴《がじゅん》ニシテ成ルヘク我国ニ慣用セラルル熟語・成句等ヲ包含セルモノタルヘシ」と記述されている。つまり国語と漢文は科目上同等になったといえるが、漢文は国語との関連が強調されて「国語教育のための漢

＊9　長谷川滋成『漢文教育史研究』（青葉図書、一九八四年）一九―二五頁。

＊10　明治三四年版では「国語及漢文ハ普通ノ国文ヲ主トシテ講読セシメ進ミテハ近古ノ国文ニ及ホシ又実用簡易ナル文ヲ作ラシメ国語文法ノ大要、国文学史ノ一班ヲ授ケ又平易ナル漢文ヲ講読セシメ且習字ヲ授クベシ」、明治四四年版では「国語及漢文ハ現時ノ国文ヲ主トシテ講読セシメ進ミテハ近古ノ国文ニ及ホシ又平易ナル漢文ヲ講読セシメ簡易ニシテ実用ニ適スル国文ヲ作ラシメ国語文法ノ大要及習字ヲ授クベシ」とある（下線部引用者）。明治四四年版の「漢文」講読は明治三四年版よりも先に位置づけられている。

文」という方針が確立されたと考えられる。

第二節　「学制」期の学校教育

ここで近代教育制度創始期の「学制」に着目し、当時の漢学知をめぐる学校教育の方針を検討しておく。

明治四年の廃藩置県・文部省設置に続き、翌明治五年には「学制」が公布され、中央集権的な教育行政が発足することとなった。それに先立って、まず最高学府において和漢洋学のせめぎ合いが発生している。明治二年に成立した政府直轄の大学校は国漢学系の本校と洋学系の南校・東校で発足したが、国学と漢学の対立によって本校は一年ほどで閉鎖された。結果として洋学系の南校・東校が東京大学へと発展し、そこで西洋の学問体系が展開されることとなる。しかしながら、漢学の素養自体は西洋語の翻訳や公文書の作成などといった実用的な面でその役割を保持しており、漢学塾の隆盛が明治一〇年代まで続いたといわれる。[*11] したがって、この時期の漢学塾は高等教育や専門教育の予備段階、つまり後の中等教育に当たる役割を担っていたと見なすことができる。

「学制」期には中等教育よりもまず初等教育の整備が優先されており、正規の中学校が未発達であった。[*12] そのためこの時期の中等教育は初等教育と未分化のものや、旧時代の藩校や

＊11　文部省編『学制百年史　記述編』（帝国地方行政学会、一九七二年）二一八―二一九頁、大久保利謙『明六社』（講談社学術文庫、二〇〇七年）一七二―一七四頁、幕末維新期漢学塾研究会・生馬寛信編『幕末維新期漢学塾の研究』（渓水社、二〇〇三年）一九―二〇頁、三四―三五頁。

＊12　文部省編『学制百年史　記述編』（帝国地方行政学会、一九七二年）六頁、一六六―一六七頁。

私塾を取り込んだ変則的なものもあった。そのため「学制」の新しい教育方針やそれにおける漢学知の位置づけを検討する場合には、まず初等教育の方に注目してみる必要がある。
「学制」の初等教育に関する項目において、国語系科目と考えられるものは「綴字」「習字」「単語」「会話」「読本」「書牘」「文法」であり、その科目に基づいて「小学教則」ではその時間配当や指導内容が示されている。「学制」や「小学教則」においては「国語」のみならず「漢文」という枠組みも見いだせず、用いられるべき文体についても特に示されていない。
「学制」の序文である「被仰出書《おおせいだされしょ》」では、学校を設置する旨と学校教育の意義が説かれており、その教育理念は次のように明示されている。*13

人能く其才のあるところに応じ勉励して之に従事ししかして後初て生を治め産を興し業を昌にするを得べしされば学問は身を立るの財本にして人たるもの誰か学ばずして可ならんや

ここで示されている「学問は身を立るの財本」という文言には、欧米の近代思想に基づいた「個人主義・実学主義の教育観、学問観」*14が反映されているといわれており、それは文明開化の時流の一角であると考えることができる。一方で旧来の学問については次のように批判されている。

学問は士人以上の事とし農工商及婦女子に至つては之を度外におき学問の何物たるを辯ぜず又士人以上の稀に学ぶものも動もすれば国家の為にすと唱へ身を立るの基を知ず

*13　引用箇所は文部省編『学制百年史資料編』（帝国地方行政学会、一九七二年）一一頁に拠る。
*14　*13に同じ、一二三―一二四頁。

して或は詞章記誦の末に趨《はし》り空理虚談の途に陥り其論高尚に似たりといへども之を身に行ひ事に施すこと能ざるもの少からず

この引用部分において「詞章記誦の末に趨り」とあるところは、主に儒学における経典の暗誦や訓詁注釈のことを指していると考えられるが、そういった立身につながらない学問はこの引用部分の続きの文章では「貧乏破産喪家の徒多きゆゑん」になるとして批判されている。しかしながら、西洋の制度を参考にして作られた「学制」においてここまで旧教育が批判され、学校教育の実用性や必要性を説かれていることは、裏を返せば実社会の側では依然として旧来の教育が存続し、近代的な学校教育の価値や必要性が充分に認識されていなかったことが推測できる。それは「学制」期の初等教育の就学率が三〇％に満たない一方で[*15]、依然として私塾が存続していたことからも看取できる。ともあれここでは、「学制」の「被仰出書」に見られる「学問は身を立るの財本」という文言が、近代的なメリトクラシー（業績主義）[*16]の教育観であることは指摘できる。

第三節　榊原芳野編『小学読本』（明治七年版）に見る漢学知

教育近代化の初期である「学制」期の漢文教材は、一般に通用している漢籍をそのまま用いる、いわゆる旧来の丸本教科書が主流であった。そもそも学校制度自体が未整備であり、

＊15　『日本帝国文部省年報』第一（明治六年）に拠る。

＊16　竹内（一九九五）によると、メリトクラシーとは人員配置の基準に「家柄や門地などに重点をおく属性主義（何であるかによる選抜）」ではなく、「教育資格や能力つまり営為に重点をおく業績主義（何ができるかによる選抜）」をとることで「能力ある人々による統治と支配が確立する社会のこと」であるとされる（竹内洋『日本のメリトクラシー』〈東京大学出版会、一九九五年〉一頁）。したがって、学校教育を立身の「財本」と位置づける「学制」の「被仰出書」には、メリトクラシーの思想との関連性が指摘できる。

教科としての「国語」や「漢文」「修身」の概念がまだ確立されていないため、学校段階や学習者の発達段階を前提とした編集型漢文教科書の編纂は困難な状況であった。そのため丸本の漢文教科書を「学制」の新たな教育観を読み取る手がかりと考えるのは適当ではない。そこで本節では、「学制」下で整備が優先されていた初等教育の読本に着目したい。すなわち、この時期に文部省によって新たに発行された榊原芳野編『小学読本』[*17]を例に取り、「学制」において批判される側であった漢学系統の知がどのように教材化されていたのかについて明らかにし、近代学校教育創始期に編纂された教科書と漢学知、「学制」の教育観との関連を検討する。漢文系の素材が『小学読本』にとりこまれる過程で内容の改変・選択が行なわれている可能性があり、そこに『小学読本』編纂の意図、あるいは「学制」期の読本において漢学の知に付与された役割が読み取れるのではないかと考えられる。

　榊原芳野編『小学読本』は、田中義廉編『小学読本』とならんで「学制」期を代表する教科書である。従来の教科書史では、『ウィルソンリーダー』の翻訳教科書である田中版『小学読本』に比べて榊原版『小学読本』は古典的であると位置づけられている。[*18]そのため「学制」期に作成された教科書と漢学知との関連を検討するには『小学読本』の方が適していると考えられる。『小学読本』の編纂は巻之三までが榊原芳野によるものであり、その内容は「いろは」、五十音順に各文字を頭文字とする事物を列記したものや、天文・地理などの単語の解説文が収録されている。続く巻之四・五は漢学者・那珂通高《なかみちたか》と国学者・稲垣千穎《いながきちかい》による編

*17　古田東朔編『小學読本便覧第一巻』（武蔵野書院、一九七八年）所収、明治七年版。

*18　海後宗臣編『日本教科書大系近代編第四巻国語（一）』（講談社、一九六四年）七一二頁、古田東朔編『小学読本便覧第一巻』（武蔵野書院、一九七八年）三六八―三七二頁、高木まさき「『小学読本』巻之四・五の研究―その構成と出典の検討を通して―」（『国語科教育第四十七集』（全国大学国語教育学会、二〇〇〇年）五七頁。
　なお、明治一〇年代には田中本よりも榊原本の方が普及していたとする説もある（井上敏夫編『国語教育史資料第二巻教科書史』（東京法令、一九八一年）四頁参照）。

纂で、和漢洋の歴史上の逸話を題材とした物語教材が収められている。巻之四・五はそれぞれ三七課収録されており、合計七四課で構成されている。そのうち中国の史話は一四話、西洋の史話は一三話、それ以外は日本の史話が採られている。

『小学読本』巻之四・五では徐子光注『蒙求《もうぎゅう》』を出典とする文章が複数収録されている。『蒙求』は唐の李瀚によって作られた児童向けの逸話集であり、その内容は全五九二条、各条は四字句の標題とそれに連なる注釈文を収めている。『蒙求』の内容は歴史・倫理・文学などさまざまな要素を含んでおり、従来からその多様性が指摘されている。

『小学読本』巻之四・五において、中国の史話は一四話存在するが、そのうち次に示す九話が『蒙求』と一致しており、『小学読本』巻之四・五の編纂における『蒙求』の影響の強さをうかがえる（カッコ内は『蒙求』の標題）。

〈巻之四〉

第十七課（四一六「伯瑜泣杖」）、第二十一課（二九六「閔損衣單」）、第二十四課（一三四「軻親斷機」）、第三十四課（六〇「王覽友弟」）

〈巻之五〉

第九課（一八五「震畏四知」）、第十一課（一五八「子罕辭寶」）、第十五課（四二〇「陳寔遺盜」）、第二十八課（五二二「廉頗負荊」）、第三十二課（一〇「孫敬閉戸」）

まず、『小学読本』における『蒙求』教材と、それに対応する『蒙求』の出典箇所[*19]を比較してみると、内容と文体の両方の面で類似点が多いことが指摘できる。その例として『小学読本』巻之五第十一課の文章の一部と、それの『蒙求』の同一史話を次に比較してみる。

子罕答へて我は貧らざるを以て寶とし汝は玉を以て寶とす（『小学読本』巻之五第十一課）

子罕曰、我以不貪爲寶。爾以玉爲寶。（『蒙求』一五八「子罕辭寶」）

「答へて」と「曰く」の違いがあるものの、この『小学読本』巻之五第十一課の引用部分の文章構造は『蒙求』の対応箇所の漢文をそのまま訓読したものと同じである。この『小学読本』の漢字仮名交じり文は、訓点なしで読むことができる和文の利便性と漢文の伝統とを兼ね備えた文体であったといえる。

また、『小学読本』では『蒙求』には見られない説明や教訓的な文章の追加されている箇所、あるいは物語の詳細が変更・削除されている箇所が存在する。その具体例を次に二つ挙げ、説明を加えておく。

○巻之四第三十四課

巻之四第三十四課は『蒙求』六〇「王覧友弟」と同一史話である。王祥《おうしょう》・王覧《おうらん》は腹違いの兄弟であるが、継母にいじめられる兄の王祥を弟の王覧がかばったという、兄弟愛の逸話で

＊19　『新釈漢文大系第五八巻蒙求（上）』『新釈漢文大系第五九巻蒙求（下）』（明治書院、一九七三年）参照。

ある。巻之四第三十四課の終末には「かく兄弟互に孝行友愛の心深きによりて其名各顕れて祥は太保に進み覽は後に光禄大夫に成りたり兄の弟を愛し弟の兄を敬するは人の倫也祥兄弟の行ひ實に世の模範と謂ふべし」と加えられている。この「祥は太保に進み」の部分には『蒙求』の四四三「王祥守柰」に見られる内容であり、本来の「王覽友弟」には含まれていない。この「祥は太保に進み」が加えられることで、王祥・王覽が努力によって立身出世を果したことが強調されているといえる。

○巻之五第三十二課

巻之五第三十二課は三つの史話を組み合わせた勤勉についての説話であり、『蒙求』の一〇「孫敬閉戸」はその一番目に取り入れられている。「孫敬閉戸」は孫敬が睡魔と防ぐために縄で頸と梁を繋ぎ、部屋に閉じこもって勉学に励んだという逸話である。『蒙求』の「孫敬閉戸」は「辟命せらるるも至らず。」（出仕を命じられるも応じなかった。）と締めくくられているため、孫敬が苦学を重ねつつも生涯出仕しようとしなかった変わり者であった面も読みとれると考えられる。一方、第三十二課では「辟命せらるるも至らず。」の下りは省略されており、終末には「夫れ睡眠は人生の精神を養ふ道なれば廢すべからざるものと雖ども善く勤むるものは其自ら警むること率ネ皆かくの如し」とまとめられている。そのため、あくまで勤勉の重要さを説くための例として「孫敬閉戸」が引用されているといえる。

第四節　漢学知とメリトクラシー

ここで、前節において検討した『小学読本』巻之四・五の特徴を踏まえて、考察を加えておきたい。

『小学読本』の全体構成は『蒙求』のそれとは一致していない。だが個別の教材に目を移して、『小学読本』と『蒙求』の同一史話を比較すると、そのストーリーの筋は概ね一致しており、漢語や措辞など文章形式の面でも類似している部分が見いだせる。その一方で、同一の史話であっても『蒙求』よりも『小学読本』の方がその教訓性が強められており、特に勤勉の必要を強調したものであるといえる。今回とりあげた学課以外を確認しても、『小学読本』巻之四・五は全体的に勤勉を説く物語が多く存在することが確認できる。例えば、巻之四の冒頭第一～六課、第三十六・三十七課、巻之五第二十三～二十五課、三十一～三十七課は学問や生業へ真剣に取り組むことを説いている。そこに「学制」公布の時期において、学業の必要を啓発する意図があったのではないかと考えられる。あるいは『小学読本』において、勤勉さの対象が学問のみならず職業にも広がっていることには、勤勉さによって旧来にはなかった立身出世の道が開かれ始めた「学制」期の時代背景との関連も推測できる。

また、『小学読本』巻之四第三十四課や巻之五第三十二課では、原典にない説明や教訓が加えられていたが、それは指導上の実用性という面でも意義があったと考えられる。例えば『蒙求』の史話の結末には『小学読本』に加えられているような教訓的な結語がない分、読み手によって内容を解釈する余地が大きい。だがその特徴は、教育内容の画一化が進められた近代の学校教育においては適していないことが予想できる。そのため『小学読本』巻之四・五において、その史話教材から読みとらせるべき教訓があらかじめ本文中に明示されていることは、教育者と学習者の混乱を避ける効果も有していたのではないかと考える。

以上の検討・考察を踏まえて、近代教育制度創始期（「学制」期）における学校教育と漢学知について結論を述べてみたい。

まず『小学読本』における『蒙求』教材には、「学制」の教育観との関連づけが図られていたのではないかと指摘できた。つまり、「学制」下で求められた教育観に一致する教材を『蒙求』という漢学知から発掘し、より説明的・教訓的に改めて収録されていると考えられる。勤勉や清廉、忍耐、忠孝といった『小学読本』の徳目は、本稿の二節において引用した「被仰出書」に見いだせる、近代以降に広まったメリトクラシー（業績主義）の教育思想と関連したものであった可能性も指摘できるのである。従来、『小学読本』の内容については次のような指摘がなされていた。

本書は田中義廉の「小学読本」が翻訳による教科書であるのに対し、在来の国語教材観によって編集され、古典的性格が強い。明治十年代に編集された読本に比べると、外国の教訓的物語も加えられていて、文明開化期の教科書としての性格を有している。*20ここでいう「外国の教訓的物語」とは文脈から察するに「古典的性格」を有する和漢の教材に対する、西洋の「教訓的物語」のことを指しているといえる。しかし、和漢の古典から採られている教材が「古典的」であり、洋書から採られている教材が文明開化的であるとは、一概には言えないだろう。例えば本稿前節の検討を踏まえると、『小学読本』の『蒙求』教材に加えられた勉励や立身という価値観には本来の『蒙求』自体よりも「学制」下の教育観（個人主義・実学主義という特徴をもつ近代的なメリトクラシー思想）の方に関連性が見いだせる。古典はその時代に応じて解釈される場合があり、古典のなかでも特に漢文は儒教の伝統を含んでいる分、漢文系の教材には儒教的な道徳や徳目の典拠としての役割が推測されがちである。しかしながら、『小学読本』では伝統的な漢文の史話に業績主義的な教育観が組み込まれ、「学制」の教育観に合わせた教材化がなされていたと考えられるのである。

＊20　海後宗臣編『日本教科書大系近代編第四巻国語（一）』（講談社、一九六四年）七一二頁。

第二章　高等教育と漢学・漢文

町　泉寿郎

第一節　中等教育における漢文

「高等教育と漢学・漢文」という本章のタイトルは、ある意味で語義矛盾である。かつて筆者はお世話になった老先生から、「漢文や日本漢学というのはどうしても研究分野とは思えない」と言われたことがある。その時は軽い反発を覚えたが、その通りなのである。日本の近代教育において「漢文」「漢学」は「中等教育」における「国漢」（国語・漢文）教科と位置づけられ、一時期を除けば大学における学科として位置づけられず（研究対象となることなく）今日に至った。基本的には、そう考えるのが妥当である。

江戸期までに蓄積された漢文の素養が明治以降もある程度持続し、日清・日露両対外戦争に代表される日本帝国主義の進展が東アジア近隣諸国に関する新たな学知への刺激となり、中国哲学・中国文学・東洋史学その他の新しい学術の進歩に資した。その一方で、従来の「漢文」「漢学」は高等教育における研究分野ではなく、中等教育における教育分野として位置づけられた。

江戸時代の昌平坂学問所や各藩校における体制教学であった「漢学」が、高等教育から滑落し、中等教育の科目として位置づけられ、その一方で高等教育の中の諸学科に変容していった経過は一朝一夕ではなく、途中経過がある。本章では、その途中経過（旧制大学まで）のアウトラインをたどってみよう。

帝国大学を中心とした高等教育に関する状況は後述することとして、ここでは中等教育の形成とその中等教育課程における漢文教科の定着について略述しよう。

明治一四年（一八八一）から小学校・中学校の筆頭学科として「修身」が置かれた。同一九年（一八八六）からは中学校の学科「和漢文」が「国語及漢文」に改められる。同三二年（一八九九）の中学校令改正によって、「漢文」は「国語及漢文」の併記から「国語」の中へ包含されることになり、同三三年（一九〇〇）に小学校の「読書」「習字」が「国語」に改められて、初等・中等の一貫した「国語」の教科教育が出来上がる。

この間、同二三年（一八九〇）に「教育勅語」が発布され、国民道徳の基礎に儒教倫理が据えられる。井上毅（一八四四―一八九五）がその晩年、「漢文意見」（一八九四）のなかで「漢字は国語の材料として」「儒教は道徳の教材として」必要であると述べたごとく、「漢文」は国語教育における「国主漢従」の主客の分を守りつつ、「修身」を補完する教科としての位置を獲得していく。

さらに、日本の大陸侵出が日清戦争という形で現実のものとなる中、東洋史学者の那珂通世の発議により、同二八年（一八九五）から中学校の学科のうち本邦歴史と外国歴史が本邦史・東洋史・西洋史に改められた。東洋史がカバーする範囲は、朝鮮半島・インドを含む東洋諸地域に及び、日本との影響関係や各種民族の盛衰等を包摂するものとされ、従来の中国古典を対象とした漢学とは異なる新たな東洋学が興隆する。「国語」や「東洋史」等の名称が大学における学科名称に先んじて、中学校における教科名（当時は学科名）として始まることは、研究分野として未成熟な段階で教育現場に提供されたこと、或いは研究と教育が自転車操業的に進行したことを意味するものであり、近代日本の教育と研究の在り方を象徴している。

中等教育以外にも、日露戦争後、内務省が中心となって戦時の非常事態をテコにして国民組織の再編成が進められた。これは地方改良運動と呼ばれ、「戊申詔書」（一九〇八）の発布によって運動が本格化する。教育現場では国民道徳の淵源としての「教育勅語」（一八九〇）とともに、国際情勢・国内情勢をふまえたより現実的な道徳律として「戊申詔書」が教育された。この内政政策の過程で、江戸時代以来の村落共同体が解体されて近代国家のための共同体に再編され、共同体の単位である人々の意識も村落共同体の構成員から国民国家の構成員のそれへと、国民の内面世界の組織化が進行した。この内面世界の組織化に当たっては、神道や儒教のような伝統的価値観が利用され、町村長・宗教家・教育者・名望家のいわゆる

「四角同盟」[*1]による地域単位の社会教育が進められた。

「大正デモクラシー」「大正教養主義」といった言葉で語られる近代化・民主化が都市中間層に浸透する一方で、国家主義的な教育や社会の組織化も着実に進行したと言える。本「講座」の別稿に略記した渋沢栄一の「論語と算盤」を標語とした儒教啓蒙も、基本的にはこの社会教育運動と親和性が高いものである。こうした社会教育の場においても、儒教的価値観は影響し続けたと言える。

第二節　東京大学・帝国大学・東京帝国大学の漢学関係学科およびその卒業生たち

東京大学（帝国大学・東京帝大）における漢学関係の教官に関しては、別巻所収の拙稿「東京大学と古典講習科」に譲り、ここでは東京大学（帝国大学・東京帝大）の卒業生名簿『東京大学卒業生氏名録』[*2]を用いて、漢学・中国学関係学科と講座の変遷、およびその卒業生たちを中心に紹介しよう。

明治一九年（一八八六）の東京大学から帝国大学への改組、同二六年（一八九三）の講座制導入、同三八年（一九〇五）の文科大学における九学科[*3]から三学科[*4]への学科再編、大正七年（一九一八）の大学令改正（それを受けた文科大学から文学部への改組）とそれにともなう三

＊1　社会福祉運動家で「岡山四聖人」の一人に数えられる留岡幸助（一八六四―一九三四）の言葉。

＊2　大正一五年（一九二六）・昭和八年（一九三三）・同一四年（一九三九）に刊行された『東京帝国大学卒業生氏名録』と、新制大学に改組されてから昭和二五年に刊行された『東京大学卒業生氏名録』があり、それ以降は大学全体の卒業生名簿は作成されていないようである。

＊3　九学科―哲、国文、漢、国史、史、博言、英吉利、独逸、仏蘭西。

＊4　三学科―哲学、史学、文学。

学科制から一九学科への改組など、制度の変遷を反映して、東京大学（帝国大学・東京帝大）の学科名称の変遷はやや複雑である。

東京大学時代――哲学・政治学・理財学・和漢文学（一八八〇―八五）

最初期の東京大学時代は卒業生数も少なく六年間に四七人に過ぎず、哲学・政治学・理財学・和漢文学の学科の分化がまだ明確でない。明治一四年（一八八一）に第一学科―哲学科、第二学科―政治学・理財学科、第三学科―和漢文学科に分化したものの、卒業生四七人中、和漢文学科の卒業生は田中稲城〔一八八一〕（〔　〕内の西暦は卒業年を示す、以下同じ）と棚橋一郎〔一八八四〕だけであり、哲学専攻者には井上哲次郎〔一八八〇〕や井上円了〔一八八五〕らがあるもなお少数で、四分の三の学生が政治学・理財学を専攻した。哲学科の授業科目は、初め西洋哲学（単に哲学と称した）のみであったが、後に支那哲学、印度哲学が加えられた。

帝国大学文科大学時代（哲・史・文三学科成立以前）

○哲学科（一八八六―一九〇四）

帝国大学改組以降の哲学科は、明治一九年から同三七年までは西洋哲学・支那哲学・印度哲学等が未分のまま混在し、大西祝〔一八八九〕、服部宇之吉〔一八九〇〕、松本文三郎〔一八九三〕、桑木厳翼〔一八九六〕、姉崎正治〔一八九六〕、蟹江義丸〔一八九七〕、常盤大定（一八九八）、西晋一郎（一八九九）らの名が見える。明治三八年（一九〇五）以降、西洋哲学と東洋哲学が分化して、前者は「哲学及哲学史（一九〇五―一〇）」「哲学科（哲学専修）（一九一一―一九）」と称され、阿部次郎（一九〇七）、田辺元（一九〇八）、九鬼周造（一九一二）、和辻哲郎（一九一二）らの名が見える。

○和文学科（一八八六―八九）、国文学科（一八九〇―一九〇四）

東京大学文学部時代からあった和漢文学科が、明治一七年（一八八四）入学生から二年次に和文学科と漢文学科に分化することになった。帝国大学改組後の和文学科は三上参次（一八八九）、高津鍬三郎（一八八九）ら四人の卒業生を出したが、漢文学科は卒業生を出していない。和文学科は国文学科に改称し（一八八九）、計七〇人の卒業生を出した。

○漢学科（一八九四―一九〇六）

和漢文学科から分化した漢文学科には進学者がなかったものと見られ、さらに「漢学科（漢学支那語学科、後に支那哲学支那史学支那文学科）」と改められ、明治二六年の講座制導入によって三講座が開設された。[*5]

「漢学」が学科名としてこの時期の高等教育において実体をもっていたことは、注意してよいことである。また、漢学科時代の教授として、第一講座教授を務めた島田重礼の歿後（一八九八）、重野安繹[*6]、星野恒[*7]ら史学に造詣の深い漢学者や東洋史学開拓者の那珂通世[*8]が講座を担当したことは看過できない事実である。

＊5　簡単に言えば、学科は学生の帰属先であり、講座は教官の帰属先である。

＊6　重野安繹（一八二七―一九一〇、号成斎）、教授在任一八九八―一九〇一。

＊7　星野恒（一八三九―一九一七、号星城）、教授在任一九〇一―一七。

＊8　那珂通世（一八五一―一九〇八）、講師在任一八九六―一九〇四。

明治二七年から同三九年までの間に漢学科から、中野重太郎〔一八九四〕、狩野直喜〔一八九五〕、藤田豊八〔一八九五〕、桑原隲蔵〔一八九六〕、山内晋卿〔一八九六〕、白河次郎〔一八九七〕、赤沼金三郎〔一八九五〕、松山直蔵〔一八九七〕、伊藤賢道〔一八九八〕、高瀬武次郎〔一八九八〕、秋月胤継〔一八九八〕、中山久四郎〔一八九九〕、満田新造〔一八九九〕、川田鐵弥〔一八九九〕、久保得二〔一八九九〕、宇野哲人〔一九〇〇〕、鈴木虎雄〔一九〇〇〕、赤井直好〔一九〇〇〕、駒井徳太郎〔一九〇〇〕、村上龍英〔一九〇一〕、塩谷温〔一九〇二〕、浅井虎夫〔一九〇二〕、北村沢吉〔一九〇二〕、高橋亨〔一九〇二〕、三島復〔一九〇四〕、湯浅廉孫〔一九〇四〕ら計六三人の卒業生を出している。

○史学科〔一八八九―一九〇四〕

史学科も当初、西洋史学・東洋史学・国史学の区別が未分のまま混在したらしく、明治二二年から同三七年までの間に、白鳥庫吉〔一八九〇〕、斎藤阿具〔一八九三〕、村上直次郎〔一八九五〕、幸田成友〔一八九六〕、原勝郎〔一八九六〕、隈本繁吉〔一八九六〕、矢野仁一〔一八九九〕、箭内亙〔一九〇一〕、今井龍〔一九〇三〕、池内宏〔一九〇四〕ら計一三三人の卒業生を出している。

○国史科〔一八九三―一九〇四〕

次いでやや遅れて国史科が開設され、明治二六年から同三七年までの間に菊池謙二郎〔一八九三〕、幣原坦〔一八九三〕、武藤虎太〔一八九四〕、内田銀蔵〔一八九六〕、喜田貞吉

〔一八九六〕、黒板勝美〔一八九六〕、笹川種郎〔一八九六〕、辻善之助〔一八九九〕ら計九八人の卒業生を出している。

○博言学科（一八九〇―一九〇〇）

博言学科は明治二三年から同三三年までの間に、榊亮三郎〔一八九五〕、新村出〔一八九九〕、八杉貞敏〔一九〇〇〕ら一三人の卒業生を出している。

このほかに、文学科（英吉利文学専修）、文学科（独逸文学専修）、文学科（仏蘭西文学専修）が開設されたが、本稿では省略に従う。帝国大学文科大学における人文学研究は、史学と言語学の研究方法の導入によって、新たな展開を遂げていったといえる。

東京帝国大学文科大学時代（三学科成立以降）

○哲学科（支那哲学専修）（一九〇五―一九）

文科大学が哲学科・史学科・文学科の三学科に区分されたことは、学問分野の分化にとって大きな意義があった。これ以降に開設された帝国大学では基本的にこれが踏襲される。しかしながら、和漢文学科・漢学科からの前史を持つ東京帝国大学では、教官の担任する講座名称としては哲・史・文の区別がない「支那哲学支那史学支那文学科」第一講座・第二講座・第三講座として推移するのである。

この時期に哲学科（支那哲学専修）からは藤塚鄰〔一九〇八〕、山口察常〔一九〇八〕、今村完道〔一九一二〕、手塚良道〔一九一四〕、高田真治〔一九一七〕ら計二九人が卒業している。
○文学科（支那文学専修）（一九〇五―一八）
この時期に文学科（支那文学専修）からは武藤長平〔一九〇六〕、佐久節〔一九〇六〕、田中豊蔵〔一九〇七〕、石浜純太郎〔一九一一〕、芳野幹一〔一九一四〕、竹田復〔一九一七〕、頼成一〔一九一八〕ら計三〇人が卒業している。
○支那史学科・東洋史学科（一九〇五―一八）
東洋史という名称は前述のように中学校の教科目として成立し、その後、大学の学科名称としても定着するに至る。はじめ大学の学科名称は、「支那史学」（一九〇五―一九一〇）と称し、その時期に羽田亨〔一九〇七〕、大谷勝真〔一九〇八〕、原田淑人〔一九〇八〕、橋本増吉〔一九〇八〕ら計一九人が卒業している。次いで東洋史学科が開設されて〔一九〇九〕「史学科（東洋史学専修）」（一九一一―一八）の時期に鳥山喜一〔一九一一〕、和田清〔一九一五〕、石田幹之助〔一九一六〕ら計二九人が卒業している。

なお、この時期の支那哲学支那史学支那文学科の教授としては、第一講座を星野恒、第二講座を市村瓚次郎[*9]、第三講座を白鳥庫吉[*10]や服部宇之吉[*11]らが分担し、ようやく帝国大学出身の若手教授がその一角を担うようになった。

東京帝国大学文学部時代（一九学科独立以降）

*9　市村瓚次郎（一八六四―一九四七、号器堂）、帝大古典科卒。
*10　白鳥庫吉（一八六五―一九四二）、帝大史学科卒。
*11　服部宇之吉（一八六七―一九三九）、帝大哲学科卒。島田重礼女婿。

○支那哲学科（一九二〇―五〇）

大正七―八年（一九一八―一九）に、従来の支那哲学支那史学支那文学科三講座が改組されて、支那哲学支那文学科三講座と東洋史学二講座に分化増設された。教授としては、第一講座を服部宇之吉、第二講座を塩谷温、第三講座を宇野哲人らが担任した。

「支那哲学科」（一九二〇―三二）の時期に加藤常賢（一九二〇）、楠本正継（一九二二）、阿部吉雄（一九二八）、林秀一（一九二八）、柿村峻（一九三〇）、麓保孝（一九三二）、山田統（一九三二）ら計六三人が卒業している。この後、昭和七年（一九三二）に文学部各学科に合併の動きがあり、哲学・文学の区別を廃した「支那哲学支那文学科」（一九三三―三八）となった時期に、山田琢（一九三三）、市川安司（一九三四）、宇野精一（一九三四）、赤塚忠（一九三六）、飯塚朗（一九三六）、工藤篁（一九三六）、西順蔵（一九三七）ら計一六四人が卒業している。その後ふたたび哲学・文学を区別し、「支那哲学支那文学科（支那哲学）」（一九三九―四五）の時期に友枝龍太郎（一九三九）、山井湧（一九四二）、小野沢精一（一九四三）、近藤光男（一九四四）ら計六九人が卒業している。第二次大戦後の「支那哲学支那文学科（中国哲学専修）」（一九四七―四九）の時期に新田大作（一九四八）、高木友之助（一九四九）ら計二八人が卒業している。

○支那文学科（一九二〇―五〇）

「支那文学科」（一九二〇―三二）の時期に倉石武四郎（一九二二）、内田泉之助（一九二六）、長澤規矩也（一九二六）、辛島驍（一九二八）、小野忍（一九二九）、増田渉（一九二九）、目加田誠（一九二九）、松枝茂夫（一九三〇）ら計六七人、「支那哲学支那文学科（支那文学）」（一九三九―四六）の時期に駒田信二（一九四〇）、江頭広（一九四三）、頼惟勤（一九四三）ら計三一人、「支那哲学支那文学科（中国文学専修）」（一九四七―四九）の時期に前野直彬（一九四七）、今村與志雄（一九四八）、伊藤漱平（一九四九）ら計九人、「文学科（中国文学専修）」（一九四九―五〇）の時期に桑山龍平（一九四九）ら計五人が卒業している。

○東洋史学科（一九二〇―五〇）、附朝鮮史

この時期、東洋史学講座は第一講座を市村瓚次郎、第二講座を白鳥庫吉が分担し、その後、第一講座を箭内亙[*12]や藤田豊八[*13]が、第二講座を和田清[*14]や加藤繁[*15]が担当した。昭和七年（一九三二）の文学部各学科合併の動きも東洋史学には及ばず、「東洋史学科」（一九二〇―五〇）の時期に青山公亮（一九二〇）、玉井是博（一九二二）、江上波夫（一九三〇）、板野長八（一九三一）、瀧遼一（一九三二）、神田信夫（一九三三）、小倉芳彦（一九四八）ら計三六七人が卒業している。

さらに、朝鮮史講座が大正三年（一九一四）に新設された。これより先、明治三九年（一九〇六）に幣原坦[*16]が文部省から講師として出講して初めて近世朝鮮史を講じ、講座新設後は池内宏[*17]が満鮮史を講じたが、文学部各学科合併の時期に東洋史学科に編入されている（一九三二）。

＊12　箭内亙（一八七五―一九二六）、東京帝大史学科卒。

＊13　藤田豊八（一八六九―一九二九）、帝大漢学科卒、号剣峰。

＊14　和田清（一八九〇―一九六三）、東京帝大東洋史学科卒。

＊15　加藤繁（一八八〇―一九四六）、東京帝大支那史学科選科卒。

＊16　幣原坦（一八七〇―一九五三）、帝大国史科卒。

＊17　池内宏（一八七八―一九五二）、東京帝大史学科卒。

＊18　松本文三郎（一八六九―一九四四）、帝大哲学科卒。

第三節　京都帝国大学とその漢学・中国学関係の講座および学者たち

京都帝国大学は明治三〇年に創設され、将来の文科大学教授着任に備え、同三一年に大西祝が哲学研究のために渡独、同三二年に松本文三郎[18]が印度哲学研究のために渡独、谷本富が教育学研究のために渡英仏独、狩野直喜[19]が漢学研究のために渡清したが、日露戦争を挟んで文科大学の開講は遅れ、漸く同三九年（一九〇六）四月に狩野亨吉・狩野直喜・桑木厳翼・谷本富・松本文三郎が開設準備委員となり、同年九月に開講した。

東京帝大文科大学における哲・史・文の三学科制を受けて、京都帝大文科大学では初年には哲学科のみが開設され、翌四〇年に史学科、翌四一年に文学科が開設された。当初から「東洋学研究の重視」の方針があったとされる。新聞記者内藤虎次郎（号湖南）、文学者幸田成行（号露伴）、など東京帝大出身学士以外からも教官を採用し[20]、人事にも特色があった。

文科大学の講座としては、哲学科に哲学・哲学史（五講座）、心理学、倫理学、教育学・教授法、美学・美術史、宗教学（三講座）、社会学。史学科に国史学（二講座）、東洋史学（三講座）、史学地理学（三講座）、考古学。文学科に国語学・国文学（二講座）、支那語学・支那文学（二講座）、西洋文学（四講座）、梵語学・梵文学、言語学が開かれた。

漢学・中国学関連の各講座の教授としては、開設当初は狩野直喜のみであり、初年時に哲

＊19　狩野直喜（一八六八―一九四七、号君山）、帝大漢学科卒。清国留学を終えて帰朝した狩野は台湾総督府民政局の依頼を受けて、『清国行政法』の編纂に従事していた。

＊20　このほかに、美学に高山樗牛、英文学に夏目漱石を迎える計画があったという。

＊21　高瀬武次郎（一八六九―一九五〇）、東京帝大漢学科卒。

＊22　小島祐馬（一八八一―一九六六）、京都帝大法科大学と同文科大学卒。

＊23　内藤虎次郎（一八六六―一九三四、号湖南）、秋田師範学校卒。

＊24　桑原隲蔵（一八七一―一九三一）、帝大漢学科卒。

＊25　矢野仁一（一八七二―一九七〇）、東京帝大史学科卒。

学科だけ開設されたので、本来、支那文学担当である狩野が支那哲学にあたる哲学・哲学史第三講座を兼担した。翌四〇年（一九〇七）に陽明学研究で知られる高瀬武次郎[*21]が助教授として着任し留学を経て教授に昇任した（一九一五）。京都帝大出身の小島祐馬[*22]が助教授となり、高瀬退官の後を受けて教授に昇任した（一九二九）。

史学科は、東洋史学三講座の教授として、内藤虎次郎[*23]が初め講師として着任し、間もなく教授に昇任し（一九〇九）、東京高等師範学校教授桑原隲蔵[*24]が留学を終えて教授として加わり（一九〇九）、助教授として着任した矢野仁一[*25]が留学を経て昇任した。これを富岡謙蔵[*26]や羽田亨[*27]が講師として補佐し、さらに今西龍[*28]講師が着任して朝鮮史を講じ、那波利貞[*29]、宮崎市定[*30]、和田清らが加わった。また、史学地理学は初め石橋五郎（神戸高商教授）が兼担し、次いで小川琢治[*31]が教授として着任し、京都帝大医科足立文太郎教授が副科として人類学を講じて、特色ある人文地理学を構築した。考古学講座でも、梅原末治・島田貞彦・水野精一らが中国・満州の考古学を講じた。

文学科では、明治四一年に開講した支那語学支那文学講座を狩野直喜教授が担当し、鈴木虎雄[*32]が助教授としてこれを補佐した。中国留学を経て鈴木虎雄助教授は教授に昇任し、支那語学支那文学第二講座を担当した。一時、西村時彦[*33]が講師として出講し、倉石武四郎[*34]が助教授として補佐した。

この間に、明治四三年（一九一〇）の敦煌発掘古書調査、同四四年の辛亥革命による羅振玉・

＊26　富岡謙蔵（一八七三―一九一八、号桃華）、富岡鉄斎の子。

＊27　羽田亨（一八八二―一九五五）、東京帝大支那史学科卒。

＊28　今西龍（一八七五―一九三二）、東京帝大史学科卒。

＊29　那波利貞（一八九〇―一九七〇）、京都帝大史学科（東洋史）卒。

＊30　宮崎市定（一九〇一―一九九五）、京都帝大史学科（東洋史）卒。

＊31　小川琢治（一八七〇―一九四一）、東京帝大理科大学地質学科卒。

＊32　鈴木虎雄（一八七八―一九六三、号豹軒）、東京帝大

王国維の亡命、同四五年の奉天満文資料調査などにより、従来の「漢学」になかった新しい資料がもたらされたことは、京都帝大の支那学の発展に決定的な影響を及ぼした。

第四節　東北帝国大学とその漢学・中国学関係の講座および学者たち

東北帝国大学は明治四〇年（一九〇七）に設置されたが、仙台における施設準備が遅れたため、当初は明治初期以来の札幌農学校を改組した農科大学のみでスタートした。同四四年（一九一一）に理科大学（のち理学部）が開設され、大正四年（一九一五）に医科大学（のち医学部）、同七年（一九一八）に農科大学が分離独立して北海道帝国大学に移管され、同八年（一九一九）に工学部、同一一年（一九二二）に法文学部が増設された。

漢学・中国学関連の各講座の教授としては、支那学第一講座に武内義雄[*35]、同第二講座に青木正児[*36]が就任し、小川環樹[*37]が助教授（のち教授）としてこれを補佐した。史学では第一・第二講座が西洋史、第三・第四講座が東洋史、第五講座が国史に配当され、第三講座に岡崎文夫[*38]、第四講座に曽我部静雄[*39]が就任した。哲・史・文の区分がない支那学講座が開設されたことは異例であり、また東洋史講座も京都帝大出身者が占めたことは、京都帝国大学における「支那学」が漢学・中国学分野において広く認知された結果と考えられる。

また、初めて開設された文化史学第一講座に日本思想史学の村岡典嗣[*40]、同第二講座に日本

漢学科卒。

＊33　西村時彦（一八六五―一九二四、号天囚）、帝大古典科中退。

＊34　倉石武四郎（一八九七―一九七五）、東京帝大支那文学科卒、京都帝大大学院修了。

＊35　武内義雄（一八八六―一九六六、京都帝大支那哲卒）は初め大阪の重建懐徳堂で西村天囚に学び、旧制高校を経ずに京都帝大に進学した。

＊36　青木正児（一八八七―一九六四）、京都帝大文学科（支那文）卒。

＊37　小川環樹（一九一〇―一九九三）、京都帝大文学科（支那文）卒。

＊38　岡崎文夫（一八八八―一九五〇）、京都帝大史学科（東洋史）卒。

美術史の福井利吉郎[*41]が就任した。国文学第一講座の岡崎義恵や美学の阿部次郎、西洋文学第二講座の小宮豊隆などと共に、目新しい人事によって新しい学問の構築を目指したことが分かる。

第五節　九州帝国大学とその漢学・中国学関係の講座および学者たち

九州帝国大学も東北帝国大学と同時期の明治四四年（一九一一）一月に開設された。これに先立つ同三六年（一九〇三）に京都帝大の分科として設立された福岡医科大学を九州帝国大学に移管し、新たに工科大学を開設してスタートした。大正八年（一九一九）に農学部、同一三年（一九二四）に法文学部、昭和一四年（一九三九）に理学部が増設された。

九州帝大法文学部の講座構成は、法学科に法理学、憲法、行政法、民法（三講座）、民事訴訟法、刑法・刑事訴訟、商法（二講座）、社会法、国際法・国際私法（二講座）、法制史、政治学、政治史・外交史、経済学（七講座）、財政学。哲学科に哲学・哲学史（三講座）、倫理学、心理学、社会学、教育学、宗教学、美学・美術史、支那哲学史、印度哲学史。史学科に国史学（二講座）、西洋史学、東洋史学。文学科に国文学、支那文学、英文学、仏文学、独文学が順次開設された。特色ある講座としては、政治史・外交史や、植民政策をその内容とする経済学第四講座などが挙げられる。

＊39　曽我部静雄（一九〇一―一九九一）、京都帝大史学科卒。

＊40　村岡典嗣（一八八四―一九四六）、早稲田大学哲学科卒。

＊41　福井利吉郎（一八八六―一九七二）、京都帝大哲学科卒。

前掲の東北帝大が京都帝大出身者によって占められたのに対して、九州帝大の漢学・中国学関連の各講座の教授は、東京帝大出身者によって占められた。支那哲学史は楠本正継[*42]が就任し、東洋史学は重松俊章[*43]が就任し、日野開三郎[*44]が助教授としてこれを補佐した。支那文学は初め助教授として着任した目加田誠[*45]が教授に昇格し、松枝茂夫[*46]が助教授としてこれを補佐し、山内晋卿[*47]が講師として出講した。

第六節　京城帝国大学とその漢学・中国学関係の講座および学者たち

韓国併合（一九一〇）によって朝鮮半島は朝鮮総督府の統治下に置かれた。翌年公布の朝鮮教育令が改正されて（一九二二）、大学に関する規程が定められた。これを受けて、大正一三年（一九二四）五月に朝鮮初の京城帝国大学が創設され、初めに大学予科が開校し、同一五年（一九二六）三月に第一回卒業生を出した。予科時代の大学総長事務取扱は朝鮮総督府政務統監（有吉忠一、下岡忠治、湯浅倉平）の職掌であった。

第一回予科卒業生を第一期生として同年四月に京城帝国大学がスタートし、当初は法文学部と医学部の二学部が設置された（一九四一年に理工学部増設）。斎藤実朝鮮総督から委嘱された東京帝大教授の服部宇之吉（一八六七―一九三九）が京城帝国大学創設委員となり、東京帝大教授在職のまま京城帝大初代総長を兼務した（一九二六年四月―二七年七月）。

＊42　楠本正継（一八九六―一九六三）、東京帝大支那哲学科卒。

＊43　重松俊章（一八八三―一九六一）、東京帝大東洋史学科卒。

＊44　日野開三郎（一九〇八―一九八九）、東京帝大東洋史学科卒。

＊45　目加田誠（一九〇四―一九九四）、東京帝大支那文学科卒。

＊46　松枝茂夫（一九〇五―一九九五）、東京帝大支那文学科卒。

＊47　山内晋卿（一八六六―一九四五）、帝国大学漢学科卒。

法文学部には法学科・哲学科・史学科・文学科の四学科が置かれ、講座として以下の計四九講座が開設され、後掲の台北帝国大学文政学部（二七講座）に比べて学部規模が大きい。法学科に憲法・行政法（二講座）、民法・民事訴訟法（四講座）、商法（二講座）、刑法・刑事訴訟法（二講座）、国際公法、国際私法、経済学（二講座）、政治学・政治史（二講座）、外交史、財政学、羅馬法、法理学、法制史、統計学。哲学科に哲学・哲学史（二講座）、支那哲学、倫理学（二講座）、心理学（二講座）、宗教学・宗教史、美学・美術史（二講座）、教育学（二講座）、社会学。史学科に国史学（二講座）、朝鮮史学（二講座）、東洋史学（二講座）、西洋史学。文学科に国語学・国文学（二講座）、朝鮮語学・朝鮮文学（二講座）、支那語学・支那文学、外国語学・外国文学（二講座）。講座名称も、台北帝大に比べると、朝鮮関連を除けば東京帝大のそれに近似している。

漢学・中国学・アジア学関連の各講座の教授としては、支那哲学には藤塚鄰[*48]が就任し、これを阿部吉雄[*49]・本多龍成（東京帝大支那哲卒）・西順蔵[*50]が助教授として補佐した。また予科の漢文科教授を高田真治[*51]が務めた。

国史学第一講座に田保橋潔[*52]が就任した。東洋史学第一講座に大谷勝真[*53]、同第二講座に鳥山喜一[*54]が就任し、助教授に玉井是博（東京帝大東洋史卒）・松田寿男[*55]があった。朝鮮史第一講座に今西龍が就任し、次いで藤田亮策[*56]が継承した。同第二講座に小田省吾[*57]が就任し、次いで末松保和[*58]が継承した。なお、小田省吾は予科の修身・朝鮮史の教授も兼務した。

＊48　藤塚鄰（一八七九—一九四八）、東京帝大支那哲学科卒。

＊49　阿部吉雄（一九〇五—一九七八）、東京帝大支那哲学科卒。

＊50　西順蔵（一九一四—一九八四）、東京帝大支那哲文学科卒、西晋一郎二男。

＊51　高田真治（一八九三—一九七五）、東京帝大支那哲学科卒、号陶軒。

＊52　田保橋潔（一八九七—一九四五）、東京帝大国史科卒。

＊53　大谷勝真（一八八五—一九四一）、東京帝大支那史学科卒。

＊54　鳥山喜一（一八八七—一九五九）、東京帝大東洋史学科卒。

朝鮮語学・朝鮮文学第一講座には高橋亨[*59]、同第二講座には小倉進平[*60]が就任し、河野六郎[*61]が助教授としてこれを補佐し、また魚允迪・鄭万朝が朝鮮語の講師として、権純九が朝鮮式漢文の講師として出講した。支那語学・支那文学は、東京高等師範学校教授を定年退官後に二松学舎校学長を務めていた児島献吉郎[*62]が就任したが病を得て退官し（一九三〇）、その後を美学・美術史第二講座担当の田中豊蔵[*63]が兼務し、辛島驍[*64]が助教授として補佐した。また董長志が支那語講師として出講した。

京城帝大の漢学・中国学・アジア学関連の教官は、後掲の台北帝大以上に東京帝大出身者が独占し、朝鮮に関する研究にかなり広範な分野の学者が携わっている。中国朝鮮文化交流研究に従事した藤塚鄰（支那哲）、近代日本朝関係史研究に従事した田保橋潔（国史）、渤海史・満洲史研究に従事した鳥山喜一（東洋史）、朝鮮語・朝鮮文献の収集整理に従事した高橋亨（漢学科）、朝鮮語研究に従事した小倉進平（東洋史）・河野六郎（言語学科）などである。

第七節　台北帝国大学とその漢学・中国学関係の講座および学者たち

明治二八年（一八九五）日清戦争の勝利によって日本が台湾を領有し、台湾は台湾総督府の統治下に置かれた。大正八年（一九一九）に公布された台湾教育令が改正され（一九二二）、初めて大学に関する規程が定められた。これを受けて、昭和三年（一九二八）三月一七日に

＊55　松田寿男（一九〇三―一九八二）、東京帝大東洋史学科卒。

＊56　藤田亮策（一八九二―一九六〇）、東京帝大国史科卒。

＊57　小田省吾（一八七一―一九五三）、東京帝大史学科卒。

＊58　末松保和（一九〇四―一九九二）、東京帝大国史科卒。

＊59　高橋亨（一八七八―一九六七）、東京帝大漢学科卒。

＊60　小倉進平（一八八二―一九四四）、東京帝大言語学科卒。

＊61　河野六郎（一九一二―一九九八）、東京帝大言語学科卒。

＊62　児島献吉郎（一八六六―一九三一）、帝大古典科卒、号星江。

台湾初の台北帝国大学が創設され、当初は文政学部と理農学部の二学部が設置された（後、一九三六年に医学部、一九四三年に工学部が増設）。南島方面への南進政策推進に資する人文学と物産学を基幹として創設されたことが分かる。

文政学部には哲学科・史学科・文学科・政学科の四学科が置かれた。初代総長には朝鮮史や南洋史を専攻した歴史学者の幣原坦が就任し、初代文政学部長には東洋史学者の藤田豊八が就任した。幣原は内務官僚で台湾総督を務めた伊澤多喜男（一八六九―一九四九）と親交があり、台北帝国大学の設立に伊澤と幣原の意向が強く作用したとされる。伊澤多喜男の長兄伊澤修二は台湾総督府民政局の初代学務部長として、台湾の教育の近代化に尽くしたことで知られる人物である。文政学部長は、藤田豊八の没後、日欧交流史の村上直次郎[*65]が継ぎ、次いで人類学の移川子之蔵[*66]が継いだ。

文政学部の講座としては、哲学科に哲学・哲学史、心理学、東洋倫理学・西洋倫理学、**東洋哲学**、教育学・教育史。史学科に東洋史学、**南洋史学**、国史学、西洋史学・史学・地理学。文学科に国語学・国文学（二講座）、西洋文学、**東洋文学**、言語学。政学科に**土俗学・人種学**、憲法、行政法、法律哲学、経済学（二講座）、民法・民事訴訟法（二講座）、刑法・刑事訴訟法、政治学・政治史、商法。ゴシックで示したものは、台北帝国大学のスタンスの独自性を示す講座である。

台北帝大の開設にあたって伊澤総督と幣原総長の間で、法文学部といっても単なる法律

＊63　田中豊蔵（一八八一―一九四八）、東京帝大支那文学科卒。

＊64　辛島驍（一九〇三―一九六七）、東京帝大支那文学科卒。

＊65　村上直次郎（一八六八―一九六六）、帝大史学科卒。

＊66　移川子之蔵（一八八四―一九四七）、シカゴ大・ハーバード大卒。

＊67　『伊澤多喜男』伊澤多喜男伝記編纂委員会、羽田書店、一九五一年。

家養成ではなく「儒教的道徳的政治学」を根幹とし、[*67]「東洋道徳学を総ての者に学ばしめて、従来の漢学の筋をひかしめよう」という相談がなされたと言われる。[*68]また、昭和一八年（一九四三）に附置研究所として南方人文研究所が設置され、南方諸地域における政治・経済及び文化に関する研究を行った。

漢学・中国学・アジア学関連の各講座の教授としてけ、土俗学・人種学は移川子之蔵が就任し、東洋倫理学・西洋倫理学は世良寿男（広島高師卒）が就任し、東洋哲学は今村完道（東京帝大支那哲卒）が就任し後藤俊瑞（東京帝大支那哲卒）助教授がこれを補佐した。

南洋史は開設時には村上直次郎が就任し、次いで岩生成一[*69]が継承し、箭内健次[*70]助教授がこれを補佐した。東洋史は桑田六郎[*71]が就任し、これを青山公亮[*72]助教授が補佐した。

東洋文学は開設時には久保得二[*73]が就任し、次いで神田喜一郎[*74]が継承した。

上記のように、移川子之蔵・世良寿男・神田喜一郎のような例外もあるが、台北帝大の漢学・中国学関係の教官の多くは東京帝大系の学者が多くを占めたことが分かる。支那哲学科出身者が比較的多く、上述した「東洋道徳学」重視の姿勢が看取される。また、新しく創始された南洋史を国史学科出身者が担当したことは、京城帝大における朝鮮史の場合と似通っている。教官の中には台北帝大に先立って大正一一年（一九二二）に設立された台北高等学校から転任した者もあった。

＊68　幣原坦『文化の建設―幣原坦六十年回想記』吉川弘文館、一九五三年。

＊69　岩生成一（一九〇〇―一九八八）、東京帝大国史科卒。

＊70　箭内健次（一九一〇―二〇〇六）、東京帝大国史科卒、箭内亘二男。

＊71　桑田六郎（一八九四―一九八七）、東京帝大支那哲学科卒、宇野哲人女婿。

＊72　青山公亮（一八九六―一九八〇）、東京帝大東洋史学科卒。

＊73　久保得二（一八七五―一九三四）、東京帝大漢学科卒、号天随。

＊74　神田喜一郎（一八九七―一九八四）、京都帝大支那史学科卒、号鬯盦。

第八節　これからの課題

以上のように、「国家ノ須要ニ応スル学術技藝ヲ教授シ及其蘊奥ヲ攷究スル」ことを目的とする帝国大学における漢学・中国学関係の学科は、中国哲学・中国文学が漢文教育の目的である「教育勅語」等に示される国体論構築に奉仕するとともに、東洋史学が台湾・朝鮮・満洲・西域など日本の対外膨張を支持しながら歩んできた。俗な表現になるが、「悪く言えば」そういうことになる。だが、その中で生み出された成果が、それ自体の学術的価値を持ち、日本を含む東アジア地域研究に大きな足跡を残したこともまた事実である。一八六八年を起点とする現在までの時間軸のなかで、一九四五年はほぼ中間地点にあたる。第二次大戦敗戦によって国内外ともに従来の体制が終焉を迎え、戦後体制下の中国学は新しい歩みを迫られることになった。一九四五年を境に大きく変容したようでも、外的要因に引きずられている点では同様であり、自立性に欠ける憾みなしとしない、ということになるのではないか。その意味で、「日本にとって」中国とは、漢学とは、中国学とは何か、という問いがあらためて必要になるのだと思う。

【参考文献】

『東京帝国大学学術大観（総説・文学部）』東京帝国大学編、一九四一年。
『東京大学卒業生氏名録』東京大学、一九五〇年。
『京都帝国大学文学部三十周年史』京都帝国大学文学部編、一九三五年。
『東北帝国大学一覧』
『九州帝国大学一覧』
『京城帝国大学一覧』
『台北帝国大学一覧』

第三章　「文検漢文科」の研究
――三度の実施学科目名の変更とその背景

宮本雅也

第一節　「文検漢文科」の研究とその意義

「文検」とは、広義には文部省主催の「高等学校高等科教員検定試験」、「師範学校専攻科並高等女学校高等科及専攻科教員検定試験」、「師範学校中学校高等女学校教員検定試験」[*1]、「実業学校教員検定試験」という四つの試験の総称であるが、狭義には「師範学校中学校高等女学校教員検定試験」を指し、「中学師範学科若クハ大学科ノ卒業証書ヲ有セス」[*2]とも合格者には中等教員の免許状が授与された。本稿では以下、狭義の「文検」（以下括弧省略）に従うことにする。文検は明治一八年（一八八五）から昭和二四年（一九四九）にかけて合計八一回行われ、受験者総数は推定でおよそ二六万人以上、合格者はおよそ二万三〇〇〇人以上に上り、実施科目数は四〇以上に及ぶという、旧教育制度下最大級の資格試験であり、教育界に広く影響力を持っていた。[*3]

「文検漢文科」は、この文検の一科目であることは言うまでもない。これまで文検研究は、

＊1　一九四七年から一九四九年までは「中学校高等女学校教員試験検定」という名称で三回検定が実施された。

＊2　一八八四年八月一三日文部省達第八号「中学校師範学校教員免許規程」。

＊3　上記「文検」についての説明は、寺﨑昌男・「文検」研究会編『「文検」の研究　文部省教員検定試験と戦前教育学』（学文社、一九九七年）三頁、並びに井上えり子『「文検家事科」の研究』（学文社、二〇〇九年）一、二頁に拠った。

「地理科」をその嚆矢として、[*4]様々な科目について研究がなされてきたが、「漢文科」に特化した研究としては、管見の限り、船寄俊雄・無試験検定研究会編『近代日本中等教員養成に果たした私学の役割に関する歴史的研究』（学文社、二〇〇五年）所収の、金子勉による同科の「無試験検定」[*5]についての論稿があるだけで、「試験検定」については先行研究が皆無の状況である。筆者は現在、「無試験検定」を視野に入れつつ、「試験検定」について集中的に分析を行っており、当研究は必然的にこれまでの文検研究の空白を埋める意味を持つことになる。

第二節　本稿で取り扱うテーマ

「文検漢文科」に限って言えば、明治一八年から昭和一八年（一九四三）までの五九年の間に、計六二回の検定が行われている。まさに近代を貫く形で実施された「文検漢文科」であるが、その五八年の歴史の中で、正確に言えば四度、実質的には三度の実施学科目名の変更を経験している。「正確に言えば四度」と書いたのは、次頁表の「Ⅳ」にあるように、昭和一八年三月三一日の「中学校高等女学校教員検定規程」[*6]により、「漢文科」が完全に「国語科」に吸収された形である「国民科国語」として検定が行われることになっていたからである。しかし、戦況の悪化により同規程のもとで検定が実施されることはなく、「文検漢文科」

＊4　佐藤由子『戦前の地理教師―文検地理を探る』（古今書院、一九八八年）。

＊5　中等教員検定制度の柱の一つで、一八九四年三月五日文部省令第八号「尋常師範学校尋常中学校高等女学校教員免許検定ニ関スル規程」第四条の言を借りれば、「学力ノ試験ヲ須ヰスシテ検定ヲ行フ」制度のことを言い、高等教育機関たる「指定学校」・「許可学校」の卒業生を対象とした。詳しくは、船寄俊雄・無試験検定研究会編『近代日本中等教員養成に果たした私学の役割に関する歴史的研究』（学文社、二〇〇五年）を参照のこと。

＊6　一九四三年三月三一日文部省令第三五号「師範学校中学校高等女学校教員検定規程中改正」により名称変更。

明治 18 年（1885）	第 1 回文検実施。学科名は「漢文」・「和文」「習字」。＊明治 20 年（1887）第 3 回から「国語」。
明治 33 年（1900）Ⅰ	「国漢合一」決定。学科目名は「国語及漢文」。
明治 40 年（1907）	「官報」に「国語及漢文」の「指定書」が掲載される。
	「漢文」または「国語」の成績佳良者に証明書が与えられ、次回の試験ではその部分の試験を免除されることになる。
大正 10 年（1921）Ⅱ	「国漢分離」決定。学科目名は「漢文」・「国語」。但し、予備試験では「国語」の問題も課される。
大正 11 年（1922）	第 36 回より「漢文」・「国語」、年二回実施。大正 15 年（1926）第 45 回まで続く。
昭和 7 年（1932）Ⅲ	「国漢合一」決定。学科目名は「国語漢文」。但し、実際には「漢文」・「国語」・「習字」の三部を別々に受験することが可能だった。
昭和 18 年（1943）Ⅳ	学科目名が「国民科国語」に変更されるも、戦況悪化で翌年以降文検が中止となり、試験は行われなかった。なお、「習字」は「芸能科書道」に変更。

表　「文検漢文科」の主な制度の変遷

の実施学科目名の変更は「実質的には三度」だったと言ってよい。本稿では特に、実質的な実施学科目名の変更であった「Ⅰ」〜「Ⅲ」の改変とその背景について概説することにしたい。いずれの実施学科目名の変更についても、各時代の「漢文・漢学・儒教」に対する思潮や教育行政のスタンスが深く関係していることが看取できるだろう。なお、旧字体は新字体に改め、また、紙幅の都合により本文中では法令番号は略した。

第三節　「国漢合一」の背景

振り返ると、「文検」が初めて法制化されたのは明治一七年（一八八四）八月一三日に制定された「中学校師範学校教員免許規程」においてであり、この規程のもと、翌年三月一六日か

＊7　神津包明「所謂漢文問題（上）」（『教育時論』第六六九号、開発社、一九〇三年）七頁。

＊8　山本正秀『近代文体発生の史的研究』（岩波書店、一九六五年）三三頁では、言文一致運動の時期を以下の七期に区分している。

第一期　慶応二年（一八六六）—明治一六年（一八八三）……発生期

ら四月一七日にかけて第一回の試験が行われた。上記の規程における学科一覧を見ると、後の「国語」に相当する「和文」と「漢文」はそれぞれ独立して存在していた。当時は欧化政策への反動による「復古時代」[*7]であり、また、詔勅を始め公的な文章は漢語を多用した訓読体で記されていたことから、「漢学」の勢力に陰りは見えていたものの、「国語」の発達がまだ不十分な時期[*8]にあっては、「漢文」の地位はなお確固たるものがあった。

それは中央の教育課程にも表れていて、明治一九年（一八八六）六月二二日に出された「尋常中学校ノ学科及其程度」では、学科名は、明治一四年（一八八一）七月二九日に制定された「中学校教則大綱」における「和漢文」から「国語及漢文」に改称され、[*9]加えて第五条においては「国語及漢文」の程度を、「漢字交リ文及漢文ノ講読書取作文」としている。長谷川滋成[*10]は、前者については「『国語』と『漢文』を『及』で結んだのは、両者の関連を密にとらえず、それぞれの独自性を認めようとするのであろうか」、そして後者については「『漢文』を重視する」ものと評している。「書取作文」が教授されるということは「漢文」の実用性が認められている何よりの証左であり、前者を含め長谷川の評価は当を得たものだと言えよう。更に言えば、明治一九年五月二六日発布の「尋常師範学校ノ学科及其程度」を見ると、「国語」と「漢文」は分割されていて、しかも毎週教授時数についても前者が第一学年三時間、第二学年一時間であるのに対し、後者は第二学年二時間、第三学年二時間、第四学年二時間となっており、合計すると「漢文」が二時間多かったのである。

第二期　明治一七年（一八八四）
—明治二二年（一八八九）……
第一自覚期
第三期　明治二三年（一八九〇）
—明治二七年（一八九四）……
停滞期
第四期　明治二八年（一八九五）
—明治三二年（一八九九）……
第二自覚期
第五期　明治三三年（一九〇〇）
—明治四二年（一九〇九）……
確立期
第六期　明治四三年（一九一〇）
—大正一一年（一九二二）……
成長・完成前期
第七期　大正一二年（一九二三）
—昭和二一年（一九四六）……
成長・完成後期

＊9　これを受け、一八八七年の第三回試験より実施学科目名が「国語」となる。

＊10　長谷川滋成『漢文教育史研究』（青葉図書、一九八四年）一一三頁。

しかし、「漢文」はその後、明治二三年（一八九〇）一〇月三〇日に発布された「教育勅語」に見られるように体制教学に資する側面においてはその存在感を示し得たものの、実学としてのプレゼンスは低下の一途をたどる。そのような中で「漢文」の中等教育における役割を明確に規定したのは、「教育勅語」の中心的起草者である井上毅だった。

井上は明治二六年（一八九三）三月七日から明治二七年（一八九四）八月二九日まで文部大臣を務めた。彼は「漢文」の必要性は「倫理のため」と「国語の材料として」に限定されるという考えを有していた。*11 この井上の考え方が色濃く反映されているのが、明治二七年三月一日に発布された「尋常中学校ノ学科及其程度」の改正である。その「省令説明」では、「国語ト漢文トハ相待テ其ノ用ヲ見ル蓋国語ハ主ニシテ漢文ハ客ナリ」と明記され、「かつての漢文優位から国語優位へ」*12、つまり「国主漢従」が確定し、更には「程度ノ条ニ於テ漢文ノ書取作文ヲ削リタルハ漢文教科ノ目的ハ多数ノ書ニ渉リ文思ヲ資クルニ在リテ漢文ヲ摸作スルニ在ラサルヲ認ムレハナリ」とあるように「漢文」の実作の側面も排除された。井上は、原文一致の段階がまだ「停滞期*13」にとどまっていた「国語」を公的に首座に据えることで、その発達を加速させようとしたものと考えられる。*14

公的に「国主漢従」の関係が確定した後、明治三〇年代には中等教育における「漢文科」の「国語科」への吸収やその廃止論が議論された。明治三二年（一八九九）一〇月二五日『教育時論』第五二三号の「時事寓感」欄に掲載された「国語、漢文教師の資格」に次のようにある。「国

＊11　『井上毅伝』史料篇第三（国学院大学、一九六九年）六五七頁。

＊12　＊10同書、一六頁。

＊13　＊8同書。

＊14　＊11同書の六五三―六五七頁からは、井上の「国語」に対する前向きな思いが感じられる。

語科に対する漢文科は、単に其の補助科として存す可き者なり、即現今の漢文科は之を独立せしめずして国語科に併すを以て至当とす。故に勿論国語科の教師は或る程度までは漢文学の素養を有せざる可からずして、従て検定試験も亦之に適応する方法に依らざる可からざママなり。……聞く所によれば今回第一地方部中学校長会議は、国語科の受験者にも、或る程度まで、漢文学の素養を検し、漢文科の受験者にも、或る程度まで、国語学の素養を検せんことを、建議したりといふ。当局者速に此の議を採用せよ」。「国語科」による「漢文科」の吸収が議論の大前提としてあり、その上で速やかな文検の「国漢合一」を訴えている。

この記事が書かれた頃、文部省の普通学務局長は沢柳《さわやなぎ》政《まさ》太郎《たろう》、専門学務局長は上田《うえだ》万年《かずとし》が務めていた。両者とも「漢文科」廃止論者と批判される人物であり、[*15] こうした「漢文廃止論者」たちが中枢ポストを占めていた文部省は、明治三三年（一九〇〇）六月一日、「興味深い動き」を見せる。それは同日発布された「教員検定ニ関スル規程」による文検「国漢合一」の決定だった。この規程により、明治一八年以来独立して試験が行われていた「国語科」と「漢文科」は、以後、大正一〇年（一九二一）に「国漢分離」されるまで「国語及漢文科」として試験されることになった。

「興味深い動き」と書いたのは、今回の検定規程における決定は、翌年の施行規則制定をにらんでの極めて「戦略的な動き」だったと考えられるからである。つまり、免許規定の上で先手を打つ形で、「国語科」による「漢文科」の吸収を前提とする「国漢合一」を行って

＊15　安井小太郎「中学校師範学校令の国語課に就いて（承前）」（『読売新聞』、一九〇〇年一二月一八日）二頁には、「上田万年君ハ曽て中等教育に於て漢文を廃すべしとの意見を公にせられたる事ありしが今日も其宿論を主張せらると聞けり沢柳政太郎君ハ……君亦漢文廃止論者の一人なるらし」とある。

おくことで、本丸である施行規則における「漢文科」廃止への道筋を付けておく。そして首尾よく施行規則において「国語科」が「漢文科」を吸収する、つまり「漢文科」が廃止されることになったとしても、「国語科」を教える上では最低限の「漢文」の素養は必要であることから、事前に免許規定で両科を合一しておいて、施行規則発布後に備えようとした、と考えられるのである。事実、こうした推論を補強してくれる当時の記事も存在する。[*16]

明治三三年と言えば、言文一致の「確立期」に入り、[*17]今文に重きを置いた小中一貫の「国語科」が成立した時でもあり、[*18]先に触れたように、「国語科」による「漢文科」の吸収を後押しする雰囲気も醸成されていた。果たして、文部省は同年末の第五回高等教育会議に「漢文科」廃止の諮問案を提出するに至るが、会議後に展開された存置派による大規模な反対運動もあり、中学校における「漢文科」廃止の目論見は失敗に終わる。結局、翌年三月五日に出された「中学校令施行規則」では、学科の名称は現状のまま「国語及漢文」とされた。

第四節　「国漢分離」の背景

明治四〇年（一九〇七）四月二五日に、「教員検定ニ関スル規程中改正」により「国語及漢文科」の「成績佳良証明書」の発行が決定された。「成績佳良証明書」とは、「漢文」ないしは「国語」の成績佳良者に与えられる証明書のことを言い、いずれかの学科目の証明書を

＊16　管見の限りでは、『教育時論』一九〇〇年六月一五日第五四六号「時事寓感」欄の「国語漢文教員の検定に就て」と「中学校に於ける漢文科」、同一九〇〇年一〇月一五日第五五八号「時事寓感」欄の「中学教科細目の改定に就いて」が挙げられる。

＊17　＊8同書。

＊18　甲斐雄一郎『国語科の成立』（東洋館出版社、二〇〇八年）第四章に詳しい。

＊19　筆者の調査によれば、それぞれの合格率（%）は、7.8　7.4　8.1　6.3　7.9　9.8　8.4。因みに、「漢文科」単独で検定が行われていた一八九五年の第八回試験から一八九九年の第一二回試験までの合格率は、12.7　16.7

与えられた者は、次回以降「国語及漢文科」を受験する際は当該科目についての試験を免除されることになった。実際、「国漢合一」直後に行われた第一四回試験から第二〇回試験までの合格率が連続して一桁代に落ち込んでいたし、[*19] 証明書の発行が発表される約一月前の三月二九日には、「官報」第七一一二号において、「文検漢文科」に関する学習の目安たる「指定書」[*20] が発表されていた。同時に「数学科」や「図画科」にも同じ措置がとられていたことなども考え合わせると、文部省の意図は「受験者の負担軽減」に主眼があったと判断される。

ただ、この「成績佳良証明書」は、実際に「漢文科丈《だ》けの免許状」という言い方がされているし、[*21] 大正一〇年に「国漢分離」が決定されて以降は、「漢文科」の「免許状」に換えられるものだったことを考えると、[*22] この証明書の発行は、「漢文科」の「国語科」からの「分離」を準備するような側面も併せ持っていた。こうした「『国語』と『漢文』の繋がりがやや緩められ」[*23] るような決定がなされた背景には日露戦争後の「漢学復興」[*24] の気分があったものと思われる。事実、「漢学復興」の風潮は教育政策に少なからず影響を及ぼしており、明治四四年（一九一一）七月三一日の「中学校教授要目改正」では、先の明治三五年（一九〇二）の「中学校教授要目」で「漢文購読」に割り当てられていた毎週教授時数がそれぞれ第一学年一時間、第二学年一・五時間、第三学年一・五時間、第四学年一時間、第五学年一・二学期二時間、三学期〇・八時間だったのに対し、今回の改正では、第一学年二時間、第二学年二時間、第三学年二時間、第四学年二・五時間、第五学年三・五時間と、その授業時数が大幅に

23.6
14.1
11.8 であった。

＊20　大学、中庸、論語、孟子、小学、韓非子、左伝、史記、十八史略、唐宋八大家文、古文真宝後集、唐詩選。なお、「時文（現代の文章※筆者注）」については具体的に示されなかった。

＊21　服部宇之吉「漢文受験者に告ぐ」（『内外教育評論』第五巻第八号、内外教育評論社、一九一一年）四六頁。なお、この記事は「文検漢文科」検定委員としての服部の談話をまとめたものである。

＊22　一九二一年三月四日文部省令第一四号「教員検定ニ関スル規程中改正」。

＊23　小笠原拓「『文検国語科』の研究（1）—その制度と機能について—」（『地域学論集　鳥取大学地域学部紀要』第四巻第一号、鳥取大学地域学部、二〇〇七年）五二頁。

増加しているのである。[*25]

明治四〇年代に「国漢分離」について公の場で議論され始めていることも注目すべきである。明治四三年（一九一〇）八月一日『内外教育評論』第四巻第八号に掲載された市村瓚次郎（「文検漢文科」検定委員を務めた時期あり）「受験者の不心得」には次のようにある。すなわち「国語漢文の中でも、漢文は骨が折れる研究である、漢文も言はゞ外国文であるから余程困難である、中学校長会議などには、国語と漢文を別々なるものにして教へる方が宜しいと云ふ説が出て居る。中学校あたりで国漢共通の先生は、漢文なら一二三年頃迄の教授はいゝが四年以上になると、思はしくないさうである。理想から言へば国漢を統一的に併せ授げママる事は可いが、国語でも漢文でも、何《ど》ちらも研究とては困難なものだから、事実両方を統一して旨く教へて行く事は中々六ケ敷《むつかし》い、で、検定試験に対しても、予備丈けは国漢を通じて試験をし、本試験になつてからは別々に試験した方が可いと云ふやうな説を立てらるゝ人もあるやうであります」。

同種の議論は大正期以降も漢学者に受け継がれ、実現に向け強く運動されるようにもなる。管見の限り、まず大正三年（一九一四）六月二六日の「漢文学会」の例会で文検「国漢分離」問題について協議されており、実現に向け建議案の提出ではなく行政側にロビー活動を展開する方針で話がまとまっている。[*26] また、大正一〇年一月一六日の『読売新聞』に掲載された記事で、文部省、さらには中橋徳五郎文相の意向として報じられた「中等学校の漢文科を廃

＊24　打越孝明「明治四十年代『漢学復興』の諸相」（『早稲田大学大学院文学研究科紀要　別冊　哲学・史学編』第一九集、早稲田大学大学院文学研究科、一九九三年）、打越孝明「明治四十年代の思潮―『漢学復興』の背景と教育―」（『大倉山論集』第三六輯、大倉精神文化研究所、一九九四年）に詳しい。

＊25　同日付で発布されている「中学校令施行規則中改正」（文部省令第三号）について、長谷川滋也は＊10同書二六頁において、一九〇一年三月五日の「中学校令施行規則」（文部省令第三号）と比較して、「『平易ナル漢文ヲ講読セシメ』の一二字が（『国語』の＊筆者注）『作文』・『文法』の上に位置づけられたこと」を以て、「『漢文』を重んずる姿勢を示す」ものと述べている。

＊26　「国漢文科中等教員検定分割に就いて」（『漢文学会会報』第一一号、漢文学会事務所、

し小学校教科書を口語体に」をきっかけに、漢学者が集まり、漢学振興の建議案をまとめるべく協議した議題の中に、文検「国漢分離」を目指すものも含まれており、原案として承認されている。*27

大正期における文部省の最も重要な教育課題は、他でもなく、大正七年（一九一八）一二月六日「高等学校令」、大正八年（一九一九）二月七日「中学校令中改正」、大正九年（一九二〇）七月六日「高等女学校令中改正」の第一条においてそれぞれ強調されてきたことからも分かるように、「国民道徳ノ充実」・「国民道徳ノ養成」だった。ロシア革命や米騒動に刺激されて社会運動が高揚し、革新的な雰囲気の中で社会主義や共産主義の運動も活発になっており、事態は切迫していた。文部当局としては、「漢文」であれば「国民道徳」を涵養するという重責の一翼を担い得ると考えたであろうことは想像に難くない。実際文部省が「漢文」に対してこうした考え方を有していたということは、当時の教育行政の代弁者たる南弘文部次官の次の発言を見ればよく分かる。大正一一年（一九二二）二月一〇日に国会に提出された「漢学振興に関する建議案」に関する委員会において、衆議院議員で法学博士の副島義一の質問を受け、南は次のように述べている。即ち「或点マデハ副島サンノ御述ニナル事ハ御尤《ごもっとも》ト考ヘマス、併《しか》シ此日本国民性ノ偉大ナル点ハ、所謂漢学ニ依ッテ初テ出来タモノデアルトハ信ゼヌノデアル、日本国民性ガ偉大ナルガ為ニ、支那ノ儒教モ消化シテ日本ノ儒教ニ為シタノデアルカラ、是ガ日本国民性ノ偉大ナル所デアル、其結果支那ノ儒教モ、印度ノ仏教モ消

一九一四年）五一―六三頁。

*27　「東洋文化学会成立経過」（『東洋文化学会会報』第一号、東洋文化学会事務所、一九二一年）七五頁。正確には「国漢分離」は「国学科漢学科の二科とする事」と記されている。なお、同七五、七六頁には、三月一九日（正確には一八日*筆者注）に「漢学振興に関する建議案」が国会に提出されて結果通過したこと、中橋文相が「議会に於て、文部省は未だ漢文存廃に就いて考慮したる事なく、漢文廃止の噂は全く無根の虚伝なることを明言」したことが記されている。

化シテ、日本ノ思想ト為シ得ル偉大ナル力ガアルト信ジテ居ルノデアリマス、併《しかし》ナガラ今日日本ノ所謂国民道徳ノ根柢ト云フモノハ、所謂漢学ノ思想ト根柢ニ於テ一致スル所ガアリマスカラ、此国民道徳ヲ培養スル上ニ付テ、漢籍ハ忽《ゆるがせ》ニスベカラザルモノデアルト云フコトニ付テハ、副島サント御議論ヲ一ニスル事デアラウト思ウテ居リマス、又今日漢籍ノ漸次従来ニ比シテハ衰ヘツヽアルト云フ形勢モ認メマス、ソレ故ニ今日此漢学振興ニ関スル建議案ニ対シテハ、政府ハ満腹ノ賛意ヲ表シテ居ルヤウナ次第デアリマス」*28。

文検「国漢分離」の決定が為されたのは、南のこの発言のおよそ一年前、大正一〇年三月四日の「教員検定ニ関スル規程中改正」においてであった。この決定の背景には、確かに大戦景気以降急速に充実の度を深めつつあった中等教育の担い手である教員需要の増大があり、*29現実的に受験者に対する更なる負担軽減が求められるところだったし、実際、翌年から五年間、年二回のペースで「文検漢文科」の検定が実施されることにもなる。しかし、文検「国漢分離」の実現は漢学者の「悲願」とも言えるものであり、その「成就」は「漢文」の地位回復を天下に示す一つの「象徴」であった。それを教育行政側が認めたということは、単なる教員確保のためということにとどまらない、大正期の「漢文」の位置を考える上で大きい意味を持つ。この時期の「漢文」は、少なくとも教育行政上、決して無視のできない存在になっていた。だからこそ、文部省としても漢文側の要望を聞き入れ、後に国漢の関係を「逆行させ」たと酷評されることすらある、*30文検「国漢分離」を実行し得たと考えられるのである。

＊28　「第四五回帝国議会衆議院奈良ニ美術学校建設ニ関スル建議案外二件（漢学振興ニ関スル建議案）委員会議録（速記）第二回」（一九二二年三月一七日）五頁。なお、引用に当たっては国立国会図書館『帝国議会会議録検索システム』（https://teikokugikai-i.ndl.go.jp/#/）を利用した。

＊29　牧昌見『日本教員資格制度史研究』（風間書房、一九七一年）四三〇、四三一頁に、「大正後期における中等学校の拡充は著しく、中学校については、大正五年の三二五校が大正十五年では五一八校、生徒数をみれば、一四七、四六七名から三一六、七五九名と二倍強に増加し、高等女学校については、二二九校、八〇、七六七名から、六六三校、二九九、四六三名と著しい増加を示し、また師範学校も、九二校、二六、三〇七名から、一〇二校、四八、六四七名と急増している」とある。

第五節　再び「国漢合一」の背景

昭和七年（一九三二）八月三〇日に「教員検定ニ関スル規程」の一部改正が行われ、[*31] 同年一〇月に実施される第五七回試験から、「漢文」・「国語」（・「習字」）ではなく「国語漢文」として検定が行われることになった。言うまでもなく、この改正は前年一月一〇日の「中学校令施行規則中改正」により、「国語及漢文」という学科目名が「国語漢文」に改められたことを受けたものである。ただし、実際の検定では、「漢文」・「国語」（・「習字」）の三部を別々に受験することが可能だったことから、当時の代表的な「文検」雑誌である『文検世界』に掲載された合格者体験記などを見ても、今回の「国漢合一」について取りたてて問題視するような意見もなかったし、話題にすら上がることはなかった。

ただ、だからといって、「中学校令施行規則」において「国語及漢文」から「及」が取れたこと、検定規程においても、明治三三年の最初の「国漢合一」時のように「国語及漢文」とはならず、やはり「国語漢文」となったことに何の意味もなかったかといえば、決してそうではない。小笠原拓[*32]は「中学校令施行規則」において「及」が取れたことについて、「（漢文と国語＊筆者注）両者のより密接な連関が図られる」と簡潔なコメントを付すに止まっているが、「国語科」の検定委員を務めた時期がある藤村作の次の見解を見ると、当時この「及」の有無が

＊30　藤村作「国語漢文科に関する考察」（『文検世界』第一九巻第一二号、国民教育会、一九三三年）一三頁。

＊31　本改正により、「師範学校中学校高等女学校教員検定規程」に名称変更。

＊32　＊23同論文、五五頁。

より大きな意味を持っていたことが分かる。即ち「従来『国語及漢文』と此科を称したのを『国語漢文』と改められたことは、適当である。これは一進歩と認めたい。『及び』とあるのは『国語科』と『漢文科』とを別に立てる考へが入つてゐたからで、これを削つた所に『国語漢文』を一教科目と見ることを表してゐる……それには（二者の教科目としての関係を十分親密にするには※筆者注）教科目の名を『国語漢文』としたのを、第一著歩として、進んでは教科書をも一にし更に又一方に於ては、教員資格をも一にすべしと主張する。漢文が現在の如く、国語から独立したやうにして教授されることは宜しくない」[*33]。「及」を落としたことは、近い将来における「国語科」による「漢文科」の吸収を前提とした措置であると受け止められていたのである。

たしかに文部省としては、昭和六年（一九三一）の「中学校令施行規則中改正」ではじめて「及」を落としたわけで、この時期に何らかの変化があったのだろう。それを探る上で大いに示唆を与えてくれるのが八木雄一郎の研究[*34]である。八木は、昭和六年の「中学校令施行規則中改正」を受けて同年二月七日に出された「中学校教授要目改正」に着目し、この時期「国語科」の教科内容に大きな変化が起きたことを実証的に論じている。以下、八木の研究成果を援用しつつ、当時の「漢文」の置かれた位置について考えてみたい。なおその際は、八木論文に従って、便宜上明治三五年二月六日に出された最初の「中学校教授要目」を「要目①」、明治四四年七月三一日に出された「中学校教授要目改正」を「要目②」、そして昭和六年二

＊33　＊30同論文、一三、一四頁。なお、藤村は直接的には、一九三一年の「中学校令施行規則中改正」（文部省令第二号）の発布を受け、およその一月後に出された「中学校教授要目改正」（文部省訓令第五号）を考察の対象としている。

＊34　八木雄一郎「中学校教授要目改正（一九三一（昭和六年））における教授内容決定の背景―『現代文』の定着に伴う『古文』概念の形成―」（『国語科教育』第六五集、全国大学国語教育学会、二〇〇九年）四三―五〇頁。

月七日に出された「中学校教授要目改正」を「要目③」と略記する。

要目①・②では講読の教材として、「今文」以外には「近世文・近古文」のみが取られ、「中古文・上古文」は排除されていたのに、要目②から二〇年後に出された要目③では「近世文・近古文」に加え、「中古文・上古文」も講読の教材に取り入れられるようになった。八木が着目するのは、その変化の背景に起こった「国語科」内部の大きな変容である。八木は、国語教育の有力な専門雑誌だった『国語教育』（大正五年〈一九一六〉―昭和一六年〈一九四一〉）に掲載された、保科孝一（同誌主幹・「文検国語科」検定委員の時期あり）をはじめとする国語教育者たちの論稿を丹念に調査し、大正から昭和初期にかけて「口語文」が定着したことで「現代文」という概念が定着し、それに伴って「現代文」ではないものの概念化、つまり「現代文」と対になるものとしての「古文」概念が形成されていく様を描き出した。「文章軌範」という基準でいけば、要目①・②のように「近世文・近古文」と「中古文・上古文」の間で境界線を引かざるを得なかったものが、当時の重要な教育課題であった「国民性の涵養」という役割を担うものという新たな括りのもとでは両者を隔てる境界線は霧消し、「近世文・近古文・中古文・上古文」全てを含む「古文」という概念が起ち上がってくる。それが登場し、そしてそれが反映されたのがまさに要目③における講読材料としての「中古文・上古文」の採用であり、期待される役割は「国民性の涵養」であった。

八木の言うように、要目③の時点で、「国語」を構成する要素として、実用面を担う「現代文」

と精神面を担う「古文」という概念が形成されていたとすれば、実用性を喪失する一方で、国体との親和性を高め徳育の効用が期待されていた「漢文」の位置は、その性質上、「国語」と並立するこれまでの位置を降りて「古文」に接近せざるを得ない。実際、保科は「国語漢文を国語科と改められることが重大な意義をなすものと信ずる。国民精神の養成に特に重きを置くの旨趣から見ると、国語科と改めてこそ、はじめてその旨趣を徹底せしめることが出来るのである。今日の漢文は支那語支那文学として教えられて居るのではなくして、国語のクラシックスとして学ばれるのであるから、国語の一文体としてこそはじめて国民精神養成の意義をなすものと思う」[*35]と述べており、要目③に至る過程において「漢文」の「降下」としての「古文」への近接が起こっていたことがうかがわれる。「漢文」が従来の「位置」を喪失してしまったと考えられる以上、要目③における毎週教授時数[*36]だけを見て、「本改正においては第一学年の漢文講読を廃止している。その意味では『漢文』が後退しているように思われるが、第二学年以降の時数は『国語』とほぼ均等であり、『漢文』は尊重されているように思われる[*37]（＊傍線は筆者による）」と、安易に楽観することはできないように思う。要目③を期に漢文教育の内容がどのように変容したのか、「漢文（教育）」としてのアイデンティティは保たれたのか、当時の教育現場における漢文教育の実態を検証する必要があるだろう。いずれにせよ、「中学校令施行規則中改正」において「国語及漢文」から「及」の一字が取れた昭和六年は、「漢文」が「国語」の一部として扱われるようになる、その方向性が確定

＊35　保科孝一「中学教育の組織および要目の改善」（『国語教育』第一三巻第一一号、育英書院、一九二八年）六頁。

＊36　「漢文講読」・「国語講読」の毎週教授時数は、第一学年〇時間・四時間、第二学年二時間・三時間、第三学年（基本教材）二時間・二時間、第四学年（基本教材）二時間・二時間、第五学年（基本教材）二時間・二時間、第三学年以降は別に「増課教材　毎週一時乃至三時」。なお、ここで言う「基本」は「必修」、「増課」は「選択」に相当する。

＊37　＊10同書、三八頁。

した重要な年であり、この後、昭和一八年三月二日発布の「中学校規程」において「漢文」は「国民科国語」に完全に吸収され、戦後もそのまま「漢文」は「国語」の枠から出ることはなかったのである。

第六節 「高等女学校」と「師範学校」について

本稿では「中学校」に焦点を絞って論を進めてきた。「高等女学校」について言えば、「漢文」は明治二八年（一八九五）一月二九日の「高等女学校規程」において「随意科目」とされ、明治三四年（一九〇一）三月二二日の「高等女学校令施行規則」で削除される。再び教育課程において言及されるのは、昭和一二年（一九三七）三月二七日の「高等女学校及実科高等女学校教授要目中改正」を待たねばならず、明治期「国漢合一」の動きとの関連性は指摘できるものの、「国漢分離」・昭和期「国漢合一」との関係は確認し得ない。もう一つの「師範学校」について言えば、昭和期「国漢合一」の際は「中学校」と同じように、前年一月一〇日（「中学校令施行規則中改正」と同日※筆者注）の「師範学校規程中改正」において学科目名が「国語漢文」と変更されており、昭和期「国漢合一」との関連性がうかがわれるが、明治期「国漢合一」以降も教育課程上は「国漢分離」状態が続き、明治四〇年四月一七日発布の「師範学校規程」を以てようやく免許制度に合致する形の「国語及漢文」に変更されており、免許制度や時代思潮では律し得ない別の論理で動いているように見える時期がある。「師範学校」について考察するには、それ自体の更なる調査はもちろん、多くの卒業生がその教員を務める高等師範への目配りも欠かせない。それは今回の課題としては荷が重く、別稿に譲りたいと思う。

【付記】　昭和二四年三月一八日と一九日、第八一回文検として「国民科国語」の本試験が行われているが、昭和二三年（一九四八）五月二六日の文部省告示第四六号並びに同日付『官報』第六四〇六号に掲載された教員検定委員会長の公告によれば、出願を許される者が戦前の第七八回「国語漢文」試験で予備試験に合格した者及び当該学科目の成績佳良証明書を有する者のみに限られており、戦前に免許を取得できなかった者に対する救済措置の側面があったと考えられることから、戦前の検定から独立したものとして扱うことは難しい。また、戦時色が濃い「国民科国語」という実施学科目名も暫定的に従前の規程に従ったままで、戦前に決定された「国民科国語」の意識を以て同科の検定が実施されたとは考えられない。よって筆者は「文検漢文科」は戦前で実質的に終焉を迎えており、「国民科国語」の試験も実質的には行われていないものと考えている。この点についてはテーマ設定に関わる問題であるため特に申し添えた次第である。

【参考文献】

【書籍】
寺﨑昌男・「文検」研究会編『「文検」の研究―文部省教員検定試験と戦前教育学』（学文社、一九九七年）
船寄俊雄『近代日本中等教員養成論争史論―「大学における教員養成」原則の歴史的研究』（学文社、一九九八年）
寺﨑昌男・「文検」研究会編『「文検」試験問題の研究―戦前中等教員に期待された専門・教職教養と学習』（学文社、二〇〇三年）
船寄俊雄・無試験検定研究会編『近代日本中等教員養成に果たした私学の役割に関する歴史的研究』（学文社、二〇〇五年）など

【論文】
小笠原拓「『文検国語科』の研究（1）―その制度と機能について―」（『地域学論集　鳥取大学地域学部紀要』第四巻第一号、鳥取大学地域学部、二〇〇七年）
小笠原拓「『文検国語科』の研究（2）―筆記試験の構成と全体像―」（『地域学論集　鳥取大学地域学部紀要』第一〇巻第三号、鳥取大学地域学部、二〇一四年）など

研究の窓

細野要斎の漢学と教育

大島絵莉香

細野要斎《ほそのようさい》（一八一一―一八七八、名は忠陳《ただつら》、字は子高《しこう》）は、江戸末期にから明治にかけて生きた尾張藩の儒者である。要斎は著書を多く残してはいるものの、残念ながら、誰もが知るという人物ではないため、まずは、その略歴を述べておきたい。

要斎の父は、尾張藩に馬術をもって仕えていた仙之《せんの》右エ門《うえもん》忠明《ただあき》であり、母は後妻の山高《やまたか》氏である。父・忠明は、要斎の誕生する三年前、前妻の山岡氏との間に男子がなかったがために、山岡氏の親戚である忠如《ただゆき》をすでに養子として迎え、自身の跡目を継がせていた。要斎は、生まれながらにして、不遇な宿命を背負ったばかりか、生後一ヶ月を待たずして、実母が没し、乳母に育てられた。一七歳で山崎闇斎学派の近藤浩斎《こうさい》の門に入り、二六歳で家塾を開筵《かいえん》し、四三歳で尾張の藩校である尾張明倫《めいりん》堂の典籍に補されたが、しばしば悩まされた病によって、四七歳の頃に典籍を致仕した。その致仕から一二年後、五八歳の時に明倫堂教授に特命され、尾張藩主・徳川義宜《よしのり》の侍従を兼ね、ついには明倫堂の筆頭である督学《とくがく》にまで上り詰めた。

ところで、要斎が督学を命じられたのは、明治元年（一八六三）一二月三日のことであり、その後、明倫堂が学校に改称されたのと同時期、明治二年（一八六四）一一月、督学が廃され、翌一二月三日、要斎は、改めて漢学教授に命じられている。すなわち、要斎が尾張明倫堂の督学を務めたのは、一年にも満たない短い期間のことであり、これは学制改革の煽りを受けたものであった。この学制改革について、要斎は、その随筆である『葎《むぐら》の滴』明治二年の条で、「学校の制一変、学校監を置、皆俗人也文武を統括せしめ、督学を廃し、皇学教授・漢学教授・剣術教授を以て右其科の学徒を教しめ、又洋学・医学も分科中にあれども、未だ其人なし。聖賢の道を学び、名分大義の大基本を立る者を漢学の二字を蒙《こうむ》らしめ、唯西土の故事来歴を知るのみの業とするに似て、名義甚だ違へり。先君明公《めいこう》御建学、戴公《たいこう》御筆明倫堂の御額を其まゝ、用ひ給ひ、明倫の二字を標的として、其余の技芸も皆此中に籠罩《ろうとう》したる学校なるを、分科並頭、各其道を主張して着眼定らずんば、士風更に軽薄に堕《おち》りて、徳を成す事は絶て路なきに至らん、時運とはいひながら浩嘆《こうたん》に堪へざる也。」と述べている。これによると、尾張明倫堂は尾張徳川家の明公・宗睦《むねちか》によって建学され、同じく戴公・宗勝《むねかつ》によって額字を書かれた「明倫」の二字――儒教において君臣や長幼等の秩序を明らかにすること――を目標として学問すべきである。そしていま、その聖学である朱子学が漢学という名を蒙り、他の学問に伍《ご》されることによって、学ぶ者の着眼が定まらなくなることは、要斎にとって許すべからざることであった。

　その後、明治三年（一八六五）に漢学教授を辞した要斎は、六八歳で没するまで、かねてより塾主を務めた家塾において後進の育成に力を注いだのである。

　要斎に関する資料はそれほど多くはなく、その教育実態の全貌を知ることはできない。しかし、要斎が掲げた明倫堂改革及び明倫堂廃校後の要斎の家塾における教育が、山崎闇斎学派の主義を踏まえ、一貫性をもって行われたであろうことを、『葎の滴』を主に紐解いて紹介したい。

　まず、要斎が尾張明倫堂において掲げた改革のうち、とりあげるべきは、書物の学ぶべき順番を示した、読書次第の改革である。まずは、要斎による読書次第の改革の前提となった、尾張藩における冢田《つかだ》大峯《たいほう》（一七四五―一八三二）の改革について簡略に述べておこう。冢田は、朱子学以外の学問を禁じた、寛政異学の禁に対し、松平定信（一七五九―一八二九）に上書し、苦言を呈した人物の一人である。冢田が尾張明倫堂の督学となった際には、幕府が是としていた朱子注の漢籍を明倫堂では用いず、冢田自らの注本をもって講義をとりおこなっていた。冢田の改革以降、明倫堂では七〇年間に渡って、冢田注本が用いられてきたわけであるが、冢田以来の教育に対する初期の改革にあたったのが、要斎の前任の督学であった鷲津毅堂《わしづきどう》（一八二五―一八八二）である。なお、鷲津は、尾張の文人、永《なが》井荷風《いかふう》（一八七九―一九五九）の祖父にあたる人物である。鷲津は、冢田の読書次第を改めたが、どちらかといえば、冢田の読書次第を基とする折衷案であった。この折衷案に対し、「是迄の冢注学もとより取るに足らず、改革の則、亦太《はなは》だ非なる者多し」（『葎の滴』）と批判し、改革を徹底的に推し進めようとしたのが要斎であった。

蓬左《ほうさ》文庫所蔵『明倫堂読書階級』には、要斎による読書次第が収められている。要斎の読書次第は、初級に小学・家礼を置き、四書を学ぶ順を『大学』・『論語』・『孟子』・『中庸』の順としていたことなどに、闇斎学派の影響がうかがえる。

しかし、要斎が督学の権限をもって「読書次序講堂江《へ》貼出」（「続敬事録」明治元年一二月一五日）し、さらに「読書階級（読書次序のこと）一通ヲ教授江《へ》渡ス、助教初堂中一統江《へ》順達之《の》上返却之《の》筈」（「続敬事録」同年同月一八日）として、年寄衆らに伺いをたてず、自身の持つ督学の権限で、再度読書次序等を改訂して堂中に貼出したことは、名古屋藩庁の批判の対象となったようである。

あくる明治二年二月、藩庁へ提出した読書次第は返却されてはきた。しかし、要斎の読書次第の改革が容認されたのかどうかは、残念ながら未詳である。

一方で、要斎が、自身の家塾では自身の読書次第を教育に反映させようとしたことが、『葎の滴』同年四月の条にある、「読書次序詩示家塾童子」（「読書次序詩をもて家塾の童子に示す）詩からうかがえる。

先播小学及家礼　先づ　小学及び家礼を播《ま》かん
次執近思録講求　次に『近思録』を執りて講求せん
大論孟中成熟後　『大』『論』『孟』『中』成熟して後
詩書礼楽易春秋　『詩』『書』『礼』『楽』『易』『春秋』

右の詩に詠み込まれた教材は、前掲の要斎による「読書次序」にある、学ぶべき教材の順番を反映している。一句目にある小学・家礼は、同次序では、初級に位置づけられており、さらに朱子学の入門書である『近思録』は、第二級に位置づけられている。続く第三句の四書の『大学』『論語』『孟子』『中庸』は、三級に位置づけられており、第四句にある六経のうち、はやく散逸した『楽』を除き、五経の『詩経』『書経』『礼記』『易』『春秋』は、第四級に位置づけられている。

要斎の思考に山崎闇斎学派の影響が垣間見られるのは、ひとえに明倫堂改革においてのみではない。『葎の滴』には、明倫堂廃校後、明治五年（一八七二）の正月の条に、要斎自作の「読伯夷《はくい》伝有感」（「伯夷伝」を読みて感有り）詩、また「壬辰孟春開筵、依例講聖学図、因賦示諸生」（壬辰孟春　開筵し、例に依りて「聖学図」を講じ、因りて賦して諸生に示す）詩が、続けて列挙してある。

まず、前者の「読伯夷伝有感」詩の章題にある「伯夷伝」は、司馬遷《しばせん》『史記』の列伝の筆頭にある、「伯夷叔斉列伝」を指す。『史記』よると、この伯夷・叔《しゅく》斉《せい》は、中国・殷末の孤竹《こちく》国の王子の兄弟であり、周の武王が殷の紂王を討伐するのに際し、王と臣下という名分を守らずに紂《ちゅう》王を討伐するとはなにごとか、と武王を諫めた人物である。しかしながら、彼らの訴えは武王には聞き入れられず、殷が滅びたのちは、新王朝である周の粟を食らうことを恥とし、ついには餓死したと伝わる。言わば、伯夷らの主君への忠義のありかたは、闇斎学派の湯武《とうぶ》放伐《ほうばつ》――周の武王らによる、湯王にはじまる殷の討伐―を否定した、伯夷らの主義と一致する。要斎の該詩を、以下にとりあげよう。

蕙蘭梅菊玉芙蓉　蕙蘭《ケイラン》　梅菊　玉芙蓉
開落栄枯忽改容　開落　栄枯　忽ち改容す
畢竟群芳譜中種　畢竟《ひっきょう》　群芳の譜中の種
不如孤嶺一株松　孤嶺の一株の松に如《し》かず

香り高い花々は開いては落ち、栄えては枯れ、たちまち姿をかえてしまう。結局のところ、香り高い花々の中の一種にすぎず、ひとりそびえる嶺の一株の松には及ばない。

まさに『史記』伯夷・叔斉が、自らの仕えた殷に亡国の臣として殉じた高潔さを読み込んだ詩である。同詩は、討幕後の時代背景を踏まえた、要斎の姿勢ともとれようが、以下に示す、後者の詩「壬辰孟春開筵、依例講聖学図、因賦示諸生」の内容を踏まえると、明倫堂の督学としてその廃校を見送った、要斎自身の境遇に比しているかのようでもある。在野でも自身の教育信念を貫いて、後人を育ててゆこうとする、要斎の気概のように看取できよう。

後者の詩は、以下である。

新春依旧展茲幅　新春　旧に依りて　茲《こ》の幅を展《ひら》き
吾友潜心須三復　吾友　心を潜めて　須《すべか》らく三復すべし
天命由来無古今　天命の由来に　古今無く
梅花開処風芳馥　梅花の開く処　風　芳馥《ほうふく》たり

新春に以前のごとく、「聖学図《せいがくず》」をひらき、わが友らよ　心を潜めてよくこれを三度復唱するがよろしい。天命の由来に古今は関係なく、梅花が開くところは風がかぐわしい。

第一句にある「聖学図」は、朝鮮・李退渓《りたいけい》による「聖学十図」か。「聖学十図」は、主には宋代儒学の大家である朱子らの説や図に、李退渓が図や補説等を加えたものであり、その内容には「第一太極図」、「第二西銘図」などがあり、計十図で構成される。

要斎が新年ごとに、「聖学図」を学生に示したかは未詳であるが、前年の明治四年（一八七二）正月には、「朱文公像」模搨《もとう》百幅が塾生に頒布され、さらに後年の明治七年（一八七五）の正月の開筵では、朱子が掲げた書院規則である「白鹿洞書院掲示」を講義するなど、要斎によって、朱子学、また山崎闇斎学派の学問に基づいた教育がなされたことがうかがえる。

では、要斎を強硬なまでに朱子学をもって若者の教育にあたらしめたのは何か。それは、当時の日本が急速に西洋列強を模倣しようとしたことに対する危機感ではなかろうか。

例えば、『葎の滴』明治八年の条では、要斎が『小学読本』巻四・五が日本や中国のみならず、西洋の事績を収めていることを痛烈に批判しており、「交ゆるに西洋人の鄙行《ひこう》を以てし、又は交ゆるに禽獣の事を以てす。……（中略）……西洋人の忠孝の行なきは此編を見て知るべし、其所挙の事績は皆鄙猥瑣細《ひわいささい》の事のみ、皆卑汚《ひお》の態なり。」と述べている。この明治八年よりも前の『小学読本』であり、なおかつ、巻四・五に西洋のことを述べたものであるという条件で絞ると、例えば、明治七年に発行された、那珂通高《なかみちたか》・稲垣千頴《いながきちかい》撰『小学読本』が挙げられる。特に巻五の内容は、日本・中国・西洋の、教訓めいた逸話集である。特に要斎が「忠孝の行いなき」と指摘していた中でも、「忠（義）」なき点と見出していたのではないかと思われるものを強いてあげるとすれば、第三一課のフランス物産学のブーフヲンの逸話であろう。

早起きの出来なかったブーフヲンは、家僕《かぼく》のジヨセフに毎朝六時前に起こすことに成功すれば、その度に一銀銭を与えようと約束した。毎朝起きようとしないブーフヲンに対し、ジヨセフは、冷水を入れたタライをブーフヲンの寝衣の下に押し入れて、水を染ませて驚かせることにより、起こすことに成功した。しばしばこの方法を用いて、ブーフヲンは早起きができるようになり、後に自身の物産書のうち三四冊がジヨセフの力に頼って完成したと感謝した、とある。この逸話は、「勉励の者故に其平常の言にも英才は忍耐に在りと云ひしとぞ、すべて何事を為すにも艱苦を堪へ忍ぶ事緊要なり。此心無き時は大事は論なし小事たりとも決して成す事を得べからず。」と、いかにも教訓めいたように締め括られながらも、滑稽な話である。しかし、家僕が銀銭目当てに、主人の寝衣の下に水ダライを仕込んで、じわじわと水を染ませて主人を起こすという行為は、要斎の眼には教材としては不適格な、不忠の対象として映ったであろう。

前述したように、闇斎学派の要斎の立場からすれば、倒幕はあってはならないことであった。そして倒幕から数年後、教科書にある西洋の「忠孝なき」逸話を見たことも、日本が西洋化に邁進《まいしん》する時勢に、要斎が危機感を募らせた、一因であったのかもしれない。

このように、要斎の教育観を見ると、尾張明倫堂の督学を務めた前も後も、闇斎学派の立場を貫いたものであったといえよう。

【参考文献】
高木靖文氏「幕末・維新期の尾張藩校における「読書次第」改定論議」（『名古屋大学医療技術短期大学部紀要』第五巻、一九九三年）
『名古屋叢書』第二二巻（一九六二年）
『文化財叢書　第三二号　細野要斎年譜』（名古屋市経済局貿易観光課、一九六三年）
『愛知県教育史』第一巻（愛知県教育委員会、一九七三年）
『愛知県教育史資料編近世一』（愛知県教育委員会、一九八四年）

研究の窓

有隣舎とその漢学教育

陳　文佳

鷲津幽林と万松亭の創設

宝暦一〇年（一七六〇）、尾張国丹羽《にわ》郡丹羽村（現在の愛知県一宮市大字丹羽）出身の儒学者鷲津幽林《わしづゆうりん》（一七二六―一七九八）は地元で家塾「万松亭《ばんしょうてい》」を創設した。幽林の名は応、字は子順《しじゅん》、通称幸八といった。生涯の事跡について、次男松陰が撰した「幽林先生行状」（以下、「行状」と称す）は現存する最も詳しい資料である。「行状」の冒頭に幽林の学習歴を簡潔にまとめている。

先生者、尾人也。幼而好学、精力絶人。年十三、受業佩蘭先生。年二十二、適西京、遊丹丘梅龍両先生之門、常代先生講経授業、諄々不倦、弟子相謂曰：「明鏡不疲照、清流不譲風*1、鷲子之謂乎！*2」

先生は、尾人なり。幼くして学を好み、精力人に絶す。年十三にて、業を佩蘭先生に受く。年二十二にして西京に適き、丹丘梅龍両先生の門に遊ぶ。常に先生に代はりて経を講じ業を授け、諄々《じゅんじゅん》として倦まず。弟子相謂ひて曰く：「明鏡は照らすに疲れず、清流は風に譲らずとは、鷲子《しゅうし》の謂ひか」と。

最初に幽林に漢学を教えた、また、幽林の後の経歴から見るとおそらく彼に医学をも教えただろうと思われる佩蘭先生は、名古屋本町出身の医者藤蘭宇《ふじらんう》といった人物である。『名古屋市史・人物編』の記載によると、藤氏の名は彝、字は天民。佩蘭斎と号す。通称は蘭宇。初めは医を学んだが、「然も常に大志を抱き、吏僚商賈の間に居るを嫌ひ、乃ち京に入りて、伊藤東涯を師として儒術を究む。*3」後に郷里に帰って業を開いた。寛政七年（一七九五）八月没す。

延享四年（一七四七）、幽林は京に遊学することになった。丹丘は京の儒者で芥川煥（一七一〇―一七八五）の号である。伊藤東涯《いとうとうがい》門に入り、古義を学ぶとともに宇野明霞《うのめいか》、服部南郭《はっとりなんかく》らと交遊した。梅龍《ばいりゅう》は美濃出身の儒者である。姓は武田、梅龍はその号で、武梅龍《ぶばいりゅう》と称した。幽林より一〇歳年長で、一六歳で初めて学に志して、京都で伊藤東涯に師事した。東涯没後、堀南湖、宇野明霞の門に遊んだ。明和三年（一七六六）没。

芥川丹丘と武田梅龍の学問は伊藤東涯、宇野明霞から受け継いだものである。それで幽林の学は古義学、詩文は古文辞を宗としたと推測して誤りはないと考えられる。

幽林は両先生の門にあることはあまり長くはなかった。「行状」は前文に続いて、「後以親病、辞官還家」と記載している。尾張へ帰った幽林は名古屋で医を業として生計を立てることとなり、「従此請者日多、居二三年、頗得三径資。」（「行状」）これで故郷の丹羽村で居を構えて隠棲することを決意した。

> 偶読唐人「僧院」詩、至「帯雪松枝掛薜蘿」、浩然有山林志、乃距都城五六里、就丹羽里、買荘一区、遍地種松、築亭于其中、以為歌哭地焉。扁謂「万松亭」。*4
>
> 偶たま唐人の「僧院」詩を読み、「雪を帯ぶる松枝　薜蘿《へいら》を掛く」に至りて、浩然として山林の志有り、乃ち都城を距ること五六里、丹羽里に就き、荘一区を買ふ、地には遍く松を種ゑ、亭を其の中に築きて、以て歌哭の地と為す。扁して謂く「万松亭」と。

「雪を帯ぶる松枝　薜蘿を掛く」は唐の詩僧・釈霊一が詠じた「僧院《そういん》に題《だい》す」という七言絶句の一句である。釈霊一は山水を愛し、浙江《せっこう》の名山や名刹は、ことごとく訪れたという。この一首は廬山の僧院を訪れた時に作ったものだと思われるが、幽林はこの詩を読んだことがきっかけで万松亭を建てようと決意した。

万松亭を創設した当初、幽林の才徳を慕って参集した尾濃《びのう》出身の人たちは数十人もいた。その後、幽林は二〇年にわたって万松亭で隠居生活を送っていた。天明四年（一七八四）頃、幽林は藩黌明倫堂《はんこうめいりんどう》の儒員として召されたが、同僚に妬まれたことから、丹丘師《たんきゅうし》の病の見舞いを理由に辞任して再び上京した。丹丘没後、幽林は聖護院宮法親王《しょうごいんのみやほうしんのう》の知遇を得て、その侍読《じとう》を拝命した。在京六年間、多数の漢詩を残したが、重い脚気を患ったことをきっかけに終に帰郷することを決意した。寛政一〇年（一七九八）一〇月一七日家に没した。年七三。家督は三男松陰が受け継いだ。

鷲津松陰《わしづしょういん》（一七七八—一八三六）の名は混、字は子泉、松陰（または松隠）はその号。通称を九藏と呼ぶ。寛政二年（一七九〇）に父幽林が帰郷してから没するまでの九年は、専ら庭訓を承けた。また、長兄竹渓が江戸に出て大沼家の養子となったから、松陰は家塾を継ぐ適材として育てられたに違いないであろう。松陰は丹羽村に生まれて丹羽村に没するまで、遊学、漫遊などの記載すべきこともなく、社会的交渉の少ない人であった。彼は父幽林の行状を書いたものの、自分のそれは書き残していない。ゆえに今になって松陰の面影を偲び得る資料は、松陰の詩文集以外は何もない。松陰の詩文集には『芝玉集《しぎょくしゅう》』と『松陰遺稿《しょういんいこう》・唫草《ぎんそう》』があるが、いずれも刊行された形跡はないようだ。

松陰は父と同じように、脚気を病んだことがある。残した詩のなかに「十年《じゅうねん》　養病《ようびょう》　最《もっとも》　疎慵《そよう》なり」や「十歳の沉痾《ちんあ》　釣耕に老《た》け」などの表現が多く、一〇年の長い月日にわたって病に苦しめられ気が滅入り懶《ものう》さも極度に達した。また、四〇歳頃に詠じた「暁《あかつき》に山間《さんかん》の駅を発《はっ》す」のなかに、「三秋の肺病　浪跡を縈《めぐ》り、十載の風塵　壮心を折る」という対句があるから、肺病にも罹ったことがわかる。病弱でありながら詩文の創作に励んだが、天保七年（一八三六）九月一四日に五九歳で没した。

有隣舎への改名とその後の発展

松陰没後、長男益斎《えきさい》が鷲津家を継いだ。益斎（一八〇四―一八四二）の名は弘、字は徳夫、通称は徳太郎。益斎は生涯著述に励み、著書は父祖よりずっと多く、『益斎先生詩稿・文稿』『美人五十詠《びじんごじゅうえい》・家集鈔』『詩鑑・七才子詩句解』『世説集解』『中庸集説・孔門玉屑』『論語集説』など六種ある。細井徳昌《ほそいのりまさ》、林海山、林南《はやしなん》涯《がい》、松平巴山など尾張の儒者と深く交わった。益斎は家塾を継いだあと、「有鄰舎《ゆうりんしゃ》」と名を改めた。「有隣」の出典は「徳不孤、必有隣」という『論語』の教えとして世間に広く知られるが、塾名として使うことは益斎の儒学を重んじる姿勢を示しているのではないかと考えられる。また、「有隣」の音読みは祖父の名「幽林」と同じで、この家の文運の祖を仰ぐ気持ちもこもっているであろう。さらに、「亭」を「舎」に改めたのは、おそらく漢学塾としてもっと相応しい名を採用したいという考慮もあったと思われる。

有隣舎へ来り学ぶものは尾張《おわり》・美濃《みの》の子弟のみならず、遠く出雲《いずも》・讃岐《さぬき》・大和・遠江《とおとうみ》まで及んでいた。また、天保一一年（一八四〇）から三年にわたって丹羽郡大赤見村の服部牧山宅で催された種徳堂《しゅとくどう》詩宴には鷲津益斎、毅堂父子・服部赤城・智球僧（東光寺）・桂岸僧（栽松寺）・森有斎・森春濤の七人が招かれて詩画を残した。有隣舎をめぐって、当時尾張地方で数多くの風雅人が活躍していた様子が窺われる。

天保一三年（一八四二）一一月二八日、益斎は三九歳の若さでこの世を去った。益斎の後を嗣いだ者は長子の毅堂である。毅堂《きどう》（一八二五―一八八二）の名は宣光、字は重光、毅堂のほかに蘇洲《そしゅう》、泉橋外史《せんきょうがいし》などの号がある。弘化二年（一八四五）冬、江戸に出て昌平黌に学んだ。嘉永五年頃、結城藩校の教授となったが、六月には辞任。安政元年（一八五四）以来下谷徒士町に住み、塾を開いていたが、慶応元年（一八六五）一一月、尾張藩の招きに応じて、明倫堂教授（後に督学）

を務め藩学を刷新した。維新後は明治政府の太政官権弁事、大学校少丞を経て登米《とめ》県の権知事《ごんちじ》となり、明治四年（一八七一）以降一五年（一八八二）まで司法省出仕となった。儒者と交遊して毎月詩筵を開いたが、仲間に三島中洲、川田甕江《かわたおうこう》、重野成斎《しげのせいさい》、中村敬宇《けいう》らがいた。明治一四年（一八八一）学士会の会員になったが、翌一五年一〇月五日、胃癌のため五八歳で死去。著書に『親灯余影《しんとうよえい》』『毅堂丙集《きどうへいしゅう》』『薄游唫草《はくゆうぎんそう》』など。

　毅堂は弘化二年に江戸に出てから元治元年（一八六四）に四〇歳で帰郷するまで、約二〇年間丹羽村へ帰らなかったという。それゆえ、安政五年（一八五八）七月、毅堂の弟の蓉裳は兄に代わって母を奉養し、家を継いだ。蓉裳《ようしょう》（一八三三―一八九二）の名は光恭、字は子礼。明治二年（一八六九）藩校明倫堂の漢学教授を命ぜられた。藩校が廃止された後、名古屋県学校教授となった。後致仕して丹羽村に帰り余生を送っていた。明治二六年（一八九三）五月一二日に肺炎で亡くなった。その後、蓉裳の次男香雲（一八七〇―一九四二）が有隣舎を継いだ。有隣舎は前身である万松亭の創立から明治四〇年代閉鎖されるまでおよそ一五〇年にわたり、五世六代まで続き、漢詩・漢学の世界で多くの人々に影響を与えた。

有隣舎の俊才と漢学教育

　有隣舎の塾生の中から鷲津毅堂・大沼枕山《おおぬまちんざん》・森春《もりしゅん》濤《とう》・佐藤牧山《さとうぼくざん》・服部牧山《はっとりぼくざん》など全国に名の知られた文人が輩出している。そのなかで、森春濤（一八一九―一八八九）は郷里一宮出身の明治前期の詩壇において傑出した漢詩人である。

　春濤の名は魯直《ろちょく》、字は希黄《きこう》。初めは真斎と号し、後春濤と改めた。文政二年（一八一九）四月二日一宮に生まれた。文政一二年（一八二九）一一歳の頃、岐阜の眼科医中川氏に預けられ医術を学んだ。天保六年（一八三五）一宮に帰り、万松亭に入り鷲津松陰に就いてもっぱら漢学を学んだ。時に春濤一七歳。当時、幽林の実子である大沼竹渓の子捨吉（後の枕山）が鷲津家に寄寓していたので、ともに学問を研鑽し甲唱乙和、よく逸話を遺したという。

『春濤詩鈔』巻一『三十六湾集』のなかに、天保六年乙未に作った「老将行子寿と同じく賦す」という七言排律がある。子寿は大沼枕山の字なので、この詩は春濤が万松亭にいた頃、枕山との唱和作に違いない。また、同集に「子寿に贈る」*5という七言律詩一首が収められている。春濤はまず枕山のことを「妙齢　固より好容儀有り」と誉め上げ、つぎに「頭角奇《とうかくき》なり」「人刮目《かつもく》す」、「豹《ひょう》皮を留む」など三つの典故を用いて枕山の文学的才能を絶賛した。詩の尾聯に「聞説《きくならく》東帰の期は近きに在りと」というので、枕山がこの年故郷の江戸へ帰る直前に作った送別詩だとわかる。枕山は文政一二年（一八二九）一二歳の頃、江戸に出た従兄の益斎と共に丹羽村に来て、一八歳まで七年間万松亭で勉学していた。春濤と枕山は同門として一年に満たないが、これらの唱和・送別詩から二人の修業生活の様子を窺うことができる。詩の頷聯「新秋の風月　扁舟の夢、故里の煙花　艶体の詩」は春濤が少年時代からすでに艶体詩に興味を抱いていることを示していると考えられる。

枕山への唱和・送別詩のほかに、『三十六湾集』のなかに「松隠鷲津先生に寄呈す四畳韻」一首、「重ねて松隠先生に贈る八畳韻」一首、「松隠先生に呈す」一首、「益斎鷲津先生の球上人と唱和の韻に次す」二首など万松亭と関わりのある作品が収められているが、枕山の万松亭時代の作品は彼の詩文集に残っていない。『枕山詩鈔』巻之上は「乙未《おつび》」から始まり、しかも「乙未」の条下に「暁に箱根を発す」一首しか載っていない。枕山は一二歳からおよそ七年丹羽村の鷲津家に寄寓し漢学の修業をしていたが、この間に詩文を作らなかったとは考えにくい。たとえば、前掲した春濤の「老将行子寿と同じく賦す」という排律は、枕山への和詩なので、枕山も同じ詩題のものを詠じたはずであろう。『枕山詩鈔』に載っていない理由は不明だが、少年時代の習作を紛失した可能性が考えられる。春濤、枕山の詩歌唱和、また種徳堂の詩宴などからみると、当時万松亭の漢学教育は漢詩の創作を中心に行われていたことが想像できる。

一宮市立図書館蔵有隣舎の預本『有隣舎史料集』のなかに、六代目家督鷲津香雲《こううん》（名は順光、字は義夫）が編集した「有隣舎図書目録」があり、扉に「大正四年滝文庫預り」という書き入れがあるので、大正四年（一九一五）以前に編纂されたものだと考えられる。この「目録」によると、有隣舎の蔵書は漢籍・和書合計三七五種、だいたいは詩集・文集・経書・子書・史書・和書・字書・石摺の順に並べてある。その中でも特に詩集・詩話など詩に関するものの点数が七六種に達しており、経史より漢詩の教育を重視する傾向が現れている。[6]

嘉永五年（一八五二）頃に刊行された鷲津毅堂の詩集『薄游唫草』の巻頭に大沼枕山が題した「小引」がある。この「小引」から当時毅堂と共に学問に励んだ様子を窺うことができる。「小引」に云う。

吾之祖父君曽祖　　吾の祖父は君の曽祖なり
氏族雖異血肉同　　氏族異なりと雖も血肉同じ
万松亭畔開村塾　　万松亭畔　村塾を開き
郷閭著称幽林翁　　郷閭著しく称す　幽林翁と
吾父有故冒異姓　　吾が父故有りて異姓を冒し
官遊千里客江東　　官遊　千里　江東に客たり
青雲雖不遂宿志　　青雲　宿志を遂げずと雖も
騒壇建幟衆所宗　　騒壇幟を建て　衆の宗とする所たり
松陰丈人承祖業　　松陰丈人　祖業を承け
王李詩筆策余功　　王李の詩筆　余功を策す
継之而起益斎叟　　之を継ぎて起つは益斎叟

首唱韓蘇変祖風　　韓蘇を首唱して祖風を変ず
惜哉天不仮之寿　　惜しいかな　天は之に寿を仮さず
卅歳辛勤付一空　　卅歳《そうさい》辛勤して一空に付す
君乎夙為克家子　　君や夙に克家の子為り
七齢李賀声已隆　　七齢にして李賀の声已に隆し
吾嘗西遊寓君舎　　吾嘗て西遊して君が舎に寓す
吾未弱冠君猶童　　吾未だ弱冠ならず君は猶ほ童
対床一堂事講習　　対床　一堂　講習を事し
灯火達旦度三冬*7　　灯火　旦に達して三冬を度《わた》る
（下略）

枕山の祖父はすなわち穀堂の曾祖父である。枕山と穀堂は姓が違うが、従叔姪の関係にある。益斎は若くして亡くなったが、穀堂は「克家の子」として、七歳で李賀のような才能があると称えられた。「対床　一堂　講習を事し、灯火　旦に達して三冬を度る」の二句から、当時枕山・穀堂の万松亭に於ける勉強ぶりが伝わってくる。そして、ここで注意すべきなのは、「小引」には有隣舎の詩風の変遷が記録されている。幽林の詩文は古文辞を宗としていたが、息子の松陰は祖業を承け、明の王世貞《おうせいてい》・李攀龍《りはんりゅう》の詩風を提唱した。三代目の益斎は祖風を変じ、唐の韓愈《かんゆ》や宋の蘇軾《そしょく》の詩文を鼓吹するようになった。その後、穀堂はわずか七歳で鬼才と評された唐の李賀に喩えられ、また詩風を変えてしまったようである。

詩風の変遷はあったが、漢詩文の素養を育てるという有隣舎の漢学教育の伝統は明治時代後期まで受け継がれていた。前述『有隣舎史料集』のなかに、明治三〇年（一八九七）三月に鷲津香雲が私立有隣学校を設立した際に作成した四年制の学科課程表が収録されている。時代の流れに乗って英語（週五時間）・地理（週一時間）・数学（週五時間）など西洋からの学問を導入しているが、漢文学と和学の授業はいずれも週五時間ずつ行い続けている。また、同史料集所収の「有隣舎子弟名簿」によると、有隣学校は明治四二年（一九〇九）まで存続したことがわかる。二〇世紀を迎えた有隣舎は私立学校として、漢学教育の伝統を守りながら、次世代の人材を育成するに相応しい近代教育の在り方を模索し続けていた。そして、有隣舎を通して政治・学問の新しい風潮が周辺の地域の人々に大きな影響を与えていたものと思われる。

【註】

＊1　劉義慶『世説新語』言語九十：「孝武将講孝経、謝公兄弟与諸人私庭講習。車武子難苦問謝、謂袁羊曰：「不問則徳音有遺、多問則重労二謝。」袁曰：「必無此嫌。」車曰：「何以知爾？」袁曰：「何嘗見明鏡疲於屢照、清流憚於恵風。」

＊2　鷲津松隠撰「幽林先生行状」、一宮市立図書館蔵有隣舎預本『幽林遺稿』巻末に所収。

＊3　名古屋市役所編纂『名古屋市史　人物編2』（川瀬書店、一九三四年）四七四頁。

＊4　＊2同書。

＊5　『春濤詩鈔』巻一『三十六湾集』、（東京文會堂、一九一二年）第一冊、一一頁。

＊6　鷲津香雲編「有隣舎図書目録」、一宮市立図書館蔵預本『有隣舎史料集』に所収。

＊7　大沼枕山撰「薄遊唫草小引」（『紀行日本漢詩』第三巻、汲古書院、一九九二年）四七九頁。

【参考文献】

鷲津香雲編『有隣舎史料集』（一宮市立図書館蔵預本）

石黒万逸郎編輯『有鄰舎と其学徒』（一宮高等女学校校友会発行、一九二五年）

西成編『一宮市史』（一宮市教育委員会発行、一九五三年）

第Ⅲ部　漢文教育と教科書

第一章　高松の漢学――漢学史への新しい試み

田山泰三

第一節　高松藩と林家

高松藩の漢学は日本をリードした。

揖斐《いび》高《たかし》先生の編になる今関天彭《いませきてんぽう》『江戸詩人評伝集』（平凡社東洋文庫）は江戸漢詩壇を知る好著である。今関天彭は、戦前の中華民国の北京に研究室を構えて活動した、中国文学・漢文学研究者。戦後に漢詩雑誌『雅友』を創刊した。その中に現高松市牟礼《むれ》町出身の柴野栗《しばのりつ》山《ざん》（一七三六―一八〇七）に関する記述がある。

> （柴野）栗山の師後藤芝山は、高松の西に当る芝山《しばやま》（藩内の山名）の漁夫の子といはれてをるが、よほど俊才であつたと見えて、十八歳江戸へ上り、林家四代の当主榴岡《りゅうこう》の門人となり、宝暦三年三十三歳の時、帰国して高松に仕へた。栗山は芝山の門人となり、翌年十八歳、江戸遊学の途に上り、同じく林家の門人となつた。かく地方の青年が容易に林家の門人となるを得たのは、これは恐らく菊池半隠に関係があらう。半隠は林家の

初代道春の門下耕斎の子で、林家の二三代になる鵞峰・鳳岡に学んで林塾の学頭となり、奇行の為めに罪せられんとして高松に仕へ、子の崧渓・孫の室山、何れも林家の門人として高松の儒臣となり、特に崧渓は醇儒として聞え、芝山はその門から出で、栗山また薫育せられた一人たるを知る時は、讃岐地方の俊才が当時唯一の学閥たる林塾に入ることの出来たのは、半隠から糸を引くと見るのもあながち牽強付会ではあるまい。

（平凡社東洋文庫　揖斐高編『江戸詩人評伝集1―詩誌「雅友」抄』より〈（）内は報告者による加筆〉）

林家の略史を考察してみる。高松藩出身の儒学者柴野栗山、栗山の師である後藤芝山《ごとうしざん》（一七二二―一七八二）が入門した林家は林羅山《はやしらざん》（一五八三―一六五七）を祖とする日本の儒学者・朱子学者の家系。京都に生まれた林羅山（出家した後の号が道春）は漢学、特に朱子学を独学し才能を磨き、当時力のあった藤原惺窩《ふじわらせいか》に入門。慶長一〇年（一六〇五）、藤原惺窩の紹介で、二条城で徳川家康に会う。家康は羅山の朱子学の知識を高く評価、羅山は二〇代の若さで家康のブレーンに列せられる。二年後の慶長一二年江戸に赴き、二代将軍秀忠に講書を行う。さらに、寛永七年（一六三〇）には、三代将軍家光から儒学振興の目的で上野忍岡に一三五三坪の土地と金二〇〇両を拝領。羅山は私塾と書庫を建て、ここに林家が主導権を持つ教育施設が発足した。林羅山は徳川将軍家康・秀忠・家光・家綱の四代に仕え様々な制度・儀礼を制定、儒学の「官学化」に大いに貢献し江戸幕府の思想・学問基盤づくりに深く関わったことになる。

林羅山を祖とする林家の学問（詩作）は徳川幕府の「御用」的な色彩が強く、実際一七世紀の学問は経世済民の実学的経学が主であった。徳川家康も「詩歌（漢詩・和歌）などの末技は元より御好もおはしまさねば殊さらに作り出給ふべくもあらず（『東照宮御実記附録所引後藤由緒附録』）」と言われたほどの徹底した実学主義で、林羅山時代の漢詩の詩風も道徳的な色彩が強い。ところが上方に井原西鶴・近松門左衛門達が現れ元禄文化が花開く一七世紀末頃、日本漢詩壇にも石川丈山《いしかわじょうざん》（一五八三—一六七二）や元政上人《げんせいしょうにん》（一六二三—一六六八）達が現れ、日本漢詩も文学的な詩文表現へと転換期を迎える。また、石川丈山のように仕官することなく一詩人として生涯を全うする人物も現れる。

林羅山の三男が林家二代林鵞峰《がほう》（一六一八—八〇）、鵞峰の次男が林家三代林鳳岡《ほうこう》（一六四二—一七三五）。この鳳岡の代から林家が大学頭《だいがくのかみ》を称する。鳳岡は徳川将軍家綱から八代将軍吉宗までの五代にわたり幕府に仕えた。「大学頭」とは律令制では大学寮（式部省直下の官僚育成機関）の長官。学生（官僚の候補生）への教育と試験、ならびに「釈奠」を行った。この「大学頭」に元禄四年（一六九一）、林鳳岡が任命される。

実は寛永七年に建設に取りかかった林家の私塾には釈奠を行う「孔子廟」が存在しなかった。そこで家光の叔父にあたる尾張藩主徳川義直が資金援助を申し出、寛永九年（一六三二）、孔子廟に当たる「先聖殿《せんせいでん》」が完成（「先聖」という語は唐時代以後は孔子をさす）。「先聖殿」完成の翌年寛永一〇年二月一〇日にここで釈奠が実施される。同年七月に将軍家光が忍岡の聖堂を訪問。以後家光の意向で幕府が官費で先聖殿を増築修繕することとなり、実質林家の学問が幕府に有用な人材育成のための機関となっていく。

五代将軍徳川綱吉は好学の将軍だった。綱吉は元禄元年（一六八八）以後、毎年のように林家の私塾である忍岡聖堂を訪問していた。綱吉の発案で幕府が新たに聖堂を建立することを決定。神田台の湯島に敷地を確保し、忍岡の聖堂より規模を拡充し、綱吉みずから「大成殿」の額の文字を揮毫。元禄四年（一六九一）二月七日、綱吉の側用人松平輝貞《てるさだ》によって孔子像などが湯島に移され、一一日には綱吉自ら老中大久保忠朝達側近を従え、新聖堂初めての釈奠《せきてん》に参列する。この時期に林家の私塾も湯島に移され聖堂の一部となり、以後「湯島聖堂」と称され事実上幕府直轄の学問所となる。

この「湯島聖堂」をさらに発展させたのが、高松藩出身の柴野栗山。栗山は松平定信の招きに応じ「寛政の三博士」の筆頭格に就任。「寛政異学の禁」、つまり寛政時代の学制改革を成し遂げる。寛政九年（一七九七）、林家私塾が幕府直轄の「昌平坂学問所」通称「昌平黌」となる。二年後の寛政一一年に幕府が主導した湯島聖堂の改築拡充工事が終了。初代聖堂取締（学長）には柴野栗山が就任した。この「昌平坂学問所」が明治以降、東京大学をはじめ近代学校学術機関の原点とされる。JR中央線御茶ノ水駅聖橋口から出て左折し、神田川にかかる聖橋《ひじりばし》を渡ったところの左側、東京医科歯科大学の近くに「日本の学校教育発祥の地」の石碑と案内板がある。

この頃の柴野栗山と昵懇だったのが林家第八代の林述斎《じゅっさい》（一七六八―一八四一）。幕府の文書行政の中枢として幕政に関与。述斎は栗山達と共に儒学の教学刷新に力を尽くし、昌平坂学問所の幕府直轄化にも貢献した。

現在の東大に入学する如く、「林家の門人」となるのは非常に難しいというのが冒頭に紹介した今関天彭の主張の源流にある。ところが天彭の主張通り、高松藩からは儒者のみならず多くの高松藩出身者が「林家門人」となり湯島聖堂に学ぶ。最も有名な高松藩出身者が平賀源内（一七二八―一七八〇）。宝暦七年（一七五七）に林家に入門し、林家第五代林鳳《ほう》谷《こく》（一七二一―一七七四）に師事。また源内は湯島聖堂に寄宿した。江戸在住期に国学者賀茂真淵の門下生となり国学および本草学の知識を吸収する。三年後の宝暦一〇年（一七六〇）、源内は高松藩主松平頼恭《よりたか》（一七一一―一七七一。高松藩第五代藩主。高松藩中興の祖）の帰高に伴って高松に帰ることになる。源内の「卒業」にあたり才を惜しんだ林鳳谷が源内に宛てた惜別の五言絶句がある。典型的な林家の詩風であり、おそらく活字化されていないと思うのでここに紹介する。

門人平賀国倫《くにとも》、高松侯の駕に従ひて州《くに》に帰る　因りて餞す　林鳳谷

看る你《なんじ》　侯駕に陪《したが》ふを

遥かなる郷《さと》に　飄錦の栄

勉めよや　多識の業

忘るる莫かれ　学所の名

国倫は源内の諱《いみな》。源内の師である林鳳谷直筆の書軸がさぬき市平賀源内記念館に展示されている。芝山・栗山・源内以外にも高松藩から中村君山《くんざん》・岡井赤城《せきじょう》はじめ多くの秀才が江戸に赴き昌平坂学問所に学ぶ。

菊池家の存在は高松藩にとって斯くも重要。先ほどの今関天彭に「かく地方の青年が容易に林家の門人となるを得たのは、これは恐らく菊池半隠に関係があらう」とまで言わせるほど、菊池家は高松藩出身者が林家門人となることに功績があった。

新しい試みで、次節に菊池家を中心とする高松藩の漢学史を紹介する。

第二節　菊池家と高松藩漢学史

文豪菊池寛の先祖の一人であり、『五山堂詩話』の編者菊池五山（一七六九―一八四九）が『五山堂詩話』巻一〇の末尾に菊池家のことを記述している。（原漢文。書き下し及び注釈は報告者）。まず前半で高松菊池家の元祖菊池《きくち》元春《げんしゅん》からその孫半隠《はんいん》までを述べている。

余（菊池五山）が家は累世の儒素にして、王父（祖父）に至りて其の業を恢《おお》きくす。維れ父維れ兄、箕裘《ききゅう》相承け、世々濂洛の学を奉ず。始祖元春先生、諱は武方。林文敏（羅山）公に事ふ。次は耕斎先生、諱は東匀。事業は『東人詩話』の跋語に概見す。次は半隠先生、諱は武雅。林文穆（林鵞峰）・正猷（鳳岡）二公に事へ、昌平の学頭と為る。初の名は搏、鵬溟と号す。近代印史を輯する者、只だ其の旧名号を収む。

五山の述に従うと、高松藩菊池家の「始祖」は菊池元春。元春が林羅山に師事したことがここで明らかにされる。元春の子が耕斎。ここに出てくる『東人詩話』は朝鮮李朝初期の文臣であった徐居正（一四二〇―一四八八）の作。高松藩菊池家の始祖である菊池元春は近江国膳所儒員。菊池耕斎は筑後久留米藩、のち薩摩藩の儒者。耕斎の子にあたる半隠すなわち菊池武雅（一六五八？―一七二〇）から高松藩菊池家の伝統が始まる。

元禄八年（一六九五）、高松藩第二代藩主松平頼常（徳川光圀の長男。墓所はさぬき市の霊芝寺）は武雅の才を見込み、菊池武雅に三〇〇石の禄を与え高松に招く。武雅は着任後、句読（漢学）を講じ、藩内に「講堂」を開いて青葉士弘達と学問を講義。また孔子廟をつくって釈奠を行う。武雅は元禄一六年（一七〇三）に高松藩先手頭格に昇進、三五〇石を受ける。このあとの展開を『翁媼夜話《おうおうやわ》』の記述などから整理してみる。

菊池武雅が活躍していた頃、高松藩木太郷（現、古高松）に増田家という名家があった。頼常公治世の増田家当主は増田太兵衛という人。増田太兵衛の娘が菊池耕齊の弟武信（通称八右衛門。讃岐国史蹟調査に功ありと伝わる）に嫁ぎ、武信は高松城下に居を移し木太郷に住む。武信の息子が、母方の姓を継承して、増田正宅。正宅の息子が、武雅に師事し菊池姓を譲られ、菊池武賢と名乗る。この武賢が今から紹介する菊池黄山である。出典の『翁媼夜話』は讃岐の地理・歴史・人物・伝承などをまとめた書物で、武信・正宅。武賢の三代にわたってまとめられたため当初『三代物語』と名付けられ、後武賢が完成させ『翁媼夜話』と変題した。武賢、すなわち菊池黄山が松平頼恭に献上したところ頼恭から『讃州府志』の名を下付されている。

再び菊池五山の『五山堂詩話』巻一〇の記述に戻る。

　王父崧溪《すうけい》先生、諱は武賢。徳隆《たか》く行ひ醇《あつ》くして宿儒を以て推さる。及門の弟子殆ど千を以て数ふ。林正貞（鳳谷）公、王父を寿する詩に『南州久しく播く老儒の風　七十年来操守の功」の句有り。

ここに紹介された崧溪先生が菊池黄山（一六九七—一七七六）。高松藩の学問風土は実質黄山を中心としてつくられた。「及門の弟子殆ど千を以て数ふ」という五山の記述の通り、藩内外で多くの門弟を育てた。後藤芝山・柴野栗山・平賀源内、すべて菊池黄山の教え子である。

平成三〇年、「菊池家文書」の存在が判明した。菊池家に代々保管されてきた文書で、菊池寛が小説家として東京に居を移したとき、高松から移転管理した箱の中に収められていた。そこには菊池家代々の貴重な文書が収められており、すべて今まで知られていない貴重文書であった。その中の『崧溪翁《すうけいおう》七十《しちじゅう》奉寿《ほうじゅ》賀《が》詩賦《しふ》』に菊池黄山の七〇歳を言祝ぐ林鳳谷の詩があった（図1）。

偃松《えんしょう》篇を賦して門人菊池武保の老親崧渓を寿ぐ

讃　久しく播《およ》ぼす老儒の風

七十年来　操守の功

清看松樹　千秋の雪

矍鑠皤然　笲髪《はんはつ》の翁

　国子祭酒林子恭父

巻末には菊池黄山自筆の跋文があった（図2）。

鮒兮《ふなや》　鮒兮　尾を窺ひて流れを衡く

少くして洋々　逝きて攸々

将に神竜と春秋を同じくせんとす

既にして優れ既にして渥し　何を思ひて何を求めん

　箋に云はく「神竜暗に有り」と

指す所は其の寿七十三

山人　今年七十

言は将に其の寿に及ばんとするなり

　鮒兮一章八句　崧渓山人漫題

この跋文は黄山の自筆資料として、貴重である。

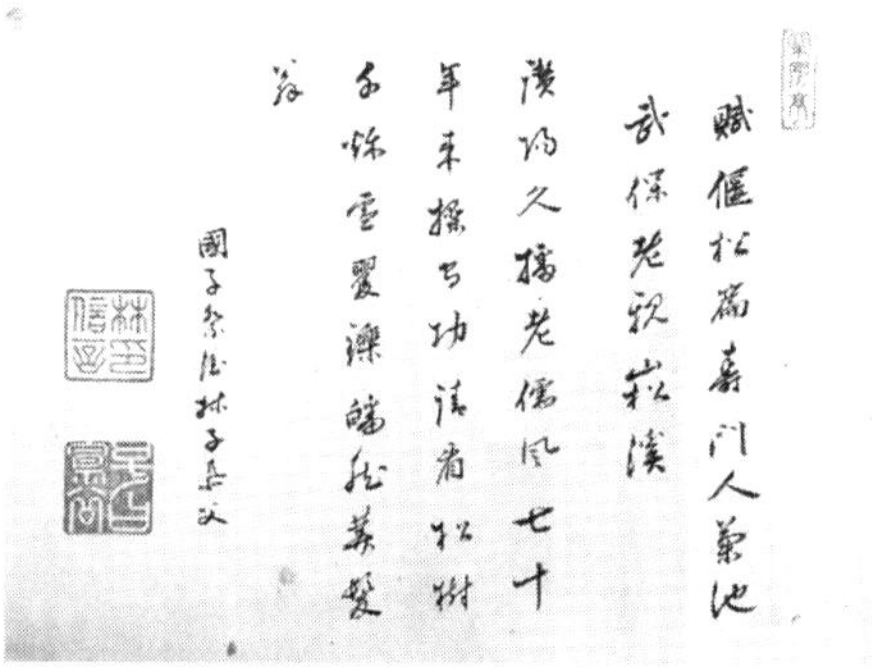

図1　林鳳谷の詩　菊池寛記念館蔵

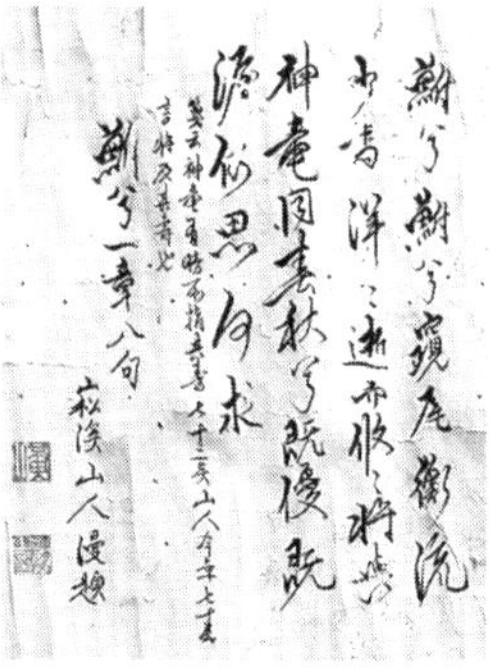

図2　黄山自筆の跋文　林鳳谷の詩　菊池寛記念館蔵

この黄山の子が菊池室山《しつざん》（?―一七八五）。『五山堂詩話』巻一〇の記述に戻る。

先君室山先生、諱は武保、特に厳飾を以て称せらる。正貞公（林鳳谷）に事へ、また中村蘭林（一六九七―一七六一。江戸中期の漢学者。家業の医術を以て幕府に仕えたが後に儒官に転向。朱子学から考証学を重視。晩年は古学に近い立場を取り朱子学を批判した）の門に遊ぶ。井四明（井上四明。一七三〇―一八一九。折衷学の基盤を築いた井上蘭台の養子。岡山藩儒官。藩世子の侍講等をつとめる。明和元年備前牛窓での朝鮮通信使との詩の応酬で有名）猶ほ能く（中村）蘭林の座に在りて先君と相見し事を説く。余（五山）十歳の時始めて詩を搆《つく》ることを学ぶ。先君秋玉山（秋山玉山。一七〇二―六四。江戸時代中期の漢詩人。高松藩主に招かれたこともある）の書する所の贈詩一紙を取りて以て相付す。これまた玉山を知るに及べり。半隠以下皆酇（讃）藩の仕籍に係わる。家兄縄武、字は万年、守拙と号す。今見に記室（文章・記録をつかさどる）と為り、枝葉益々盛んなり。

菊池室山が高松の学問の一翼を担っていた安永九年（一七八〇）、高松藩に藩校講道館が開設される。初代総裁は後藤芝山。室山も講道館儒員をつとめた。室山の子菊池守拙（一七五四―一八二二）は柴野栗山に学んだ後高松に帰藩し講道館儒員、のち総裁となる。守拙の子が菊池藻洲（一七八八―一八三四）。江戸の林家で学び、後に高松藩に帰藩し、講道館儒員をつとめる。藻洲の子が菊池惕所《てきしょ》（一八二〇―七〇）。伊予の近藤篤山に学んだのち帰藩し、講道館素読指南。この惕所の子が菊池武脩《ぶしゅう》。武脩の子が近代日本に名を残す文豪菊池寛である。

黄山は多くの弟子を育てた。筆頭弟子ともいえるのが漢文訓点「後藤点」の考案者後藤芝山。名は世鈞、字は守中、通称は弥兵衛。芝山と号した。家は高松藩に仕えていたが財政難の人員整理に遭い帰農。領内芝山の麓に住む。初め守屋義門、ついで菊池黄山に師事。その穎敏さが藩主の耳に入り、官費で江戸に遊学し昌平黌に入る。その後、藩儒となり藩校講道館が開設されると初代総裁となった。その学は朱子学を宗としたが拘泥することなく、特に経書に加点した出版物は「後藤点」の名で広く世に行われた。

その後藤芝山の一番弟子が柴野栗山。栗山は文化四年（一八〇七）に現在の高松市牟礼町に出生。八歳頃より当時高松城下に開塾していた芝山に入門。牟礼から高松城下まで二里以上の道を朝往暮還、晴雨にかかわらず毎日通学した。長じて江戸昌平坂学問所で学んだ後、京都で活動。天明八年（一七八八）に時の老中首座松平定信に登用され、江戸に移り幕臣となり「寛政異学の禁（寛政の学制改革）」を主導する。寛政二年（一七九〇）、湯島聖堂の拡張に伴い栗山は初代の聖堂取締に着任。文化行政の最高の地位に就く。栗山は聖堂取締の任にあったとき、昌平坂学問所のテキスト「林家正本」の訓点を後藤点に改め、「素読吟味」も後藤点で行った。全国から湯島聖堂に学んだ俊英達が帰藩し藩校などで後進を導く際も「後藤点」で指導。かくして一九世紀、幕末期から維新後も漢文訓読において最も普及した訓点が「後藤点」であり、現在の国語教科書における漢文訓読も「後藤点」の理論が活かされている。先述した平賀源内も黄山の弟子の一人である。

この時期の高松藩出身で、一橋家の侍講をつとめた早世の秀才である久保盅斎《ちゅうさい》は栗山の知友。今も高松市内『栗林園二十有詠応教』で有名な青葉士弘《しこう》は黄山と同時期の詩友。それ以外のこの時代高松藩出身の二人の俊才を紹介する。

久保桑閑《そうかん》。古高松にこの人ありと慕われた。名は方殻、通称は専右衛門、号ははじめ得水、後に桑閑。幼にして学問と武道を好み、長身強力で能書。和漢学に通じ、詩文画俳をよくした。長じて私費で長崎に行き蘭法医学を学ぶ。この時書生として預かっていた平賀源内を伴った。藩主から召されたが断りつづけ、自らは悠々自適の生活をした。菊池黄山、青葉士弘共に久保桑閑には礼を尽くして交わり、平賀源内。柴野栗山を経済的に援助した。自宅に藤を植え、松平頼恭は後藤芝山を伴って桑閑宅で藤花を愛でたという。以後久保家は古高松にあって医業、学業に人材を輩出した。久保桑閑から数えて十代目の古高松久保家当主が第二四代日本学士院長（任期は平成一九年一〇月から同二五年一〇月まで）をつとめた久保正彰東京大学名誉教授（西洋古典学）であることを特記しておく。

重要な人物をもう一人。渓百年《たにひゃくねん》。本姓は河田。名は世尊《せそん》。字は士達《したつ》。高松を出て江戸・京都・大坂等に遊学。因幡鳥取藩に召され藩校尚徳館で教えている。兵学にも通じ、藩の荻野流砲術の開祖となった。有名な著作に、当時必学であった四書五経などの漢籍を大和言葉で読めるようにした『経典余師《けいてんよし》』がある。金次郎時代の二宮尊徳はこの『経典余師』で独学した。『経典余師』は近年「集成」が出版されるなど再評価がすすんでいる。

文化・文政時代の大詩人菊池五山の家は、室山の次の代からわかれる。菊池五山は明和六年（一七六九）生まれ。名は桐孫、字は無絃、通称は左太夫。号として五山のほか娯庵と称した。詩作を柴野栗山に学び、また詩人のサークルである江湖社に参加し「続吉原詞《ぞくよしはらし》」や「深川竹枝《ふかがわちくし》」などの詩作によってその才名を広く知られるようになる。寛政一二年（一八〇〇）に「自造の罪」によって江戸を離れて数年間関西に滞在。文化年間の中頃に江戸に帰り、江戸の詩壇ジャーナリズムの大成である『五山堂詩話』を文政年間にかけて原則年一回刊行。漢詩の批評文によって関東や中部地方の詩壇を掌握した。

　菊池寛が昭和一二年（一九三七）一一月一〇日発行の「ことひら」誌に発表した「高松菊池氏に就きて」という文章が事情を上手く説明している（抄録）。

> 「ことひら」は、毎号愛読しているが、十月号「高松菊池に就きて」の一文につき、錦天山屋詩文を引いてあるがそれに誤りがあるから、一寸訂正したいと思う。
> 『半隠の子武賢、菘渓と号す。孫武保、室山と号す。室山二子、長は縄武、字は萬年、守拙と号す。次は桐源、字は無絃、五山と号す。最も詩を能くす』とあるが、之は間違いである。菊池武賢は、増田正宅の三男で、半隠に師事して菊池姓を譲られたらしいが、子でもなく養子でもない。半隠の家と武賢の家とは全く別家である。半隠の実子は故ありて録を奪われてしまったので、武賢の養子室山の子である五山が半隠の家を継いだのである。そして室山自身は他家から養子をした。之が縄武、字は万年である。高松市史

に依ると、

「菊池武賢。号黄山講道館儒員。武賢の養子室山講道館儒員、其の養子守拙講道館総裁、其子藻州同儒員。其の子愓所、同儒員。愓所の孫寛は小説家」と、ある。この孫の小説家と云うのが、かく云う僕である。菊池五山の項に「菊池五山。室山の実子。武雅の家を継ぐ、市河寛齊門下で詩名高く」とある。武雅は、半隠の名だ。

即ち武賢は武雅の子になく、別家である。万年と五山は兄弟ではないのだ。そして、僕の家は、武賢の家であるから、五山は正しく僕の家から出た人だが、僕は五山の正系ではないのだ。しかし、万年は、五山の姉か妹かを妻にしたかも知れないから、血縁も続いているかも知れない。半隠は、武賢の家に依りて、学問上の子孫を残したが、血統は続いて居ないのだ。しかし、学問的には、僕はたしかに半隠の子孫である。

菊池五山（一七六九―一八四九）は菊池寛の記述にあるように菊池室山の子。京に遊学し柴野栗山について学んだ後江戸に出る。当時江戸詩壇で大きな勢力だった市河寛斎の「江湖詩社」に参加し大窪詩仏・柏木《かしわぎ》如亭《じょてい》達と活躍。渡辺崋山・木村蒹葭堂《けんかどう》・太田南畝《なんぽ》はじめ文化人達とも積極的に交流する。文化四年（一八〇七）に清の袁枚《えんばい》の『随園詩話』に影響され、詩壇を鳥瞰する『五山堂詩話』を刊行。天保三年（一八三二）頃まで正編一〇巻・補随五巻を刊行する。刊行は成功し、菊池五山は我が国の漢詩壇に、ジャーナリズムをもたらした大功労者となり、日本漢詩における批評家としての地位を得た。特筆すべきは地方在住の民間詩人の作品も積極的に取り上げたこと、また大家の作品も出来が悪いと痛烈な批判を加えていた。更に有能な新人の発掘も行い、後に大詩人になった頼山陽《らいさんよう》・中島棕隠《なかじまそういん》たちは、この『五山堂詩話』で五山から激賞され、大成への第一歩を踏み出した。つまり菊池五山の『五山堂詩話』は菊池寛の『文藝春秋』の編集方針に実によく似ている。

菊池家は斯くも高松の、日本の文化に貢献しているのである。

第三節　古文辞学の系譜　中山城山と門下生

少し遡る。高松藩に藩校講道館が創設されたのは安永八年（一七七九）、藩主は六代松平頼真のときのこと。初代総裁は後藤芝山。全国の「コウドウカン」と名付けられた藩校中最も古い。ちなみに「天下三弘道館」すなわち佐賀藩弘道館が天明元年（一七八一）、出石藩弘道館が天明二年（一七八二）、水戸藩弘道館は天保一二年（一八四一）の創設。高松藩講道館は柔道と同じ「講道館」の標記だが、柔道の「講道館」とは何の関係もない（よく問い合わせがある）し、講道館に先んじて命名されている。講道館は以後、幕末維新期に至るまで高松藩学問の中心施設となる。

藩主導の学問とは別に高松藩南部に古文辞学の大きな流れが生まれる。中心人物が香川郡池西村横井（現高松市香南町横井）出身の中山城山（一七六三―一八三七）。城山の名は鷹。字は伯鷹。通称は塵。医師中山玄柳の子。高松藩の東部、大内郡白鳥の出身で大坂で学び高松藩三谷で医学および漢学を教えていた藤川東園《とうえん》（一七三九―一八〇六）に学ぶ。この中山城山、中央で名が知られていないのが不思議なほどの大学者で、医術・漢学はもとより国学・仏教・暦学から天文学まで精通。学才が認められ高松藩国家老の大久保氏に招かれ藩主や家老の夫人に和歌や詩経を教授した。城山は「尚志堂」という私塾を経営。門下生は数千人と伝わる。有名な塾生で藤澤東畡《とうがい》・相馬九方・藤川三溪たちが知られる。

城山に秀才の息子がいた。中山鼇山《ごうざん》。若くして頭角をあらわし、才能は父城山に優るともいわれた大秀才であったが、文化一二年（一八一五）、一七歳のときに早世した。存命していたら同年代の頼山陽に匹敵する人物になったろうと思われる。鼇山が没したとき城山は五三歳。以後「全讃史」全一二巻の執筆に専念。実に一〇年余りをかけ　文政一一年（一八二八）に「全讃史」を完結。高松藩に献上している。

城山の筆頭弟子は藤澤東畡（一七九五―一八六五）。香川郡安原村中村（現、高松市塩江町安原）の生まれ。名は甫《はじめ》、通称は昌蔵。小さい時から学問が非常に好きで、文字を覚えるために近くの香東川へ行き、小石を拾っては消炭で字を書いていたという。やがて木炭を背負って商いをしながら、香川郡横井村の中山城山のもとへ通い、門の前で講義を聴講。城山は甫少年を書生として預かり学問を教授。師に認められていた甫少年、後の東畡は十代で師城山の代講を務めるまでになった。

東畡は文政元年（一八一八）、二五歳のころ長崎へ行き、中国語と先端の学問を学ぶ。そのあと大坂に出て文政八年（一八二五）、淡路町御霊筋西（淡路町五丁目）に「泊園塾」（のちの泊園書院）を開いた。その後、東畡は大阪を代表する碩学として活躍。高松藩から名字帯刀を許され士分に列せられた。幕末時、折しも上洛中の一四代将軍徳川家茂の侍講を打診されたが固辞。泊園書院は幕末には勤皇の志士の慕うところとなり、その規模は懐徳堂を凌いで大坂最大の私塾として栄えた。門人は三〇〇〇余名。有名な塾生で日清戦争下関条約締結時の外務大臣陸奥宗光（一八四四―一八九七）がいる。陸奥は英語、中国語と共に泊園で学んだが故に漢文記述に長じていた。有名な漢文体での著作に『蹇蹇録《けんけんろく》』がある。泊園書院の伝統は現在の関西大学東西学術研究所に継承されている。

城山のもう一人の著名な弟子が相馬九方《そうまきゅうほう》（一八〇二―一八七九）。年高松藩にうまれ城山に徂徠学を学び、京で研鑽を積んだ後、大坂へわたる。嘉永四年（一八五一）、岸和田藩校「講習館」の開校とともにその教授となり、幕末の藩政にも深くかかわった。門人に池田草庵（一八一三―七八）、土屋鳳洲（一八四一―一九二六）がいる。池田草庵は但馬聖人とたたえられた学者で、門下から帝国大学総長となった濱尾新（一八四九―一九二五）らが出た。相馬九方は学を以て知られ、幕末の激動する時代に長州の吉田松陰が彼の意見を聞くために岸和田を訪れ、講習館の一室で囲炉裏をかこみ徹夜で議論を交わしたこともあったという。

城山の門下で高松藩で活躍した人物が藤川三溪（一八一七―一八八九）。城山門下で漢学・

国学と医学を学んだ後、長崎で砲術を高島秋帆に学び、帰藩して「龍虎隊」を組織。幕末期高松藩で重要な存在。藤川三溪と同年代の漢詩人に琴平の侠客日柳燕石（一八一七―一八六八）がいる。藤川三溪・日柳燕石ともに高杉晋作をはじめとする長州藩の志士と交わった。二人ともかなりの詩作がある。燕石が楠公を詠んだ有名な五言絶句である。

楠公を詠ず　　日柳燕石

日本に聖人有り
其の名を楠公と曰ふ
誤りて干戈の世に生まれ
剣を提げて英雄と作る

後の連合艦隊司令長官山本五十六がこの詩を愛吟したのは有名。藤川三溪は維新後も活躍したが、日柳燕石は維新を待つことなく柏崎で逝去した。

第四節　高松藩の近代

松平左近（一八〇九―一八六八）という人がいる。幕末維新期の高松藩（香川県）支族。名は頼該、字は子博。隆之丞、道之助、左近と称した。高松藩主松平頼儀の子として江戸に生まれ、兄の夭折で藩主就任のチャンスがあったにもかかわらず、家督を継がず高松に移り住んだ。水戸藩の徳川斉昭に傾倒した尊王家で、日柳燕石をはじめ長州の久坂玄瑞・桂小五郎（木戸孝允）・高杉晋作・伊藤博文ら勤王派の藩士、志士を積極的に庇護した。また、明治元年（一八六八）の鳥羽・伏見の戦いにおいて、弟の高松藩主松平頼聰《よりとし》が一貫して佐幕的な姿勢をとり続け、政府軍の来攻にあうと、藩論を恭順に導いて高松が兵禍を被るのを防いだ。このときの学術顧問が藤澤東畡の長男藤澤南岳。南岳は父東畡の遺志を継いで、明治政府の出仕要請をことわってまで、泊園書院塾長として書院の発展につとめる。

この時期の高松藩校講堂館を支えていたのが片山冲堂（一八一六―一八八八）。江戸で昌平黌にまなび、帰郷後高松藩校講道館の助教となる。維新後は議事局判事・参政試輔をつとめる。のち詩の結社である盍簪社をおこし、実業家中野武営・初代高松市長赤松椋園達をそだてた。

松平左近に長尾柏四郎勝貞という祐筆がいた。その長子が長尾雨山（一八六四―一九四二）。名は甲、号が雨山、通称槙太郎。狩野君山・内藤湖南《ないとうこなん》たちと並んで明治から昭和初期にかけて東洋学の大家と仰がれた。明治二一年（一八八八）年に東帝大古典講習科卒業。卒業後岡倉天心に誘われる形で東京美術学校設立に寄与、今に発行される美術雑誌『國華』の創刊にかかわり、編集作業に従事。明治三〇年（一八九七）年より第五高等学校漢文科教授に着任、夏目漱石の同僚となる。以後、雨山は漱石の詩を添削した。明治三二年（一八九九）年、東京高等師範学校に転じ、文科大学（東大）でも教鞭を執る。明治三五年（一九〇二）、国内の職を辞し上海移住。大正三年（一九一四）末に帰国して以後、在野の研究者・書家として漢学界・書道界・東洋美術界の発展につくす。

長尾雨山と東京大学古典講習所で同期だったのが黒木欽堂（一八六六―一九二三）。名は安雄。字は武卿。別号に欣堂、蓍園。讃岐国那珂郡良野村（現、まんのう町吉野）の大宮神社祠官黒木茂矩の子として生まれる。黒木家は江戸時代から続く漢学者の家系で、父の黒木茂矩は秋山巌山・日柳燕石らに学び、高松藩藩校である講道館学寮教授、教部省の神道教導職、金刀比羅宮の禰宜等を務めた。

欽堂は父茂矩と講道館総裁の片山冲堂に学んだ後、東京帝国大学大学に設けられた古典講習科漢書課後期入学、明治二一年（一八八八）七月卒業。卒業後は東京府師範学校で教鞭をとった後讃岐に帰郷。維新後の高松の教育者である岡内清太・山川波次達と高松の教育の発展に尽くす。明治二三年（一八九〇）には香川県尋常師範学校（現、香川大学教育学部）教諭となり、明治三五年（一九〇二）に香川県工芸学校長（現、県立高松工芸高等学校）も務めた。その間、明治三一年（一八九八）から三四年まで香川県善通寺に新設された歩兵第一一師団長として赴任した乃木希典の漢詩の指南を務める。乃木は生涯にわたり黒木を師と仰ぎ、黒木の長男典雄《すけお》出生の際、命名に際して「典」の字を贈っている。

黒木はその後上京。東京帝国大学・東京美術学校（現、東京芸術大学）、二松学舎などの講師を務める。上京後は千駄木に居住し、屋敷が近かった森鷗外とは親しく交わった。明治四二年（一九〇九）には、東亜学術研究会の評議員となり儒学や中国学術の振興に努め、同四四年には「法書会」を設立して近代書道の発展に尽力、月刊誌『書苑』を発行した。後の内閣総理大臣犬養木堂（犬養毅）との共著で、古い書および文房四宝を解説した本『書道及書蹟』を出版している。大正一〇年（一九二一）頃に、東京帝国大学の上田萬年教授達と中国に旅行、帰国後、大正一二年（一九二三）八月三一日に病により死去。五八歳。関東大震災の前日だった。

高松は漢学者顕彰会が現在も多く活動している。後藤芝山先生顕彰会、栗山顕彰会、城山顕彰会、藤川三渓顕彰会などが活動。琴平で燕石顕彰会が現在も多くの会員を集め、詩吟・読書会等活発に実施している。さらに長尾雨山に顕彰会設立の動きがある。

これからも高松から漢学の発信を続けたい。

第二章　国語科と漢文科——再編されてゆく漢文

平崎真右

第一節　考察の視点

近代日本における学校教育の始発は、明治五年（一八七二）に発布された「学制」から語り起こされることが一般的である。実際には、その後の数度にわたって制定あるいは改正された各種教育令により、学校教育制度は整えられてきた。本章で焦点を当てる国語科と漢文科も、その過程に位置づけられる。

近代の学校教育における眼目の一つは、端的に言えば国家を支えるための国民をつくることにある。その基盤として、学校教育という枠組みと、国語の創出という論点は、常に古くて新しいトピックであり続けている。[*1] この学校教育制度が整えられていくなかで、教科目としての「漢文」はその時々に再編を求められてきた。[*2]

本章ではその様子を捉えていくために、まずは明治期の教育制度を時間軸に沿って整理する。そこで「漢文」がどのような位置を占めてきたのか、各教育法令の変遷を概観しながら

＊1　例えば、イ・ヨンスク『「国語」という思想―近代日本の言語認識―』（岩波書店、一九九六年）を参照。

＊2　本稿では、「漢文」は学校教育での教科目として扱っていく。同様に、教育科目としての国語は「国語」と表記する。一般名詞として用いる場合はカッコ無しで記述するが、文脈によっては国語科、漢文科の表記も適宜用いている。

眺めてみたい。ここで見ていく時代の動きは、教育領域のなかでは教材に、具体的には教科書に反映される。この教科書のあり方をあわせ見ることで、「国語」と「漢文」に求められた志向が何であったかを微分して捉えることができる。そのため、節目節目に現れた教科書の内実にも注意しつつ論を進めていく。

その次に、「国語」と「漢文」を巡るヘゲモニー争いとして画期をなす、明治三三年（一九〇〇）末より世相をにぎわす「漢文科存廃論」に注目してみたい。この論争は「国語」と「漢文」それぞれの持つ、あるいは主張するロジックが何であるかを、浮き彫りにしていた一面をもつ。ここで主張される、漢文科の存置／廃止派の論点に注目し、近代学校教育における「国語／漢文」の関係性を考えるための補助線として、簡単に取り上げてみたい。*3

第二節　教育制度のなかの「漢文」

本節では、明治初期の「学制」から昭和二〇年（一九四五）までを対象に、教育法令の変遷と漢文科の位置づけについて把握していく。教育制度下の「漢文」を通時的に追うことは、同時に「国語」が立ち上がってくる現場を見ていくことでもある。ここでは中等漢文教育史に対する、石毛慎一による次の四つの時期区分を参照しておきたい。*4

Ⅰ　「漢文絶対期」（「学制」―明治二七年）

＊3　以下に概観していく教育法令の変遷については、本巻の他章でもそれぞれの関心のもとに触れられており、内容的に重複する箇所が認められる。本章では、国語科と漢文科の関係性を跡づけていく範囲でのとりあげとなる。

＊4　石毛慎一『日本近代漢文教育の系譜』（湘南社、二〇〇九年）、一三頁より。なお石毛の時期区分は国体論の萌芽と変遷を含めてカテゴライズされるものだが、国体論について、本稿では必要な場合にのみ言及する。

Ⅱ「漢文譲位期」（明治二七年―三五年）
Ⅲ「漢文劣位期」（明治三五年―四四年）
Ⅳ「国漢対等期」（明治四四年―昭和二〇年）

このそれぞれの時期を、「国語」を巡る動向との対照で見れば次のように整理される。

Ⅰ　国語科がまだなく、「漢文」が絶対的地位を占めていた時期。
Ⅱ　国語科が生まれ、名目的な地位を国語科に奪われた時期。
Ⅲ　国語科の増強を図ったため、「漢文」の時間が減少した時期。
Ⅳ「中学校教授要目」が改正され、「漢文」と「国語」の時間数がほぼ対等となった時期。

以下、この時期区分を借り受けながら各期の具体的な動きを捉えてみよう。*5

Ⅰ　「学制」―明治二七年

この期の始まりに位置する「学制」は近代的な公教育制度の基礎を示すが、国民皆学を理念とし、初等・中等・高等教育の組織や制度を集権あるいは体系的に規定したものとなる。その根本的な精神には文明開化と富国強兵とが指摘されるが、ここで教授される教科名に国語の文字が現れるのは、とくに中等教育においてである。*6 ただし、この期の「国語」には「漢文」の対立項としての意味合いはまだ見いだし難く、それは国語科として独立に確立されたものではない。さらにこの期は、読み書きにわたって漢文体が中心を占めており、教科書も『論

＊5　以下、各法令や教科名などについては、文部省内教育史編纂会編『明治以降教育制度發達史』（龍吟社、一九三八―三九年）の各巻、増淵恒吉編『国語教育史資料　第五巻　教育課程史』（東京法令出版、一九八一年）を参照した。とくに「国語」については、井上敏夫編『国語教育史資料　第二巻　教科書史』（東京法令出版、一九八一年）を参照した。

＊6　なお、小学校では明治一四年「小学校教則綱領」から、高学年では読書科の「読方」で漢文を扱っている。

語』や『小学』などの漢籍がそのままの形で用いられたことや（いわゆる「丸本《まるほん》」）、あるいは欧米文明国の書物が翻訳・翻案されるなどの状況（「翻訳教科書時代」）が多く見られ、他には古典の文集と文部省の教則に準拠して編纂《へんさん》された教科書などが認められる。*7

Ⅰ期は近代教育制度の萌芽期であり、教授要目にも改変が繰り返されるため、教科名の変遷を軸としてさらに三つの時期に分けて確認しておきたい。

［ⅰ「学制」から明治一四年まで］

明治五年九月公布の「中学校教則略」では、中学校を上等・下等に分け、どちらにおいても筆頭科目には「国語学」が置かれた。国語関連の他の科目としては「習字」と「古言」があるが、習字は書牘《しょとく》（手紙）と作文からなり、国語学・古言の内容は判然としない。また、「学制」に定める教科や施設を備えた正規の学校は「正則中学」、満たないものは「変則中学」とされたが、例えば正則中学（年齢によって上等・下等に区分）の「国語」は国語学・古言学・習字の三つからなり、このうち習字が最も重視されていた。また、初等教育にはまだ「国語」は見られないものの、それに相当する教科としては、綴字・習字・単語・会話・読本・書牘・文法などが認められる。それらの教科で用いるべき教科書は、福沢諭吉*8による『西洋事情』（尚古堂、一八六六年）や『学問のすすめ』（一八七二年）など、学校教育用ではなく一般社会人向けの啓蒙書や、その他翻訳書の類が多く示されていた（明治五年九月「小学教則」）。

なお、明治一二年（一八七九）九月には「学制」が廃止され、代わりに公布されたものが「教

---

*7　以下、国語および漢文教科書については、*5井上前掲書のほか、海後宗則ほか『教科書でみる近現代日本の教育』（東京書籍、一九九九年）、加藤国安編・解説『『明治漢文教科書集成』第Ⅰ期・第Ⅱ期 解説』（不二出版、二〇一三年）、同『『明治漢文教科書集成』第Ⅲ期解説・総索引』（不二出版、二〇一五年）、木村淳編・解説『『明治漢文教科書集成』補集Ⅰ 解説』（不二出版、二〇一七年）、同『『明治漢文教科書集成』補修Ⅱ解説・総索引』（不二出版、二〇一八年）によりながら記述していく。

*8　一八三五―一九〇一

育令」である。ここでは「学制」の画一的な集権性が改められ、教育の権限を大幅に地方へ委ねる方針がとられた。具体的には、就学年限や年間出席日数の短縮を容認する条項、小学校以外の学塾に就学することを認めた条項などを含んでおり、「学制」よりも拘束が緩やかなことから「自由教育令」とも通称された。それへの反動として、翌年の「改正教育令」が公布される。

［ii　明治一四年から明治一九年まで］

明治一四年（一八八一）七月に「中学校教則大綱」が公布されたが、ここではじめて「和漢文」という教科名が登場する。そこで中学校は初等・高等に分けられ、習字だけが初等中学に残り、「国語（学）・古言」といった用語は消え、「和漢文」としてまとめられたことがわかる。その「和漢文」の内容は、「読書」と「作文」より構成された。

この規定を受けた各県の教育内容も、和文と漢文はいずれも文章を書く力の養成を主目的とし（作品理解は従）、「読書」は読み方を教えて作文力を育てることが目指され、和文よりも漢文の学習に重点が置かれていた。そのことは、教科書として稲垣《いながき》千頴《ちかい》編『和文讀本』（普及舎、一八八二年）や、下田歌子編『和文教科書』（宮内省、中央堂、一八八五・八七年）などの「和文」を名乗るものが著されたものの、『文章軌範』や『春秋左氏伝』、また『日本外史』などの漢籍が、多くの地域でおもに用いられていたことにも現れている。*9

また、「中学校教則大綱」に先立つ明治一四年五月には「小学校教則綱領」が公布されて

＊9　浜本純逸「中学校教則大綱期（一八八一―一八八九）の「国語」教育と「国語」教科書―中等学校国語教育史（三）―」（『国語教育思想研究』九、国語教育思想研究会、二〇一四年）。

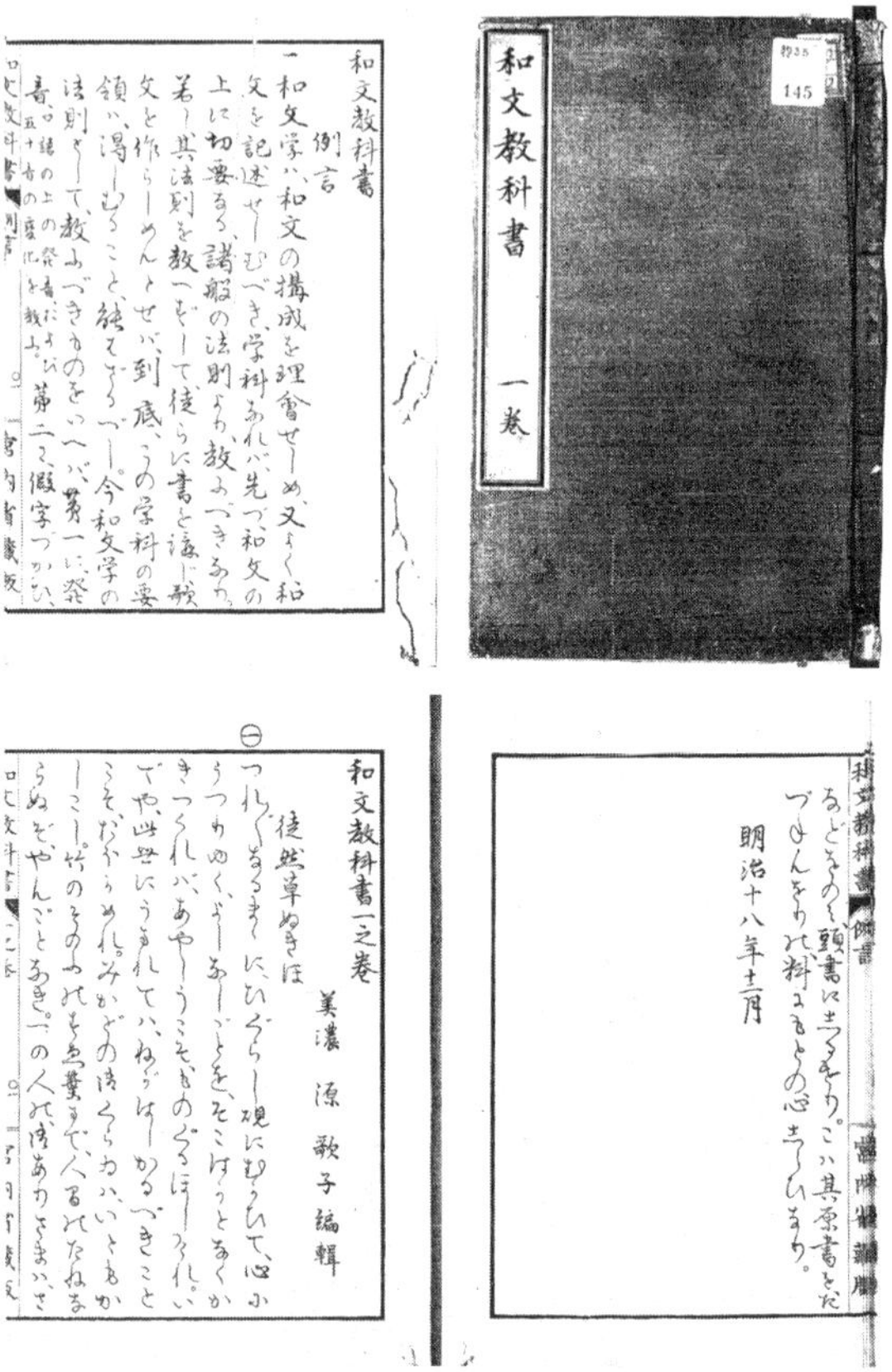

図1　下田歌子編『和文教科書』一巻（右上・表紙、左上・例言、下・本文）国会デジタルコレクションより

いるが、そこで定められた「読書（読方・作文）」のうちの「読方」にも、中等科第五年の後期からは「近易ノ漢文ノ讀本」を、高等科では「漢文ノ讀本」を授けることが示されており、依然として漢文が教養の中心であったことがうかがえる。

［iii　明治一九年から明治二七年まで］

＊10　同じ意味で、明治二二年（一八八九）六月には帝国大

ここで取り上げる「中学校令」は明治一九年（一八八六）四月に公布されたが、この法令は同年三月の「帝国大学令」に続き、「小学校令」「師範学校令」とともに制定された。これらをまとめて「諸学校令」とも通称するが、この時点で、はじめて学校種別に制度が設けられたことになる。そのうち、師範学校には「国語科」が設置されたが、該校は教員養成の学校であるためここでは扱わず、中学校に絞って確認していく。

「中学校令」では、尋常中学が五年、高等中学が二年の修業期間とされたが、同年六月の「尋常中学校ノ学科及其程度」において、「国語及《および》漢文」の教科名が現れる。先の「和漢文」から「国語及漢文」への改称には、それまでは「和」と領域化されていた国文に関する認識が、はじめて「国語」として、「漢文」と対置されたことがうかがえ、ここに近代のナショナリズムが明示されたとも言える。*10 またこの規定は、それまで初等教育でも行われていた漢文学習を中等教育以降へと移行させるものでもあった。*11 これ以後、「国語」と「漢文」は（内実に変遷はあるものの）併存していく形式が整うこととなる。この期には「国語」が立ち上がってくる状況を反映するように、中等学校用の国語教科書として、後述する上田萬年《かずとし》による『國文學』（双双館、一八九〇年）や、芳賀矢一・立花銑三郎《せんざぶろう》編『國文學讀本』（富山房、一八九〇年）などが現れている。ここには、中学校用教科書を従来の漢籍利用から脱しようとした様子もうかがえよう。

なお、この期においては明治一九年の教科書検定制度や、明治二三年（一八九〇）の「教

学においてそれまでの「和文学科」が「国文学科」へと改称されている。略述すれば、この時期は「和漢」という「和」と「漢」の並立から、「支那」を析出していくことで、ナショナルな「日本（＝国）」が確立されていく時代であった。齋藤希史「文学史の近代—和漢から東亜へ—」（古屋哲夫・山室信一編『近代日本における東アジア問題』吉川弘文館、二〇〇一年）を参照。

＊11　中等教育における「国語／漢文」をみるうえでは、初等教育との繋がりにも目配りする必要があることはもちろんである。本章では、「国語／漢文」が教科として明示される中等教育の領域を中心に通観する。なお、初等教育では明治一九年の「小学校令」以降は「漢文」の学習が削除されている。この時、後の国語科に相当する学科は、尋常小学校（四年）・高等小学校（四年）ともに、読書・作文・習字となる。

育ニ関スル勅語（教育勅語）」の渙発《かんぱつ》などが、教育制度上は重要事項となる。

この期では、教科名こそ「国語及漢文」と変わらないものの、その内実には変化が認められる。つまり、それまでは実質的に「漢文・主／国語・従」であった関係が、明治二七年（一八九四）を境として逆転していく。その旗振り役となったのは、明治二六年（一八九三）三月に文部大臣に就任した井上毅《こわし》*12である。

Ⅱ　明治二七年―三五年

明治二七年三月、井上の名前で公布された「文部省令第七號」は先の「尋常中学校ノ学科及其程度」の改正にあたるものだが、そこでは「国語及漢文」の時間数が改正前より計一五時間も増加された。その理由としては、「国語教育ハ愛国心ヲ成育スルノ資料タリ」と、愛国心の養成は国語教育にあると述べられ、さらに「漢文」と「国語」の関係については、「国語ト漢文トハ相待テ其用ヲ見ル蓋《けだし》国語ハ主ニシテ漢文ハ従ナリト雖《いえども》中古以来国語ノ材料ハ多ク漢文ニ取レリ故ニ両者ノ間　尤《もっとも》教授ノ上ニ適当ノ調和ヲ得ルヲ要ス*13」と、ここで「国語・主／漢文・従」との関係性が明示された。さらに、「漢文」からは「書取作文」が除かれることとなったが、それは「漢文教科ノ目的ハ多数ノ書ニ渉《わた》リ文思《ぶんし》ヲ資《たす》クルニ在リテ漢文ヲ摸《も》作《さく》スルニ在ラサルヲ認ムレハナリ*14」との認識にもとづいている。以後、「作文」は国語教育が担っていく*15。

---

*12　一八四四―一八九五。

*13　「法令全書　省令」（『法令全書　明治二七年』内閣官報局）五四頁。閲覧は、「国会デジタルコレクション」http://dl.ndl.go.jp/info:ndljp/pid/787993/308（2019/6/16）より。ふりがなは引用者。以下同じ。なお、以下に引用する教育法規類の閲覧も、特に断りのないかぎり国会デジタルコレクションによる。

*14　*13前掲書、五五頁。

*15　ただし、当の井上本人は漢文が日本の国語とでもいう地位を有している状況を批判したのであり、漢文および漢学それ自体を排除したわけではない。井上の教育政策については、海後宗臣編『井上毅の教育政策』（東京大学出版会、一九六八年）などを参照。

この「国語・主／漢文・従」の志向に応える教科書の一例としては、秋山四郎編『中學漢文讀本』（一〇巻、金港堂書籍、一八九六年）が挙げられよう。その編集方針には、漢学者が中国を尊び日本を低くみる傾向を改めるために、「日本魂」を養うことを目的としたと述べる。それを表すように、収録された題材も、一─四巻までは日本の歴史・地理に関する教材を載せ、五巻以降で中国古典を学ぶ構成を採る。ここには、「日本・主／中国・従」という意識が表れている。

ただし、明治三〇年代前半までの漢文教科書は、後年にみられるような道徳教育ばかりを主とする編集が主流であったわけではない。むしろ徳育だけに留まることなく、幅広い知識を伝えるための洋学系統の教材（理化、博物など）も多数採録され、知育や情育にも配慮した教科書を求める声も強かったことが指摘されている。*16

以上は中等教育での話しだが、初等教育における注目すべき出来事として、明治三三年八月公布の「小学校令施行規則」により、はじめて「国語科」が成立している。これは、従来の読書・作文・習字の学科を統一した教科であり、同規則は昭和戦前期の国民学校時代まで継続する。

なお、高等女学校では「国語及漢文」の代わりに「国語」が置かれ「漢文」は除かれたが、随意科目としては「漢文」が残された（明治二八年一月「文部省令第一號」）。ただし全体としては、「国語及漢文」以外の科目、すなわち倫理や歴史などでも実質的には漢文を学んでいること

*16　木村淳「明治・大正期の漢文教科書─洋学系教材を中心に─」（『続「訓読」論─東アジア漢文世界の形成─』勉誠出版、二〇一〇年）。

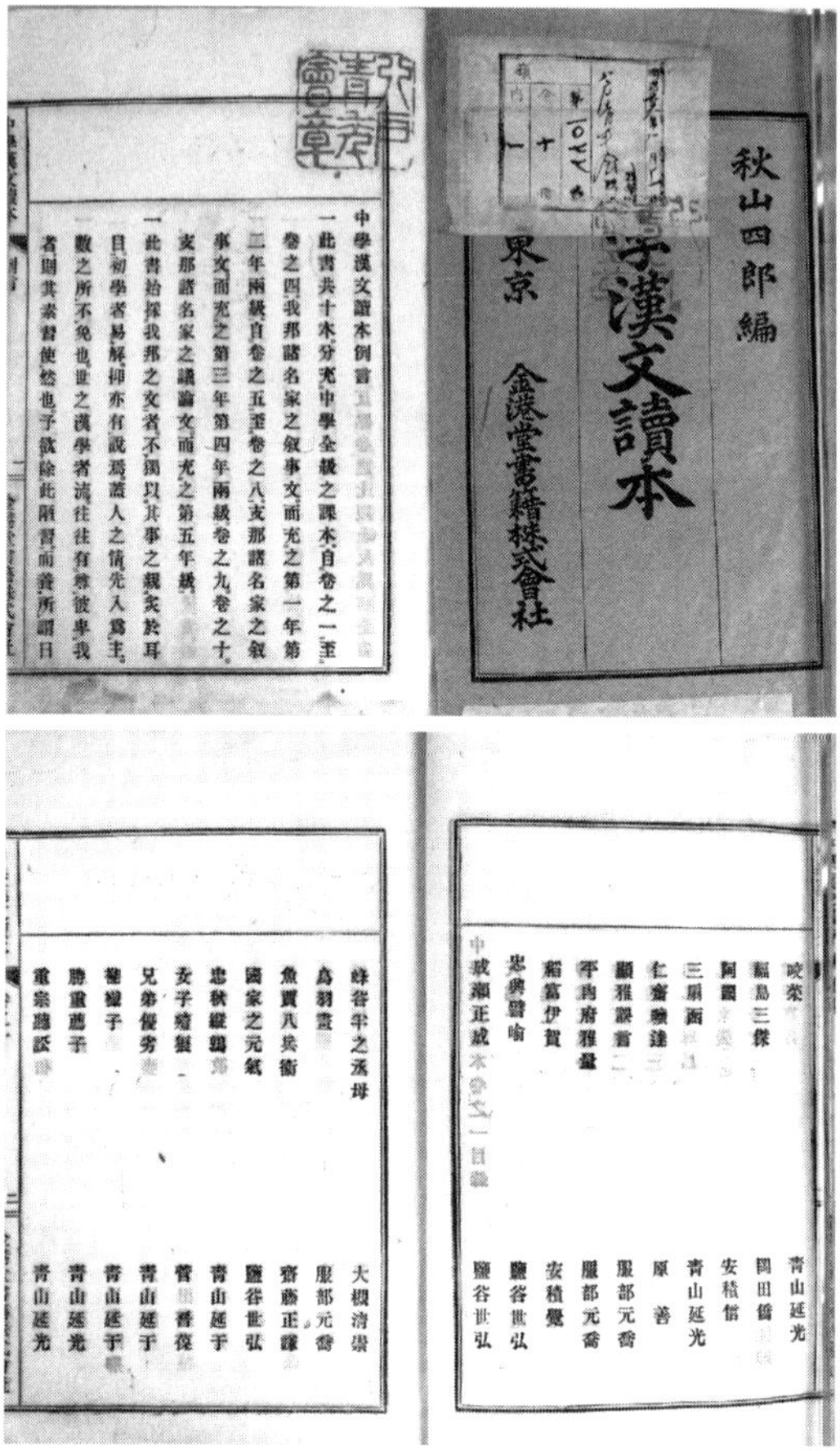

図２　秋山四郎編『中學漢文讀本』巻之一（上・中表紙、例言、下・目次）　国文学研究資料館より

を考慮すれば、[17]「国語」に傾いた比重もいまだ名目上のきらいが強い段階であったと言える。

Ⅲ　明治三五年―四四年

明治三五年（一九〇二）二月に公布された「中学校教授要目」から、「国語」の地位が高められていく。

「中学校教授要目」では、「国語及漢文」の内容に「講読」が設けられたが、ここで国語講

＊17　＊4前掲書、四八頁。倫理や修身などの隣接科目において、『論語』などの漢文を学んでいることによる。

読と漢文講読とが対置されることとなり、この領域は昭和二〇年まで続く。両者の講読はその比率が学年ごとに十分比で示され、全体では「国語」の三四に対して「漢文」が一六と、「漢文」は「国語」の半分にまで激減した。*18 それを反映した規定が、「講讀」で学ぶべき「材料」に現れている。そのなかで「漢文」は、一―五学年までの構成として、日本の近世期の漢学者から（頼山陽《らいさんよう》、大槻磐渓《おおつきばんけい》ら）、中国古典（唐宋八家《とうそうはっか》や唐詩選、史記、論語）へ進むという、Ⅱ期で現れた「日本・主／中国・従」の優先順位が明示されたものとなった。

ただし、この要目にもとづいた教科書に対する批判的な見方も、漢文を修養・徳育の観点で捉える立場より主張されてくる。その立場からは、日本漢文の収録率が上がり、「皇国青年」「忠君愛国」といった言葉が連ねられ、洋学系統の教材も日本人による作物に差し替えられるなど、ナショナルな傾向が強まっていく様子が認められる。*19 ここには、続くⅣ期で「漢文」に求められていく役割の先蹤《せんしょう》を認めることができるだろう。

また、国語講読の内容は「今文、近世文、近古文、韻文」に分けられ、例えば第一学年の「講讀ノ材料」には、「國語ハ小學校ニ於ケル國語トノ連絡ヲ圖リ今文ヲ用ヒテ（…）普通今文ノ外正確ナル口語ノ標準ヲ示スヘキ演説、談話ノ筆記竝ニ現代名家ノ書牘文及新體詩ヲモ含マシメテ可ナリ（…）」（『中学校教授要目』）と、現代作家の文章や詩などの「今文」、つまり現代文を重視する傾向が示される。そのため、現代作家（尾崎紅葉や樋口一葉ほか）による現代文が、国語教材として登場するようになっていく。

＊18　学年ごとに比率を示せば以下のとおり（『中学校教授要目』鍾美堂書店、一九〇二年）。（第一学年）国語：八、漢文：二、（第二学年）国語：七、漢文：三、（第三学年）国語：七、漢文：三、（第四学年）国語：六、漢文：四、（第五学年）国語：六、漢文：四。さらにそれぞれの内訳として、「国語」には「今文・近世文・近古文」などが、「漢文」には「我国作家・支那作家」などの比率が示される。

＊19　例えば、法貴慶次郎編『漢文讀本』（五巻、元元堂書房、一九〇四年）。土岐政孝編『改訂中等漢文教科書』（五巻、興文社、一九〇八年）など。詳しくは、＊16木村論文を参照。

以上、「今文」の進出にも影響されるようにして、この期には「漢文」の存在価値が問い直されていく動きも現れる。それは、明治三三年頃より世相をにぎわせた「漢文科存廃論」として生起し、該論は、昭和二〇年までに四回の論争として繰り返し現れることになる。その内容については後述する。ここではその流れを受ける形で、明治三四年（一九〇一）三月に公布された「高等女学校令施行規則」において、随意科目としての「漢文」までもが除かれた点だけを注意したい。

なお、この期には小学校用の教科書が国定制となったことも特筆される（明治三六年四月）。それまでは検定制を採用していたが、明治三五年に発覚した、教科書発行会社と採用担当者とのあいだに起きた贈収賄事件（「教科書疑獄事件」）を契機に国定制へと切り替わり、それは昭和二〇年まで続く。この国定教科書も、以後の時代状況を反映した体裁や内容を見せていくこととなる。

Ⅳ　明治四四年—昭和二〇年

明治四四年（一九一一）七月に「中学校教授要目」が改正されると、それまでは「講讀」のなかに置かれていた国語講読・漢文講読は、科目としてそれぞれが独立する。その他の科目には「作文」「文法」「習字」が並ぶが、ここで「国語」と「漢文」それぞれの講読時間数は、一三・五対一二となり、Ⅲ期において「国語」の半分にまで減少した「漢文」が、この期ではほぼ対等にまで持ち直したと言える。

この背景には、明治末より大正期にかけての社会状況の変化がある。Ⅳ期に該当する前後の時期に絞ってみれば、日露戦後の社会的混乱を是正する意図を込めた「戊申詔書《ぼしんしょうしょ》」（明治四一＝一九〇八年一〇月）、翌年の地方改良運動、さらには明治四三年（一九一〇）の大逆事件とそれを受けての「国民道徳教育の振興に関する建議」（一九一一年三月）や、井上哲次郎[*20]による『國民道徳概論』（三省堂、一九一二年）の刊行など、Ⅳ期を迎える前後には、人心の動揺や風紀の紊乱《びんらん》を正そうとする、国家による要請が強まっていく風潮が指摘できる。

およそこのように、明治末から大正期にかけては社会状況に大きな揺らぎが見えていた。そのなかで、「漢文」の存在意義は「教育勅語」や「戊申詔書」で主張される道徳教育を支えるために強調されていくこととなる。その立場を表す教科書としては、例えば青木晦蔵《かいぞう》編『中等漢文讀本』（五巻、啓成社、一九一三年）がある。全巻にわたり「教育勅語」に著された徳目（忠・孝・友・和など）にのっとる文章が収録され、巻を追うごとに日本漢文から中国漢文の採択率が高くなっていく構成は、Ⅲ期の動向を踏まえたものとなる。[*21]

またこの期には、東京帝大の漢学担当教授であった服部宇之吉[*22]ほか一〇名に対して、漢文の「句讀、返點、添假名、讀方」に関する取調べが文部省より依嘱され、「漢文教授ニ關スル調査報告」（明治四五年三月「官報」八六三〇号）が発表されている。当該報告は、教科書用の一応の基準として作成され、それは戦後にも引き続くものと捉えられている。[*23]

＊20　一八五六―一九四四

＊21　中国漢文の採択率を一巻からみていくと、およそ二〇％、七％、六四％、六〇％、八七％と推移していく。

＊22　一八六七―一九三九

＊23　大島晃「江戸時代の訓読と訓法」（『講座日本語学 七 文体史一』明治書院、一九八二年）。

図３　国定第三期国語教科書『尋常小學國語讀本』巻一（上・中表紙、下、本文）　国会デジタルコレクションより

一方で、大正期にはいわゆる「大正デモクラシー」を支える自由主義思想や、そのほか社会主義思想なども盛んに取り沙汰される状況がある。それを反映した教科書も、例えば第三次国定教科書『尋常小學國語讀本』（「ハナハト読本」大正七年）として結実しており、内容教材にも生活文や対話文の形式を採用することで、児童の興味や関心にできるかぎり即した構成となっていることがうかがえる。また、中等教育の国語教科書では、Ⅲ期に見られた「今文」がさらに積極的に採用され、現代文学の比重が増加したことも注目される。そのため、国定

教科書の欠を補うかのような副読本も多く現れており、例えば森鴎外・鈴木三重吉ほか編『標準日本お伽文庫』（全六冊、培風館、大正九年）や、菊池寛編『小學童話讀本』（全六冊、興文社、大正一四年）などがある。

さて、大正から昭和期（一九四五年）に注目される法規としては、昭和六年（一九三一）「中学校令施行規則」ならびに「中学校教授要目」の改正、昭和一二年（一九三七）「中学校教授要目」の改正、昭和一四年（一九三九）「中学校国語漢文教授要目」の改正、昭和一八年（一九四三）「中等学校令」による国民科への統合などがある。次にまとめて略述する。

昭和六年の改正では、明治一九年以来「国語及漢文」とされてきた教科名が「国語漢文」と改称された。国語講読の材料は「國體ノ精華、民俗ノ美風、賢哲ノ言行等ヲ叙シ以テ健全ナル思想、醇美ナル國民性ヲ涵養スルニ足ルモノ」とし、漢文講読の材料も「邦人ノ著作ニ係ルモノヲ主トシ更ニ徳教ニ關係深キ漢籍中ヨリ之ヲ選ブベシ」（「文部省訓令第五號」）とされ、「国語」「漢文」ともに国体や道徳教育に資するものが求められていく。その方向性は続く法改正にも引き継がれ、そのため国定読本に新生面をもたらしたと評価される『小學國語讀本』（「サクラ読本」昭和八年度より使用）も、次第に社会状況を反映した国粋主義的な内容へと変化していくこととなる。

昭和一二年の法改正も、同年三月に文部省より発行された『國體の本義』と軌を一にするものであり、「漢文」は「語彙・構造等ノ特質ニ留意シテ國語トノ關係ヲ明ニシ（…）其ノ

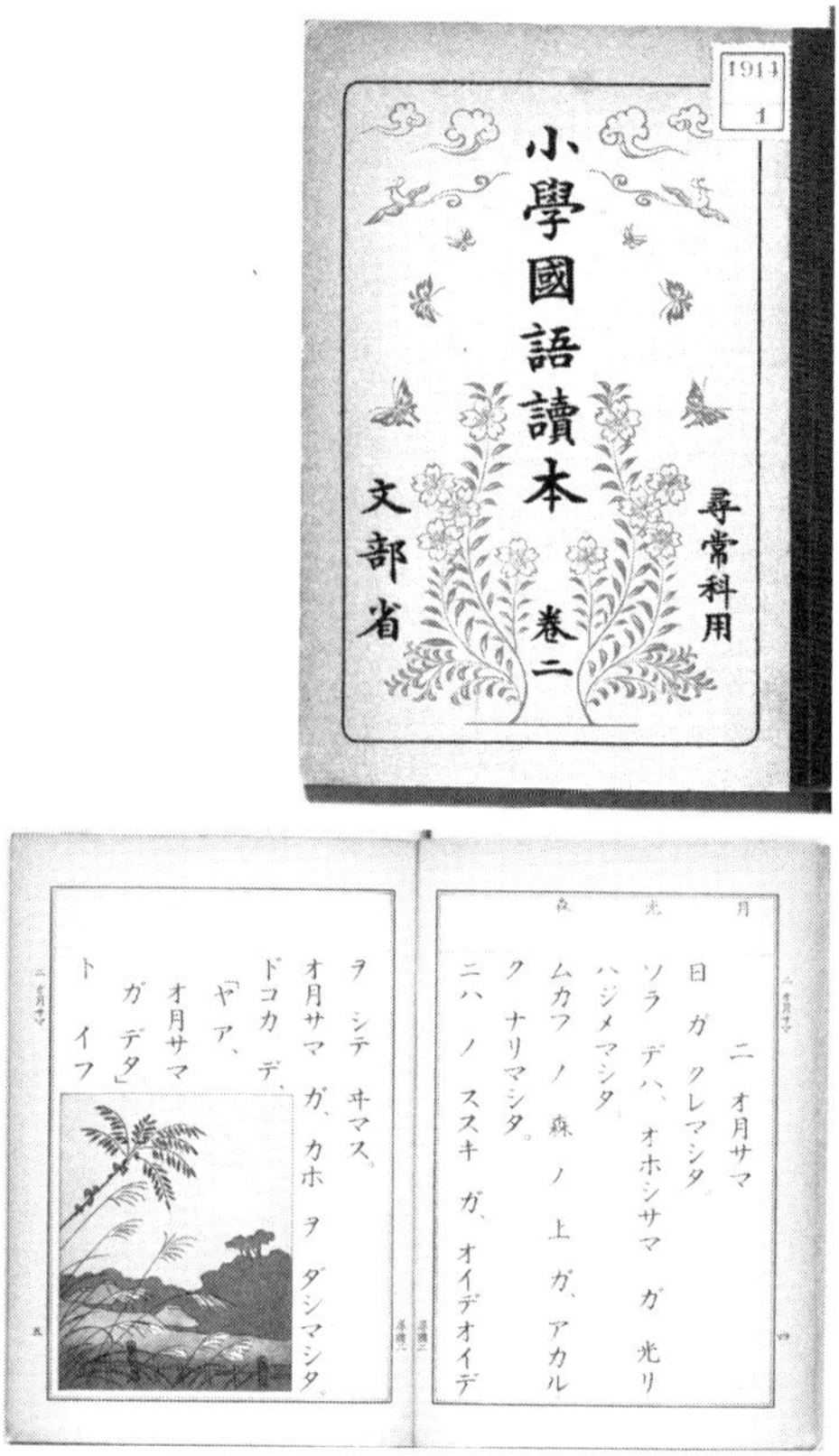

図４　国定第四期国語教科書『小學國語讀本』巻二（上・表紙、下・本文）国会デジタルコレクションンより

我ガ精神生活ニ對スル意義ヲ會得セシムベシ」（「文部省訓令第九號」）と、「国語」との関係性を明らかにするものとして、改めて明確化された。そのことは、高等女学校（高学年）の「国語」に漢文教材が課せられたことにも現れている（「文部省訓令第十號」）。つづく昭和一四年の改正では、「国語漢文」の要目中に「現代支那ノ理解ニ資スベキ適性ナル時文」（「文部省訓令第二號」）が加えられるが、昭和一八年の改正によって中学校・高等女学校ともに「国語漢文」は「国民科国語」として統一された。この中等教育の統合に先立ち、初等教育では昭和一六年（一九四一）の「国民学校令」により、国語科は修身・国史・地理とともに「国民科」

へとまとめられている。なお、初等教育の国定教科書とは異なり検定制度を継続してきた中等教育用の教科書も、昭和一八年に国定制へと切り替えられた。

以上Ⅳ期を総じて見ると、学校教育における「漢文」は、「国語」や徳育を支えるための役割を積極的に担うことで、安定的な位置を確保していくのである。

第三節　漢文科存廃論

i「漢文」存置派

前節では各期にわたる教育法令を概観し、そのなかでの「国語」と「漢文」の関係を概観してきた。本節では先のⅡからⅢ期に生起した「漢文科存廃論」に注目する。この動きを見ることで、「国語」と「漢文」それぞれの主張する論拠やロジックを、よりクリアにつかむことができる。[*24]

「漢文科存廃論」は、明治三三年一二月、文部大臣の諮詢《しじゅん》機関である「高等教育会議」への諮問に端を発している。ここでは、師範学校では「漢文」「習字」を削り「国語」の中で教えること、女子師範学校では「漢文」を削ること、中学校では師範学校と同じ措置をとること、高等女学校では「漢文」を削ることが議論された結果、以下の決定がなされた。すなわち、師範学校（男子）では漢文科名を残すものの女子師範では「国語漢文」を「国語及漢文」

＊24　以下、「漢文科存廃論」の経緯については、斯文会編『斯文六十年史』（斯文会、一九二九年）、『二松学舎大学百年史』（二松学舎、一九七七年）、三浦叶『明治の漢學』（汲古書院、一九九八年）、＊4前掲書による。なお、該論の名称については、「漢文科存廃論」あるいは「漢文科名存廃論争」など一定していない。

と改めること、中学校では漢文科名を削ること、高等女学校では「漢文」を削ること、である。それを受けた文部省では、翌明治三四年四月から中学校の漢文科廃止（国語科への統一）を内定するが、この動きに対して、漢学関係者たちから大規模な反対運動が起こる。

先の高等教育会議による決定の同月中には、早くも該会議を直接訪ねての反論や、新聞への反対意見の掲載、さらに月末には文部大臣・松田正久《まさひさ》*25に対して漢文科存廃の実否を尋ねるなど、素早い動きを見せる。また、文部大臣本人から国語科への改変が内定していることを確認すると、翌年一月二七日には「漢学者大懇親会」を東京九段の偕行社《かいこうしゃ》で開催し、およそ一六〇名が集まったという。そこには、井上円了《えんりょう》*26、高島嘉右衛門《かえもん》*27、三島中洲《ちゅうしゅう》*28と漢学塾・二松学舎の出身者、東亜同文会、斯文会《しぶんかい》会員など、多くの漢学関係者、教育者らが参集した。翌月の二月九日には、細田謙蔵*29、内田良平*30、西村茂樹*31のほか一三名が請願人となり、「師範学校中学校漢文科名称存置請願書」を貴族・衆議両院に提出する。そのおもな内容を箇条書きに整理しておく。

（ア）漢文は長く用いられてきたことから、道徳や歴史、文学、日用の文章などにも、漢文あるいは漢字漢語が浸透していること。
（イ）漢文は、「支那」「朝鮮」など、アジア大陸との交流上に有益であること。
（ウ）漢文は、教育勅語の求めに応ずる倫理や道徳を涵養するうえで役に立つこと。
（エ）「漢文は国語のなかに入る」という意見は一理あるものの、国語と漢文にはそれぞれ

*25　一八四五―一九一四
*26　一八五八―一九一九
*27　一八三二―一九一四
*28　一八三一―一九一九
*29　一八五八―一九四五
*30　一八七四―一九三七
*31　一八二八―一九〇二
*32　佐澤廣胖・横澤淨編『普

の「常法」があり、性質も異なるため、同じ領域にまとめれば不調和をもたらすこと。
（オ）漢文科廃止の動きは、現在、学校で漢文を学んでいる学生たちの心を惑わせること。
（カ）師範学校では漢文の名称を残す一方、中学校で削るのは無責任であること。

これらの動きが一定の功を奏し、明治三四年四月に内定していた漢文科名廃止は棚上げされ、同年三月の「中学校令施行規則」（「文部省令第三號」）では、「国語及漢文」として漢文は科目名に存置された。

次いで、反対運動は地方にも波及し、漢学者あるいはそのフォロワーたちによって先と同趣旨の請願書提出の動きが現れたという。その地域としては、現在の岩手、宮城、福島といった東北から、新潟、長野、千葉などの関東甲信越、さらには三重、京都、奈良、兵庫などの近畿圏が挙げられる。ただし、これら各地の動きの具体的内容については必ずしも詳らかではない。ここでは、明治三四年三月に宮城・仙台市内で発行された冊子『普通教育に於ける漢文に對する意見』を用い、地方における反対運動の一例を摘記してみよう。[*32]

同冊子は七〇人の連名で発行されたものだが、[*33] そこで主張される論点を記述順に整理すれば以下のように分けられる。

①漢文と言語文章との関係
②漢文と文学との関係
③漢文と道徳との関係

通教育に於ける漢文に對する意見』（一九〇一年）。宮城県図書館蔵。

＊33　この七〇名のうちには、漢学塾・二松学舎を卒業後に東北学院で漢文教師を勤めた福澤定興（一八六五―一九四七）、第二高等学校や大東文化学院で教授を勤めた瀧川龜太郎（一八六五―一九四六）など、地域社会での漢文教育を担った人物らが名を連ねている。なお、先に本文で挙げた細田謙蔵も二松学舎で学んだ人物であり、福澤の在塾期間（明治一八―二一年）には塾頭や幹事などを務め、明治二四年（一八九一）には、両者はともに助教として名を連ねている（『二松学舎大学百年史』）。このような学習環境と人間関係までも考慮するとき、福澤と細田との間に連絡があったかは定かでないものの、漢文科存置への運動が東京と地方における緊密な連携のもとで展開された可能性も考えられる。

④漢文と国史との関係
⑤漢文と国情との関係
⑥漢文には生徒に既得の知識が多い
⑦漢文は生徒への教習の機会が多い
⑧漢文は国文に近いので理解しやすい
⑨漢字は扁旁《へんつくり》があるので理解しやすい
⑩漢文は記憶しやすい
⑪漢字は解剖して理解すべきものが多い
⑫漢字の数はそこまで多くない
⑬漢字の字画は比較的に繁多というほどではない
⑭漢字の発音を記憶することはたやすい

構成としては、①―⑤までが総論的に、⑥以下からは各論が展開される。その論点は漢文と漢字の二つから成り、漢文が普通教育（つまり国語教育）で果たす意義が述べられる。内容について先の請願書で主張された事項と比べてみれば、（ア）は①②、（イ）は⑤、（ウ）は③、（エ）は①がそれぞれ対応しており、全体の論旨は、漢文および漢語は「国語国文と同一の効力を有せる」とか、漢語は「効用上より言えば即国語なり」など、国語と漢文が相即不離《そうそくふり》であることが強調される。ただし、漢語の性質はあくまで国語と異なることも並記されているが、両者の論調をみたときは、先の請願書が漢文と国語との異質性を強調する側面が強いのに対し（（エ））、こちらでは漢文と国語の相同性が主張されるだけ、漢文科存置に向けて、より実現性の高いロジックが使用された一面がうかがえる。

以上、簡単ながらに見てきた「漢文科存廃論」の動きは、国語との対照によって漢文の意義や志向が再認識され、さらには時代状況に合わせて自らを再構成していく、その象徴的な出来事であったと整理できる。その時代状況とは、明治二三年の「教育勅語」の意を実現していくためにとられた「国語・主／漢文・従」の流れであることは先に触れた。そのなかで、道徳や倫理の涵養に資するものとしての漢文教育という位置づけがこれ以降に強まっていくことも、前節のⅢ・Ⅳ期で略述したとおりである。

ⅱ　「漢文」廃止派

先には「漢文」存置派の主張を把握したが、廃止派の代表として、ここでは上田萬年《かずとし》＊34について簡単に触れておきたい。

上田は帝国大学和文学科を明治二一年（一八八八）に卒業、同二三年よりドイツ・フランスに国費留学し、帰朝後の明治二七年七月には帝大教授に就任、博言学（言語学の旧称）講座を担当する。彼の活動は多岐にわたるが、その一貫した目的について誤解を恐れず極言すれば、西欧言語学にもとづきつつ、近代国家が備えるべき国語を創出することが終生の課題

＊34　一八六七—一九三七。以下、上田については＊1前掲書、＊24三浦前掲書による。なお、漢文科（あるいは漢字）廃止論者には上田以外に多くのアクターが存在し、その歴史も幕末期より定期的に現れるが、紙幅の都合も含め、ここではその理念的な主唱者として上田のみをとりあげた。このうち、特に漢字廃止をめぐっては、例えば、安田敏朗『漢字廃止の思想史』（平凡社、二〇一六年）を参照。

であったと、まとめられよう。

この上田による国語とは、漢文や古文といったそれまでの書記言語はもとより、地域における口語すなわち「方言」までもが、否定されるべき対象に据えられ、近代国家の下支えとなるべき「標準語」として新しく作られるものである。その国語は、あくまでも「現在」に東京で用いられている「口語」、つまり話し言葉を基調とするため、書き言葉（「文語」）を話し言葉に限りなく近づける試みである「言文一致」を志向していく。次にはそれを浸透させていくために、小学校をはじめとする教育のなかで実践されることが求められる。

そのため、上田は権力機構と連動した国語調査を行うべきだと提言するが、それと平行するように、明治三三年に（上田もその一員であった）帝国教育会国字改良部は「国字国語国文ノ改良ニ関スル請願書」を政府に提出し、同年四月に文部省は「国語調査委員」を任命した。同年末に高等教育会議が文部大臣の諮問を受けたことは先に触れたが、実は上田自身もこの会議のメンバーであった。さらに翌明治三四年二月には帝国教育会が「言文一致の実行に就いての請願」を貴族・衆議両院に提出すると、「国語調査委員会」が官制によって明治三五年三月に発足する。国語調査委員会は、同年七月には文字は音韻文字を採用することや、文章は言文一致とすることなどを決議するが、その目的には、いつの日か漢字を全面的に廃止することも含まれていたと、上田の弟子である保科孝一《ほしなこういち》*35は指摘している*36。

およそこのような動きが「漢文」廃止論者には起きていたわけだが、上田を代表とする国

*35　一八七二—一九五五

*36　保科孝一「国語調査委員会決議事項について」（『言語学雑誌』二巻二号、寳永館書店、一九〇二年）。

語および標準語推進の運動は、二節ですこし触れたように明治三三年の小学校における国語科の成立と、明治三六—七年（一九〇四—五）の第一次国定国語教科書『尋常小學讀本』とに結実していくのである。同教科書における漢字節減、仮名字体の統一、表音的棒引き仮名づかいの使用、口語体の採用などは、まさしく標準語教育として、あるべき国語を実現していくための具体的な一歩であった。

　また、漢文科廃止の動きも明治三三—四年に棚上げされて以降、上田を含め、その門下である保科孝一を筆頭に同様の試みが続けられていく。[*37] この動きは敗戦を経由し、戦後に部分的には達成されたと見ることもできるが、[*38] それらについてここで触れることは控える。

第四節　「国語」と「漢文」の行方

「漢文」存置の側から主張される漢文教育の独自性は、「国語」を補完し、徳育や国民道徳を下支えするものとして安定的な位置を確保していくことは、先に教育法令の変遷でも見たとおりである。ただしその動向は政策的な次元からだけではなく、「漢文」存置側の主張した論理それ自体に内在していた節も考えられる。

　それは三節で触れたように、漢文および漢語の意義として主張された「即国語」というロジックもさることながら、「支那」「朝鮮」などアジア大陸との交流上に漢文漢語は有益であ

＊37　浮田真弓「大正期の漢文科存廃問題に見る漢文観—明治期における漢文科存廃問題との比較を通して—」（『静岡大学教育学部研究報告　教科教育学篇』四一、二〇〇九年）。

＊38　具体的には、昭和二一年（一九四六）制定の「当用漢字表」と「現代かなづかい」をさす。戦前から戦後の国語改革の歴史については、例えば、丸谷才一編『国語改革を批判する　日本語の世界16』（中央公論社、一九八三年）を参照。

＊39　国外へと進出する国語（＝日本語）という論点は、ポスト上田世代には「他者としての漢文漢字」ではなく、はじめから「国語」の内部に位置づけられる形で引き継がれることになる。その代表例に、時枝誠記（一九〇〇—一九六七）があげられよう。子安宣邦『漢字論—不可避の他者』（岩波書

るとする発想は、この後に本格化していく日本の帝国主義を裏支えする危うさも秘めているからである。実はそのような「外」への志向も、前節で触れた上田の主張する国語には「東洋全体の普通語」としての日本語、という視野の下に収まっていた。*39 この流れの先に、「外地《がいち》（台湾、朝鮮、満州ら）」における「国語」教育も控えている。*40

以上、教育制度における「国語」と「漢文」の関係性を見てきたが、近代の教育制度のなかで「漢文」は時に様々な批判を受けながらも、「国語」と絡み合うことで安定的な位置を獲得していったと言える。その事態は、この国における「漢文」のあり方を位置づけなおしていく試みでもあったと捉えられよう。

【参考文献】

石毛慎一『日本近代漢文教育の系譜』（湘南社、二〇〇九年）
井上敏夫ほか編『国語教育史資料』全六巻（東京法令出版、一九八一年）
イ・ヨンスク『「国語」という思想―近代日本の言語認識―』（岩波書店、一九九六年）
加藤国安編・解説『明治漢文教科書集成』全七巻・別冊二巻（不二出版、二〇一三―一五年）
木村淳編・解説『明治漢文教科書集成 補集』Ⅰ・Ⅱ（不二出版、二〇一七―一八年）
子安宣邦『漢字論―不可避の他者―』（岩波書店、二〇〇三年）
三浦叶『明治の漢學』（汲古書院、一九九八年）
安田敏朗『漢字廃止の思想史』（平凡社、二〇一六年）

店、二〇〇三年）を参照。なお、国外へと進出する国語（＝日本語）教育の具体例には、昭和一六年（一九四一）にパラオ南洋庁へ教科書編纂を職務として赴任した中島敦（一九〇九―一九四二）が著名だが、それとは別に、文部省の管轄により募集・選考・研修が進められた「南方派遣日本語教育要員」も見落とすことができない。詳しくは、松永典子『「総力戦」下の人材養成と日本語教育』（花書院、二〇〇八年）を参照。

*40　外地の「国語」については、その土地が漢字文化圏にある場合には、同時に「漢文」の扱いも考慮する必要がある。植民地政策と密接に絡む点にも注意しながら微分していくことで、内地との差異を検出できる見込みがある。外地における漢文教科書については、例えば本講座第四巻第三部第一章、川邉雄大「外地の「漢文」教科書―台湾を例として」を参照。

第三章　教科書検定に携わった漢学者
——瀧川亀太郎と長尾雨山

木村　淳

第一節　文部省による教科書調査の始まり

明治期の漢文教科書編集、漢文教材選択の可否を最終的に判断したのは文部省（現文部科学省）の図書審査官であり、検定には今日漢学者として知られる人物も多く携わっていた。その中から瀧川亀太郎《たきがわかめたろう》と長尾雨山《ながおうざん》を選び、漢学者の教育分野における活動の一端や、教科書検定が漢文教科書編集、漢文教材の変遷に果たした役割を述べてみたい。なお、ここでは明治期の公教育における漢文教育の中心となった旧制中学校（男子のみ。全体の一、二割）で用いられた教科書を対象とする。今回参照した検定に用いられた教科書は、すべて東京書籍附設教科書図書館東書文庫所蔵のものである。引用文は常用漢字に改め、ルビや句読点を補った箇所がある。訓点は引用元に基づいた。

明治五年（一八七二）の「学制」では漢文が教授内容や教科から外されていたが、明治一四年（一八八一）以降、「学制」の実利的な理念の見直しから、儒教主義による教育政策が進められ、小・中・師範学校において漢文が教育課程に組み込まれた。教科書は漢籍・準漢籍・和刻本等の丸本が主に用いられるとともに、複数の古典から材を採った編集本の出版も始まった。漢作文が教授内容に含まれていたこともあり、その体裁は文体別に教材を分類した文範型が主流で、文体や作者の年代順にとらわれずに教材を配列した読本《とくほん》型も編まれていた。

「学制」下では教科書は自由発行、自由採択であったが、西洋の翻訳物教科書によって広まった自由や革命の思想を抑え込み、劣悪な教科書を取り締まるために、文部省は次第に教科書行政に干渉を強めていった。採択教科書を届け出る開申制度（一八八一年）、採択教科書の許可を得る認可制度（一八八三年）、文部省による検定を合格した教科書を用いる検定制度（一八八六年）という段階を踏み、統制が強化された。

明治一三年（一八八〇）から明治一八年（一八八五）までは、府県の教則に記された教科書や認可の伺い出のあった教科書を文部省が調査し、その結果を『調査済教科書表』として発行し、府県に配布することでその適否を示した。[*1] 教科書の点検内容は、漢文教科書については革命・復讐・恋愛に関する事項を不適切なものと判断していたことが確認できた。[*2]

認可制度は府県が採択を決めてから、文部省の認可を受け、実際に学校で使用するまでに時間がかかるという問題があった。また、『調査済教科書表』は当時使われていた教科書のすべてを網羅したものではなく、教科書発行・採択の管理は徹底されていなかった。こうし

＊1　復刻版『調査済教科書表』（芳文閣復刻、一九八五年）を使用。

＊2　木村淳「文部省の教科書調査と漢文教科書―『調査済教科書表』を中心に―」（『日本漢文学研究』五号、二松学舎大学日本漢文研究プログラム、二〇一〇年）。

た認可制度の不備を解決するため、明治一九年（一八八六）に検定制度が始まった。

第二節　検定制度の方針と修正意見の形態

明治期の検定制度ではまず小学校・中学校・師範学校の教科書が対象となり、その後小学校の教科書は明治三六年（一九〇三）より国定制度下で編まれることになる。明治一九年に「教科用図書検定条例」が定められ、検定は教育上弊害がないことを証明するものとされた。これを廃止して制定された「教科用図書検定規則」（一八八七年）においても、その方針は引き継がれた。明治二六年（一八九三）に同規則の第一条が改正され、検定は「小学校令」「中学校令」「師範学校令」および諸学校の教則の主旨に合致する教科書を認定するものと定められた。調査を経て検定済となった教科書は『官報』に公示され、さらにそれをまとめた『検定済教科用図書表』が各府県に配布された。[*3]

出版社は教科書検定の申請時に、検定願書・手数料・教科書二部を文部省に提出した。検定で用いられた教科書には検定年月日、合否の結果、審査官の修正意見等が記されている。[*4]修正意見を形態上から見ると、①付箋にのみ記入、②付箋に加え、問題の箇所にさらに傍線・傍点等を記してあるもの、③付箋は場所を示すのみで、教科書に直接記入されているものという三種が確認できる。付箋は教科書の該当頁の上下か、問題のある箇所の近くに貼られて

＊3　復刻版『検定済教科用図書表』八冊（芳文閣復刻、一九八五年—一九八六年）を使用。

＊4　文部省添付の付箋については、国次太郎「検定制度の成立と算術教科書」（『佐賀大学教育学部研究論文集』二四集（Ⅱ）、佐賀大学教育学部、一九七六年）。中村紀久二『検定済教科用図書表解題』（芳文閣、一九八五年）などを参考にした。

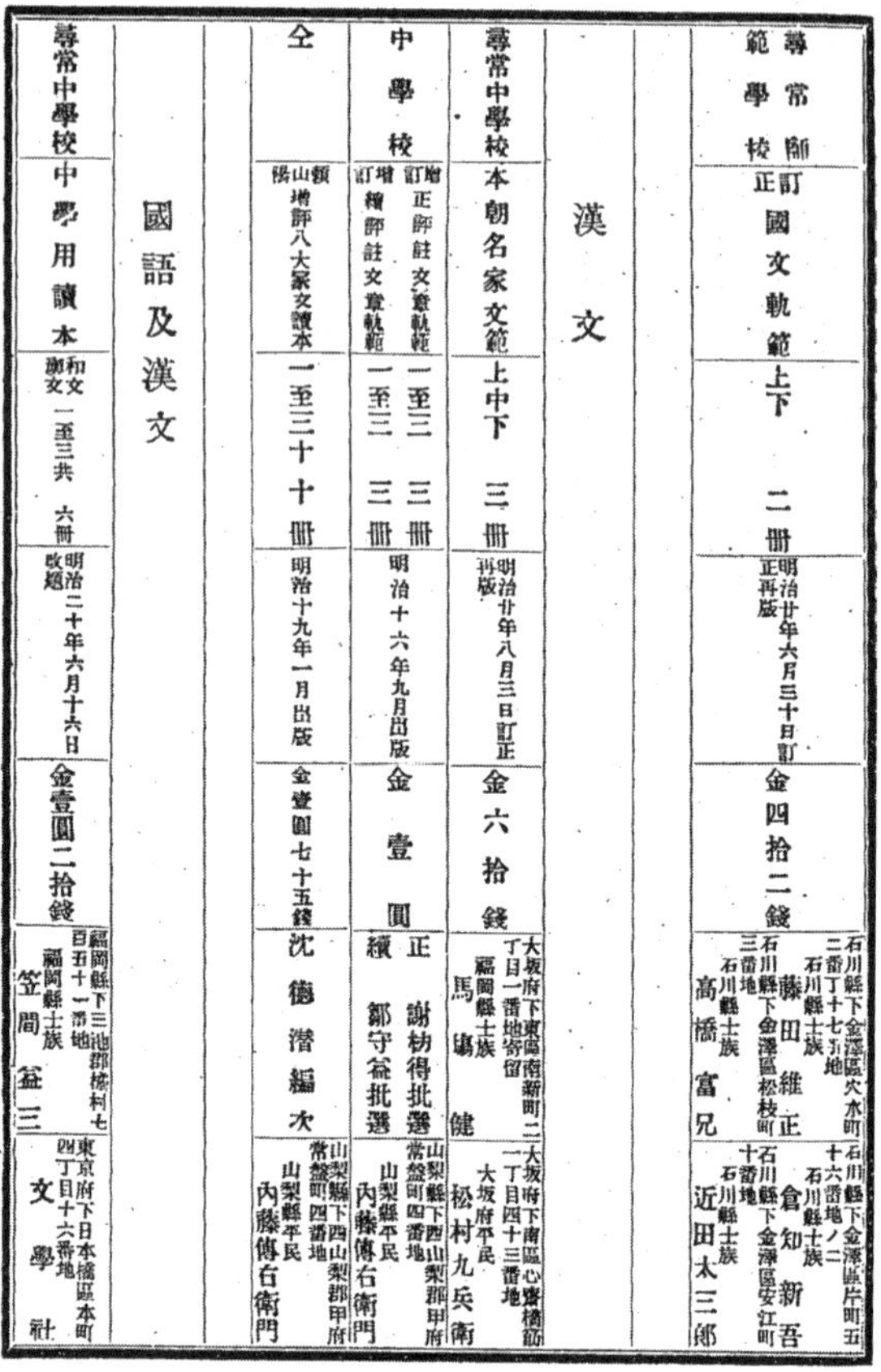

尋常師範學校	訂正國文軌範	上下 二冊	明治廿年六月三十日訂正再版	金四拾二錢	石川縣下金澤區穴水町二番丁十七番地 石川縣士族 藤田維正 / 石川縣下金澤區松枝町三番地 石川縣士族 高橋富兄	石川縣下金澤區片町五十六番地ノ二 石川縣士族 倉知新吾 / 石川縣下金澤區安江町十番地 石川縣士族 近田太三郎
漢文						
尋常中學校	本朝名家文範	上中下 三冊	明治廿年八月三日訂正再版	金六拾錢	大坂府下東區南新町二丁目一番地寄留 福岡縣士族 馬場健	大坂府下南區心齋橋筋一丁目四十三番地 大坂府平民 松村九兵衛
中學校	増訂正評註文章軌範 / 増訂續評註文章軌範	一至三 三冊 / 一至三 三冊	明治十六年九月出版	金壹圓	正 謝枋得批選 / 續 鄒守益批選	山梨縣下西山梨郡甲府常盤町四番地 山梨縣平民 内藤傳右衛門
仝	賴山陽増評八大家文讀本	一至三十 十冊	明治十九年一月出版	金壹圓七十五錢	沈德潛編次	山梨縣下西山梨郡甲府常盤町四番地 山梨縣平民 内藤傳右衛門
國語及漢文						
尋常中學校	中學用讀本	和文漢文 一至三共 六冊	明治二十年六月十六日改題	金壹圓二拾錢	福岡縣下三池郡榎村七百五十一番地 福岡縣士族 笠間益三	東京府下日本橋區本町四丁目十六番地 文學社

十一

図1　『検定済教科用図書表』3号（1887年）　国立国会図書館デジタルコレクション（インターネット公開）より

いることが多い。大半は細長い白紙で、大きさはコメントの量によって違いがある。修正意見は黒または朱の墨などで記されており、それに対して別の担当者が後から意見を書き入れる場合もある。一種の教科書に対して一―四人ほどの審査官が教科書の調査を行い、最終的に担当部署の責任者が修正意見の是非について判断を下したようである。修正意見の記入法や付箋の上下の位置、墨の色は時期によって異なり、明治期全体で統一はされていない。

最初に中学校用として検定を通過した編集本の漢文教科書は、馬場健《ばばけん》『本朝名家文範《ほんちょうめいかぶんぱん》』上中下巻（松村九兵衛、一八八七年）である。*5 この教科書は明治一八年に初版が編まれ、修正を加えて検定を通過した。検定制度開始直後に合格となった教科書は他に八種あり、すべて明治二〇年（一八八七）以前に初版が発行され、そのうち二種は『調査済教科書表』においても採用が認められていたものである。その後、明治二〇年から明治二九年（一八九六）までに初版が編まれた四五種の教科書のうち、検定済、つまり検定を通過したものは四種に止まった。検定制度開始後も制度の修正が続けられ検定業務が停滞したことに加え、明治二〇年以降に編まれた教科書の練習問題や教材選択の程度等が担当者に認められなかったためである。瀧川亀太郎は検定制度の方針をふまえて編まれた、新しい時代の漢文教科書の検定に携わった。

第三節　明治二〇年代後期の教科書検定

瀧川亀太郎（一八六五―一九四六）、字は資言《すけのぶ》、号は君山、島根県松江の人。『史記会注考証』一〇冊（東方文化学院東京研究所、一九三二年―一九三四年）で知られるが、漢文教育史においては高等学校や中学校用の教科書を編集していることも注目してよいだろう（『高等漢文・明清文鈔』金港堂書籍、一九〇五年など）。小学校より漢文を学び、その漢文の学力から

＊5　木村淳編『明治漢文教科書集成』補集Ⅰ・八巻、（不二出版、二〇一七年）所収。

図2　瀧川亀太郎（1928年頃）　東北大学史料館・東北大学関係写真データベースより
http://webdb3.museum.tohoku.ac.jp/tua-photo/photo-img-l.php?mode=i&id=D05-2-104-004

中学校の授業に満足できず、中学を中退して上京し、島田篁村《こうそん》の私塾に入る。明治二〇年に東京帝国大学古典講習科漢書課を卒業する。瀧川は島田篁村塾と古典講習科において「全く儒学者として完成した」と指摘されている。*6 その後法制局雇、内閣雇等を経て、明治二六年に文部省大臣官房秘書課雇、翌年大臣官房図書課兼務。明治二九年四月より青山学院講師、同年一〇月から明治三〇年（一八九七）八月まで教科書調査の嘱託を受ける。*7 現時点では、瀧川は明治二七年（一八九四）一〇月から明治三〇年七月までの間に六種の中学校用漢文教科書を検定したことが確認できた。これはあくまでも現存する教科書に限られるので、実際はそれより多くの教科書を検定した可能性があると考えられる。

　教科書に残された署名によって瀧川のものと分かる修正意見の一部を取り上げる。秋山四《あきやまし》郎《ろう》編、那《な》珂《か》通《みち》世《よ》閲『漢文読本』五巻（原亮三郎、一八九一年―一八九三年、検定不認可）には、

---

*6　水澤利忠「瀧川亀太郎」（『東洋学の系譜・二集』、大修館書店、一九九四年）九頁。

*7　「瀧川亀太郎博士年譜」（『史記会注考証校補』、史記会注考証校補刊行会、一九七〇年）一八七―一八九頁。

教科書全体に関して、「此ノ書ハ、誤謬極メテ少ク、選択宜《よろ》シキヲ得。タヾ書中往々古奥解シ難キ文アリ、黄口ノ少年知ラズ此レ等ノ文ヲ解シ得ルヤ否ヤ。瀧川」（巻一、例言一頁下部）という意見が付けられている。誤りも少なく、おおむね教材の選択も適切ではあるが、古めかしくて深奥で難解な文章を収めており、未熟な生徒が理解できるとは思われないと難易度の高さを指摘した。おそらくそれが原因で不認可になったのだろう。

瀧川も検定を担当した鈴木栄次郎編『漢文読本』二巻（集英堂、一八九三年、検定不認可[*8]）に対する無記名の意見には模範にならない作品の著者名が挙げられている。

此篇載スル所ノ文、スヘテ百余篇而シテ、服部元喬《げんきょう》・菅亭《かんあきら》ノ文ヲ収ムルコト実ニ三十三篇ノ多キニ居ル。皆文字拙劣ニシテ、漢文ノ模範トスヘカラス。殊ニ服部ノ文ハ、所謂李王古文辞ノ体ニシテ、決シテ漢文ノ正体トイフベカラズ。又藤原粛《しゅく》・伊藤維楨《これさだ》ノ文ノ如キモ皆未タ和習ヲ脱セサルモノ、而シテ本書之ヲ収ムルコト亦若干篇ナリ（巻一、序一丁表下部）

文中の「李王古文辞」とは、明の李攀龍《りはんりょう》・王世貞《おうせいてい》らが唱えた擬古主義的な文章学である。その影響を受けた服部元喬（南郭《なんかく》）等の古文辞学派の文、藤原粛（惺窩《せいか》）・伊藤維楨（仁斎《じんさい》）のような和習のする文章、そして菅亭（仲徹《ちゅうてつ》）等を漢文の模範にすべきではないと述べている。質が低い教材を多数収録していることが、『漢文読本』の不認可の理由と考えられる。

この教科書の検定時に問題視された作者の教材はこれ以降採録されなくなるのではなく、

＊8　前掲＊5、九巻所収。

後の検定済教科書には収録される。例えば服部南郭の教材は、明治期の検定済編集本漢文教科書一一六種のうち、六五種の教科書に採られており、採録数は決して少なくはない。この教科書で不適切とされたのは、新しい教科書が編まれ始めたばかりで、選択すべき作家・作品について教科書の編者と審査官との認識に大きな開きがあったことによるのだろう。

教材の他には訓読の方法も検定時の点検項目であった。瀧川は、深井鑑一郎編『中等教育標註漢文入門』（吉川半七《はんしち》、一八九二年、検定不認可）に次のような意見を付けた。

　此書ハ、国語ノ法ニヨリテ送仮名ヲ付シタルヲ以テ読過ノ際繁ニ堪ヘス。往々漢文ノ語彙ヲ失フト思ハル、所アルナリ。又句読ノ付方ハ、蓋《けだし》編者ノ創定セシ所、之ヲ国文ニ用ヰルハ可ナルヘケレドモ、之ヲ漢文ニ用ヰルハ如何ニヤト思ハル。瀧川（凡例表下部）

編者の深井には明確な規定のない訓読法を特に国語との連携に注意しながら修正するという意図があった。しかし、瀧川はこの教科書の送り仮名が冗長で繁雑に過ぎ、漢文の調子から外れてしまい、時として原文の意味からずれてしまうとして斥けた。この教科書には送り仮名について具体的な修正の指示はなされていないが、深井の別の教科書『標註漢文教科書』四巻（吉川半七、一八九三年訂正二版、検定不認可*9）には送り仮名について複数の意見が付けられている。例えば古賀煜《いく》（侗庵《とうあん》）「阿婉《おえん》」の「阿婉父某ト云ヒ」（阿婉の父某と言い）の「ト云ヒ」という仮名には傍線が引かれ、付箋にて「余計ナル送リカナナリ」と修正意見が付けられている（巻二、三三丁表上部）。また、斎藤正謙（拙堂《せつどう》）「月瀬之梅三」は「春ｰ分ハ在ルカ故ニ二今ｰ月之

＊9　加藤国安編『明治漢文教科書集成』第Ⅱ期三巻（不二出版、二〇一四年）所収。

末《ニ》一」（春分が今月の末にあるために）の「在」の左側に黒い傍線が引かれている（巻二、八丁表）。これらの意見には署名や捺印がなく記入した人物は分からないが、瀧川以外の図書審査官も訓点について同じ認識であったようである。後の教科書の同作品を見ると「春分《ハ》在《レバ》二今月之末《ニ》一。」とあり、前述のような送り仮名は用いられていない。[*10] 深井も後に編集した『撰定中学漢文』一〇巻（吉川半七、一八九七年。改訂版が検定済[*11]）では、おそらくこの検定結果をふまえて全巻を通じて漢字を混ぜた送り仮名は用いていない。

訓読の仕方を定めた明治四五年（一九一二）の「漢文教授ニ関スル調査報告」については、江戸からの「簡約を意図した訓法の流れにあること」、「すなわち和訓に読むより字音に読むということ、原文の字面に即し字面にない読み添えをなるべく少なくすること」が認められるという指摘がある。[*12] 教科書検定においてはすでに明治二〇年代にその傾向にあり、教科書編集に影響を及ぼしていたのである。

以上、瀧川亀太郎及び同時期の図書審査官達の修正意見の一部を見てきた。検定制度は本来統制を強化するという意図があったが、実際には教材や訓点が適切か否かという漢文教授に関する内容が点検されていたことがわかる。瀧川個人からすると古典講習科を卒業してから仙台の第二高等学校教授に任じられるまでの「不遇の十年間」[*13]と評される時期の業務であった。しかし漢文教育史から見れば、検定担当者という立場から近代的な漢文教科書の発展に関わり、軽視できない足跡を残したと考えられる。

＊10　興文社編『訂正新定漢文』巻二（興文社、一九〇〇年）一二八頁。前掲＊5、一〇巻所収。

＊11　前掲＊9、四巻所収。

＊12　大島晃「江戸時代の訓法と現代の訓法」（宮地裕ほか編『講座日本語学7文体史I』、明治書院、一九八二年）二四二頁。

＊13　前掲＊6、八頁。

この時期は検定制度開始後に編まれた、新しい時代の教科書をどう評価すべきか、検定の担当者間でも議論が戦わされていた。出版社・編者も教科書編集の経験がまだ浅く、訓点の創出等の試みは図書審査官に認められず、多くの教科書が不認可となった。ようやく明治二九年に、明治二〇年以降に編まれた教科書が検定を通過した（松本豊多『漢文中学読本初歩』、吉川半七、一八九六年訂正再版）[*14]。明治二〇年代後半は、図書審査官と編者との理想的な教科書に対する認識に最も大きな開きのあった時期である[*15]。

明治三〇年以降には漢文の教授方法に関する議論がさらに活発になり、練習問題や文法構造の単元等に工夫を凝らしたり、出典の幅を広げた教科書が多数編まれて検定を通過していく。長尾雨山の修正意見を検討する前に、明治三〇年代前半の漢文教科書の傾向について整理しておきたい。

第四節　明治三〇年代前半の漢文教科書

深井鑑一郎は前述の『中等教育標註漢文入門』（一八九一年）において、中学校の漢文科の目的は漢文を書くことよりも読解力を向上させ、和文の作文力を高めることにあると説いた（凡例一丁裏―二丁表）。明治二〇年代前半にはこうした見解を持つ編者が現れるようになった。そして明治二七年の「尋常中学校ノ学科及其程度」改正によって漢文は国文の補助であ

＊14　前掲＊5、一〇巻所収。

＊15　明治二〇年代後半の修正意見については、木村淳「明治二十年代における漢文教科書と検定制度」（『中国近現代文化研究』一〇号、中国近現代文化研究会、二〇〇九年）を参照のこと。

るという位置づけが定まり、漢文を書くことが教授内容から削られた。これより編集本は文範型よりも読本型が主流となった。

明治三〇年以降は、文部省が中等教育の整備を進め、教育界においても漢文教授法、漢文教科書編集に関する議論が二〇年代よりも活発になり、出典の幅が広がった。その理由は①多くの文体に触れることで読解力を向上させるため、②漢文科は他教科に関する語彙も学べるという実用性を主張するため、③文部省の定めた「尋常中学校漢文科教授細目」に対抗するためである。ここでは検定と関わりの深い③について少し説明を加えたい。

文部省は明治三一年（一八九八）には『尋常中学校教科細目調査報告』（文部省高等学務局編、三協［印刷］）によって各教科の方針に関する試案を示し、漢文では島田重礼《しげのり》・那珂通世によって「尋常中学校漢文科教授細目」（以下「細目」と略す）がまとめられた。*16「細目」に準じた教科書も編まれていたが、すべての教科書が「細目」に基づいた訳ではなく、むしろ厳しい批判の声が挙がった。それは試案の内容が道徳教育と史伝教材に偏っていたからである。「細目」では中学校の漢文科の目標を、生徒に「普通ノ漢文」を理解させ、作文に役立つように語彙を学ばせ、「兼ネテ徳性ノ涵養ヲ資《たす》クルニ在リ」*17とした。これが徳育のみに偏り、知育や情育への配慮がないと批判された。教材案は、第一・二学年は青山延于《のぶゆき》（拙斎）『皇朝史略』や頼襄《らいのぼる》（山陽《さんよう》）『日本政記』『日本外史』等の日本の史伝教材や日本の近世名家の文を学び、第三学年から第五学年まではすべて中国の教材で、『通鑑《つがん》綱目』（朱熹《しゅき》）、『資治通鑑』（司

＊16　「尋常中学校漢文科教授細目」については、久木幸男「明治儒教と教育（続）―世紀転換期を中心に―」（『横浜国立大学教育紀要』二九集、横浜国立大学教育学部、一九八九年）を参照した。

＊17　文部省高等学務局編『尋常中学校教科細目調査報告』（三協［印刷］、一八九八年）漢文科一頁。

馬光)、『史記』(司馬遷)等の史伝教材、唐宋・明清の名文教材、『孟子』等の思想教材を学ぶという段階を踏んでいる。*18 こうした徳育重視と史伝教材を中心とした教材構成に対抗するために題材の幅を広げた教科書が編まれた。例えば重野安繹《やすつぐ》(成斎)・竹村鍛《きとう》『新撰漢文講本』三巻(冨山房、一八九九年―一九〇〇年、検定済)は自然科学や世界事情に関する日本・中国・西洋の教材を採ることで知育に配慮した。情育については明治三〇年から詩教材が着目され、これまであまり教科書に採られなかった口中の詩教材が数多く盛り込まれるようになった。この教科書も詩を学ぶことで国語力が豊かになり、吟詠すれば憂さ晴らしにもなると、詩の効用を重視している。

長尾雨山が検定業務に携わったのは、このように漢文教授法の改革が叫ばれ、編集技法が進歩し、教材の出典の幅が明治期において最も広がった時期である。

第五節　長尾雨山の修正意見

長尾雨山(一八六四―一九四二)、名は甲、通称槙太郎《まきたろう》、字を子生といい、号に雨山等がある。讃岐高松の人。幼少時には父勝貞より漢学を授かり、二〇歳の時に上京し、二松学舎で学ぶ。明治一七年(一八八四)東京大学古典講習科漢書課に入学、同窓生には前述の瀧川亀太郎もいた。同大学を卒業後、学習院教師、東京美術学校講師、第五高等学校教授、東京高等師範

*18 前掲*17、漢文科一一四頁。

学校教授等を歴任した。[*19]

教育史において雨山の名前は、明治三五年（一九〇二）に発生した、教科書採択をめぐる贈収賄事件である教科書疑獄事件を論じる際に挙がることが多い。当時東京高等師範学校教授であった雨山は文部省総務局図書課に属し図書審査官を兼任していたため、この事件に巻き込まれた。これについては樽本照雄氏により、雨山が冤罪であったことが明らかにされている。[*20]また近年では、雨山が「教育ニ関スル勅語」の漢訳に携わっていたことも指摘されており、[*21]教育の近代化に関して陰ながら貢献していたと考えられ、今後さらにその実態が明らかになると思われる。

杉村邦彦氏は、長尾雨山が教科教育学に関する専門的な学識を体得したのは明治三〇年九月から明治三二年（一八九九）一〇月まで第五高等学校教授として熊本に在任していた間のことであると指摘する。[*22]この在任期間にまとめた改革案や報告書が認められて図書審査官として東京に招聘されたのである。

図３　長尾雨山（1933 年頃）『中国書画話』（筑摩書房、1965 年）より

雨山が担当した教科書は、教科書

＊19　長尾雨山の略歴は礼之（長尾正和）「長尾雨山」（『冊府』一〇号、彙文堂書荘、一九五九年）等を参考にした。

＊20　樽本照雄「金港堂・商務印書館・繍像小説」（『清末小説研究』三号、一九七九年）。

＊21　西上実「漢学者長尾雨山の活躍」（『中国近現代文化研究』一九号、中国近現代文化研究会、二〇一八年）。

＊22　杉村邦彦「長尾雨山とその交友・最終回」（『墨』一三〇号、芸術新聞社、一九九八年）一六五頁。

に残されている「長尾」というサインや「槙太郎印」という印から見分けることができる。現存する教科書から判断すると、雨山は明治三三年一一月に図書審査官に着任した後、明治三三年（一九〇〇）三月から明治三四年（一九〇一）四月までの間に中学校用一二種、高等女学校用五種の漢文教科書を検定した。雨山が不認可とした教科書・教材をいくつか見ていきたい。

『通鑑』を主な教材例として挙げた「細目」の高学年用に適した教科書である秋山四郎編『通鑑綱目鈔』上下巻（金港堂書籍、一八九六年）は不認可となった。四、五年生には難しくないものの、「歴史ノ抜抄《ばっしょう》ヲ以テ読本ニ充用スルハ未タ全ク読本ノ目的ニ適合スルモノニアラス」という理由である（表紙下部）。「読本ノ目的」は述べられていないが、特定の古典に偏ることなく教材を集めて読解力を高めるものを理想としたと考えられる。

伊藤松雄編『清国時文類纂《しんこくじぶんるいさん》』（明治書院、一九〇一年）を不認可にした理由は記されていない。おそらく同時代の中国の文章である時文のみの採録であることに加えて、時文が中学校の漢文科には適していないと判断したのだろう。

個々の教材については、岩谷英太郎編、服部宇之吉閲『女子漢文読本』四巻（集英堂、一八九九年、検定不認可）に収録された教材への修正意見を取り上げる。青山延光（佩玄斎《はいげんさい》）「仁和寺僧」には「此章削ル可ナリ」（巻一、一八丁裏下部）という意見を付け、大槻禎《てい》（西盤）「相州洋航海」には「文拙シ省ルヲ可トス」（巻三、二四丁裏下部）と記している。雨山の修正意見には日本の作を文章が劣ると判断したものがしばしば見られる。「細目」は数学科の検定の基準になったという指摘がある。*23 しかし、前述のように批判されることがあった「細目」は、漢文科では検定時の指針にはならなかったようである。特定の教材に偏った教科書に反対していた雨山も「細目」をふまえて検定を行っていたとは考えにくい。それでは、雨山はどのような漢文教科書を理想としたのか、次にその判断基準について他の検定担当者の修正意見との比較によって述べてみたい。

第六節　長尾雨山の判断基準

深井鑑一郎編『刪修《さんしゅう》撰定中学漢文』一〇巻（吉川半七、一九〇一年刪修訂正五版、検定不認可）には「林」という担当者（林泰輔《はやしたいすけ》*24と思われる）が、「本書ノ材料ハ率《おおむ》ネ歴史事実ノミニテ動植物又ハ器械工芸等ノ記事ニ至リテハ一モ収載セザルハ欠点ト云フベシ」（巻一、一頁下部）という意見を付けた。林は民間で流行していた豊富な題材を揃えた教科書を評価し、史伝教材に偏った「細目」の方針には従っていなかった。*25 しかし、雨山が林のように多分野に及ぶ教材構成を高く評価した形跡は確認できていない。雨山と林の共通点は、歴史に偏重した教材構成を評価しなかったことと、「細目」の方針に全面的には依拠しなかったことにある。両者の違いは「細目」に賛同しなかった理由にあるだろう。

*23　国次太郎「数学教科書と教科書検定制度―明治３０年代前半を中心に―」（『佐賀大学教育学部研究論文集』二九集No・1（Ⅱ）、佐賀大学教育学部、一九八一年）二七二頁。

*24　一八五四―一九二二。字は浩卿、号は進斎。漢学者、東洋史学者。明治三一年から三九年の間に中学校用三六種、高等女学校用一種、補習科用一種の漢文教科書を検定した。

*25　明治三〇年代前半の修正意見の例は、木村淳「漢文教材の変遷と教科書調査―明治三十年代前半を中心として―」（『日本漢文学研究』六号、二松学舎大学日本漢文教育研究プログラム、二〇一一年）を参照のこと。

雨山の判断基準を考察する手がかりが、杉村邦彦氏によって発掘・紹介された、雨山が五高時代にまとめた教育関係の文書にある。そこから「漢文科ニ就テノ希望」[*26]を取り上げ、雨山の漢文教育改革案を見ておきたい。雨山は高等学校に所属していたが、中学校を漢文の基礎を固める場として重視した。当該文書には、本邦の書籍や文章に漢文を根本とするものが多いため、中学・高校での漢文学習に意義があることが述べられている。特に中学を卒業して「世上の業務ニ従事スルモノ」にとっても漢文の素養を深めることは「一般中学教育トシテ務ムベキ要件ニ属ス」とする。漢文科の目的は「漢文科の教授ハ達者ニ之ヲ読ミ、達者ニ之ヲ述ブルヲ得セシムルヲ旨トスルニ在リ」と述べ、当時あまり注意が払われていなかった文法事項の指導を段階的に行うことを提唱している。そして、五高の各学科の教科書改正案を見ると論語・孟子・荀子・韓非子・管子・孫子・荘子・書経・左伝・戦国策・礼記・楚辞・史記の名が見える。前述の通り日本漢文や時文教材を高く評価していなかったように、周秦漢の文章こそ漢文の模範であると判断していたのではないだろうか。中学生が卒業して就職・進学後に各自が活用するために漢文の読解力、表現力を高めることができる教科書であるかどうかが、雨山の教科書検定の判断基準であった[*27]。漢文教育の徳育・知育・情育等の付加価値よりも漢文学習自体に重きを置いていたために偏った教材構成の教科書を不認可にしたと考えられる。これはごく当たり前のように思えるが、戦前の漢文教育に関する議論には時代の制約や限界を感じるものが多い中、今日においても首肯できる提案を打ち出している所に

＊26　前掲＊22、一六六頁。以下、「漢文科ニ就テノ希望」の引用はすべて同じ頁である。

＊27　上記の内容は、木村淳「明治期漢文教育史における長尾雨山」（『中国文化』七六号、中国文化学会、二〇一八年）をもとにした。

雨山の見識の高さが表れている。

これまで長尾雨山を中心に明治三〇年から明治三四年までの漢文教科書と検定制度との関わりについて見てきた。最後に明治三五年以降の漢文教科書と検定制度の傾向について述べ、明治期における検定制度が漢文教科書に及ぼした影響について整理する。

第七節　検定制度と漢文教科書

明治三五年には、それまでの漢文教科書編集の試みをふまえた、初めての詳細な教則である「中学校教授要目」が制定され、学習程度の目安として各学年で学ぶ具体的な古典名が記された。規定にはないが、前述の内容の豊富な教科書も引き続き編まれた。しかし二、三年もすると漢文教育の目的は道徳教育にあり、自然科学や西洋の文物を題材とする教材ではその目的が達成されないという意見が出され、そうした教材や教科書を容認している「中学校教授要目」に対する批判がなされるようになる。[*28]

日露戦争（一九〇四年―一九〇五年）後、日清日露の戦勝は勅語の精神を守ったからであるという論調が増え始め、発布当初よりも「教育勅語」と漢文教育の結びつきが強化された。明治四一年（一九〇八）には、日露戦争後の混乱、社会主義の浸透への対策として、勤勉・倹約を主とした道徳を説いた「戊申《ぼしん》詔書」が発布される。そして儒教の経典をこの二つ

＊28　代表的なものに、小柳司気太「中等教育に於ける漢文の地位を論じて其教授法に及び併せて文部省に望む」（『東亜の光』四巻八号、東亜協会、一九〇九年）がある。

の詔書の注釈として位置づける主張もなされるようになり[*29]、漢文教育は徳育を中心に据えるようになった。明治四四年（一九一一）の「中学校教授要目」改正後、教科書の編者達は国体の美風を記した教材等、道徳教育を中心とした教材構成を取るようになった。これは検定制度により統制が強められたのではなく、編者達が時代の要請に応じたからである。明治末にはこれまでのような検定担当者と編集者との間にあった教科書編集に関する認識の差が縮まり、大正以降も徳育中心の教科書が編まれていくことになる。

検定制度が検閲のような役割を果たした事例には、明治末の南北朝正閏論に関わる点検が挙げられる。正統である南朝の年号ではなく北朝の年号が使用された場合は修正が求められた。この問題自体は教育に対する政府の介入であったが、漢文教材にとっては元号を変えても内容に変更はなく、作品の主眼である武将や英雄の活躍は生徒に伝えることができており、編者の意図を大きく歪めるものではなかっただろう[*30]。

残された資料から判断すると、明治期における検定制度は生徒が学ぶ教材や教科書の適切さを判断するものとして主に機能していたと考えられる。図書審査官と編者との見解に差が生じた場合、編者は修正を求められ、検定不認可になることもあった。しかし、それは思想統制ではなく、良質な漢文教材・教科書を生徒に提供するという観点からのことである。民間の流行に近い立場で検定を行っていた担当者がいたように、検定制度は編者達の新しい試みを後押しする作用も果たしていたことがあった。検定制度を検閲としてのみ捉えてしまう

＊29　岡田正之「中等教育の漢文に就きて」（『漢学』一編一号、育英舎、一九一〇年）。

＊30　南北朝正閏論と漢文教科書の検定については、木村淳「漢文教材の変遷と教科書調査―『日本外史』を中心に」（『中国近現代文化研究』第一六号、中国近現代文化研究会、二〇一五年）を参照のこと。

と、漢学者の活動や漢文教育の歴史について一面的な把握になりかねない。明治期において漢学者達が教科書検定という立場から、自らの知見を活かして近代の漢文教科書の発展に貢献していたことも忘れてはならないだろう。

【参考文献】（注記以外）
梶山雅史『近代日本教科書史研究—明治期検定制度の成立と崩壊—』（ミネルヴァ書房、一九八八年）
中村紀久二『教科書の社会史—明治維新から敗戦まで—』（岩波書店、一九九二年）
竹田進吾「近代日本における文部省の小学校歴史教科書統制に関する基礎的考察—「調査済教科書表期」から検定期初期の分析—」（『東北大学大学院教育学研究科研究年報』五四集、東北大学大学院教育学研究科、二〇〇六年）
稲岡勝『明治出版史上の金港堂——社史のない出版「史」の試み』（皓星社、二〇一九年）

第Ⅳ部　昭和期の漢文教育

第一章　昭和期戦前の漢文環境

菊地隆雄

第一節　近代漢学者の三世代

大づかみな話になるが近代の漢学者の家系を想定してみよう。幕末に既に活動していた漢学者をかりに第一世代とする。彼らは維新の激変に遭遇し、洋化の波に洗われながらも漢学塾を営むなどして、なんとか漢学を生活の手段とすることができた。しかし、その活動はほぼ明治期に限られる。彼らの子息たちの第二世代は、幕末から明治の前半にかけて生まれた人々である。この人たちは漢学者の親から素読や漢学の手ほどきを受けている人が多い。だがどんなに漢学の力があっても、新しい学制の高等教育を受け、その中で漢学を専攻しなければ、漢学で生計を立てることは難しかった。この世代で漢学によって安定した生活を保障されたのは、高等教育の中で漢学を専攻し、大学や専門学校などの教授になった少数の人たち[*1]であった。この人たちは昭和期戦前の漢学界で重きをなし、意識するとしないとにかかわらず、戦争へと突入する時代の国策や世の風潮を、漢学で促進する役割を担うことになる。

＊1　例えば、後述の「斯文会」役員の人たち。

次の世代、彼らの子息は、明治の中頃から末期にかけて生まれた。ただし、この第三世代は特別な漢学者の家系でもない限り、もはや祖父や父から直接漢学の手ほどきを受ける機会は稀であった。中には漢学者であった祖父を物心のつく前に亡くしたり、父が漢学とは直接関係のない職業についたりしている人も少なくない。

ではここで漢学の家系の糸はぷっつりと途絶えたのだろうか。不思議なことにそうではない。この第三世代にも漢学の流れが伏流水のように流れていて、それが時に思わぬ姿に変貌して現れることがある。そして、それはあたかも「漢学」という関数を考慮して初めて解ける方程式のような現象であるように思えることがある。この第三世代[*2]は昭和期戦前の時期に壮年期を生きている。彼らの多くは、漢学に関しては後世に残るような仕事をしているわけではないが、他の分野で第二世代とは異なった一定の役割を果たしている。この小論では、第二世代を「斯文《しぶん》会」という組織の活動を通してとらえ、それに第三世代や当時の中学生の漢文とのかかわり方などを交えて「昭和期戦前の漢文環境」を描いてゆく。

第二節　昭和の初めから昭和五年

斯文会の活動

明治一三年（一八八〇）、岩倉具視によって「斯文学会」が創立され[*3]、それが発展して大

*2　例えば、後述の栗山津禰、中島敦など。

*3　『斯文会八十年史』（斯文会、一九九八年）五頁。以下「斯文会」に関する事項はすべて『斯文会八十年史』に拠る。

正七年（一九一八）に財団法人「斯文会」が設立された。「斯文会」は令和元年に百周年を迎えた。かつての昌平坂学問所（昌平黌《しょうへいこう》）の地にある聖堂（孔子を祭る大成殿）の管理、孔子祭の挙行、公開講座の開講、学術誌『斯文』の発行などを主な活動としている。昭和期戦前においては、中国学に関する唯一の全国的な組織であり、漢文教育に関しても大きな発言力を持っていた。その役員は主に前述した第二世代の漢学者たちであったが、昭和二年の役員の顔ぶれを見てみよう。*4

（顧問近衛文麿・細川護立《ほそかわもりたつ》・金子堅太郎・清浦圭吾《きようらけいご》ほか、会長徳川家達《とくがわいえさと》、副会長渋沢栄一・阪谷《さかたに》芳郎《よしろう》・井上哲次郎、参与市村瓚次郎《いちむらさんじろう》・安井小太郎ほか）

総務　服部宇之吉
教化部　部長宇野哲人《うのてつと》・諸橋轍次・内野台嶺《うちのたいれい》他
研究部　部長岡田正之・飯島忠夫・前川三郎他
祭典部　部長三宅米吉・飯島忠夫・細田謙蔵他
編輯部　部長塩谷《しおのや》温《おん》・佐久《さく》節《みさお》・頼　成一他
常議員　伊東忠太・加藤虎之亮《かとうとらのすけ》・島田鈞一・平野彦次郎・牧野謙次郎・小柳司気太《おやなぎしげた》他

実質的な活動は総務以下の帝大や旧制専門学校・旧制高校などの教授たちが行っていた。

この時期の「斯文会」の最大の懸案は、関東大震災で灰燼に帰した湯島聖堂の再建であった（再建が成るのは昭和一〇年）。寛政期以来の建物は、入徳門など一部を除いて、ほぼすべ

＊4　『斯文会八十年史』巻末、「歴代役員一覧」。

＊5　伊東忠太（一八六七―一九五四）は日本の建築史の体系を樹立した人で、中国・イン

てを焼失させてしまった。建築家の伊東忠太[*5]が常議員に加わっているのはその再建のためである。伊東忠太は平安神宮・明治神宮、のちには築地本願寺などを手掛けた近代寺社建築の第一人者であった。この時期の「斯文会」の活動としては、特筆すべきことが、ほかに二つある。一つは斯文会定本の「国訳論語」の刊行、もう一つは旧制中学校の漢文教育への積極的な関与である。

「国訳論語」作成の件は、昭和二年一月の会議で決定されると、ただちに渋沢栄一[*6]の飛鳥山邸に主だった人が集められ、具体的な協議が始まる。集まったのは服部宇之吉・岡田正之・塩谷温・市村瓚次郎・安井小太郎・島田鈞一・諸橋轍次などであった。当初は毎週木曜日にその委員会が開かれた。協議は訓点本一六種、注釈書一三種を基にして行われ、「斯文会」の定本とする「国訳」(書き下し文)が作られていった。無数の注釈書がある「論語」である。しかも「論語」となれば各委員とも一家言を持っている。解釈を検討し、句読点、読みを一つに決定するのは大変な作業であったに違いない。この定本は、ほぼ一年かけて完成し、「訓点本」と「国訳本[*7]」の二種類が作られ、「訓点本」は全国の中学校へ、「国訳本」は全国の小学校へ寄贈された。この事業はテキストの作成のみでは終わらない。さらに「国訳記念論語講義」と銘うって「論語」の各篇を一般向けに講義したのである。一回の講義時間は二時間、三回六時間で各篇の講義を終了する事と決めて実施された。各篇の担当者は以下の通り[*8]。

学而篇(服部宇之吉)・為政篇(平野彦次郎)・八佾篇(頼成一)・里仁篇(小柳司気太)・公

ドなどの遺跡調査も行っており、雲崗石窟の紹介などはその一例。再建した大成殿については、忠実に昔の型にしたが旧型より幾分か支那趣味を濃厚にした、と言っている。再建された大成殿や会館の屋根には中国の空想上の動物が配されてある。

＊6　渋沢栄一(一八四〇—一九三一)は、大正一一年から昭和六年の没年まで「斯文会」の副会長を務め、「斯文会」の定期的な儀式には欠かさず出席している。とりわけ『論語』については格別な力の入れようであったので、「国訳論語」は渋沢栄一の米寿祝賀記念として刊行された。

＊7　現在も『訓点論語』は三訂版、『国訳論語』は復刻版が作られ、「斯文会」から刊行されている。

＊8　『斯文会八十年史』一八三—一八四頁。

治長篇（山口《やまぐち》察常《さつじょう》）・雍也篇（竹《たけ》田《だ》復《さかえ》）・述而篇（安井小太郎）・泰伯篇（飯島忠夫）・子罕篇（中村久四郎）・郷党篇（内野台嶺）・先進篇（市村瓚次郎）・顔淵篇（諸橋轍次）・子路篇（近藤正治）・憲問篇（塩谷温）・衛霊公篇（加藤虎之亮）・季氏篇（高成《たかなり》田《た》忠風《ちゅうふう》）・陽貨篇（島田鈞一）・微子篇（前川三郎）・子張篇（佐久節）・堯曰篇（宇野哲人）

講義は昭和三年一〇月一八日に始まり、昭和五年四月二四日に終了した。担当者の顔ぶれと言い、一年半の期間と言い、今では考えられない壮大な企画であった。

中学校漢文教育に対する関与は、設立当初から活動の柱の一つである。戦前の漢文教育は、師範学校・高等学校・専門学校・大学校などでも行われていたが、受講者の数から言っても中心となるのは中学校であった。「斯文会」の関与が中学校に絞られるのは当然である。

今回文政審議会ニ附議セラレタル中学校制度改正案ニ関シ既ニ発表セラレタル所ニ依レハ第一学年ニハ国語ノミヲ課スルコトトナリ居レルカ本会ハ平素ノ主張ニ本ツキ従来ノ通リ第一学年ヨリ漢文ヲ課スルコトヲ必要ナリト信ス。

（昭和三年十月九日）*9

会を代表して宇野哲人・塩谷温が文部省に出向き、右記の覚書を文部大臣以下に提出している。当時の中学校の「国語及漢文」科では第一学年から第五学年まで漢文の授業があったが、「第一学年ニハ国語ノミ」とするという改正案が文部省から示された。「斯文会」はその案に反対し、従来の通りにせよと主張しているのである。これを受けてか、二〇日後の一〇月二九日には文部省側にも動きが見られ、文部省は今回の中学校教育改善案に対し、実際に

＊9　『斯文会八十年史』一八四頁。

教育に従事する者の意見を徴集するため、各府県より一名宛の代表中学校長を招集し、全国中学校長会議を開催[*10]している。では、中学での実際の漢文の授業はどうであったのだろうか。

「先生、忠孝を子供に教へ込むなどは、悪いことではありませんか」

漢学者栗山家の三世代、道紹—半兵衛—津禰《つね》

人の生徒が近づいて来て質問をした。教師は道徳の根底に触れた質問であると感じながらも、「忠孝」を説いた漢文（塩谷温の「進大統歌牋[*11]」）を読み、教壇を下りかけた女性教師に、一

「どうして？」と答えた。

廊下に出て対応すると生徒は「忠孝がそれ程、大切なものなら、教へなくとも、大人になればば独りでわかる筈。丁度子供に、障子を破つていけないと教へるより、破つて寒い風に吹かれて見て、悪かつたと、さとらせるやうにすればよいではないか。西洋の或る小国では、君主が無くともよく治まっている……」などと話を続けた。質問した生徒は、平生教室では存在さえわからないような活気のない生徒であったが、数ヶ月後、長い手紙を教師に寄せる。

（前略）此の間の漢文の時間で僕はいろいろの点から満足を得ました。今迄の漢文の時間では、唯先生の方で解釈を進められるだけで、漢文そのものに関する道徳的諸問題の討議といふが如きものは、殆ど無かつたと云つてもい丶と思ひます。道徳的乃至倫理的批判等が、少しも生徒の間に考へられないのであつたならば、真に漢文を理解する事は、

＊10　『斯文会八十年史』一八五頁。

＊11　「大統歌を進むるの牋《はい》」。「大統歌」は塩谷温の大伯父塩谷宕陰《とういん》の著で、歴代天皇の事績を通して、「忠孝」を涵養し、「国体」の淵源を明らかにする書。幕末から素読のテキストとして盛んに使われた。「進大統歌牋」は塩谷温によるその注釈書。授業で扱われているのはその一部。

決して出来得ないと信じます。僕等は今日まで五年間と云ふ、長い間漢文を習つてきました。一年や二年の頃ならまだしも、もう五年である以上、僕等は今少し漢文を実質的本質的に考察してもい丶と思ふのです。僕は必ずしも漢文廃止論者ではありません。僕等日本人が、日本語をどうやらかうやら完全に使用し得るのも、又吾々が論文等を書くに当つて、何よりも必要とする発表の簡潔にして力強き点等も、すべて漢文のおかげだと思ひます。（中略）僕は白楽天の詩が大好きです。又劉廷之の白頭翁の詩などは、子供の頃から暗誦してゐたものでした。これらは父の影響かも知れません。漢文が短き内に無限の情趣を含んでゐる処などは、僕の心を本当に引くのです。[*12]（以下省略）

東京府立第五中学校（現、都立小石川中等教育学校）での出来事である。むろん、こうした質問をする生徒がこの時代どこにでもいたと言うわけではない。多くの生徒は神妙な顔をして「忠孝」の漢文を読んでいたことだろうと思われる。しかし、世の「漢文廃止論」も心得、こうした問題意識を持って漢文の授業を受けていた中学生も、この時期には確かに存在したのである。

教師の方も珍しかった。女性の漢文教師である。名前は栗山津禰。彼女は大正一一年三月に、日本で初めての中学校女性教師になる。三〇歳であった。旧制の中学校は男子生徒のみであったので、それまで女性教師はいなかった。栗山は大正一一年の三月から昭和五年三月まで[*13]、この中学校で教鞭を執っている。しばらく彼女のたどった道を追ってみよう。

---

*12　この栗山津禰と生徒の会話、手紙文は、栗山津禰『拓きゆく道』（明治書院、一九四〇年）一五七―一六〇頁。以下栗山津禰の事績はことわりがなければこの本に拠る。

*13　小石川高校紫友同窓会「会員名簿」（二〇〇五年）、旧職員欄二五頁。

栗山津禰（一八九二―一九六四）、明治二五年山形県生まれ。祖父栗山道紹《くりやまどうしょう》（一八二〇―一八八三）は津禰が生まれた時には既に没していたが、上山藩の漢学者であった。上山藩は米沢藩と山形藩に挟まれた小藩で、羽州街道沿いの古くからの温泉場でもある。日本海側の東北諸藩は、参勤交代の時にはこの羽州街道を通って奥羽山脈を越え、奥州街道に出て江戸に向かった。この街道沿いの山はそれほど急峻ではなく、山越えが比較的楽だったのである。したがって小藩とは言え、上山は交通の要衝であった。栗山道紹は初め藩校「天輔館《てんぽかん》」で学び、やがて盟友の金子清邦（与三郎）とともに仙台に行き、「養賢堂」で大槻平泉の薫陶を受け、その後二本松で二年あまり、安積艮斎《あさかごんさい》に学んでいる。一方、金子清邦は仙台から江戸に出て、昌平黌に学び、頼三樹三郎《らいみきさぶろう》・山田方谷・三島中洲などと親交を結んだ。のちに栗山道紹、金子清邦の二人は共に世子の傅《ふ》（守り役）に任じられ、江戸勤番の時には世子に従って安井息軒、塩谷宕陰《しおのやとういん》の家塾に通い、世子の講学を補佐している。また両者とも上山にあっては、「天輔館」を改編した藩校「明新館」で教鞭を執っていた。*14

道紹の息子で第二世代になる判兵衛、津禰の父は漢学者ではない。中学校の書記長であった。今なら事務長といった役どころだろうか。津禰に素読を授けたわけでもない。判兵衛には五人の娘がいた。余裕のある生活ではなかったが、父は娘津禰が学問に志すことに対しては、終生一貫した変わらぬ理解を持っていた。津禰は高等女学校を卒業し、いっとき小学校の教師を務めるが、何としても学問を続けたいという気持ちを抑えがたく、大正三年に上京

＊14　栗山道紹に関しては『上山町史　上山郷土史』（上山市、一九七五年）、金子清邦に関しては『幕末之名士　金子與三郎』（上山市、一九七七年）に拠る。以下の両者の記述についても同様。

する。彼女の望みは、良妻賢母を育てることをモットーとする女子の高等教育機関ではなく、男子の学ぶ通常の大学で本格的な文科の学問をすることであった。当時、唯一の女子高等教育機関は女子高等師範で、一般の大学では東北帝大が大正二年に三人の理科の女子学生を受け入れたのみであった。津禰はまず国語伝習所を経て、漢学塾二松学舎で学ぶ。津禰の言に拠ると当時の二松学舎は衰微の甚だしい時期であったが、父の判兵衛は、金子先生（金子清邦）の碑文を書いた三島中洲先生が作った学校だと言って大層喜んだという。金子清邦は慶應三年の「薩摩藩邸焼き討ち」の際、幕府に命ぜられて出兵した上山藩士を率い、流弾にあたって戦死している。上山ではその死を惜しみ、明治三〇年になって薩摩の顕官たちの許しを得て、上山城の側の月岡神社に銅碑*15が立てられるが、それに三島中洲が長文の碑文を撰しているのであった。津禰は大正五年に初めての女子学生として東洋大学二科（国語漢文哲学専攻）に入学。東洋大学ではたった一人の女子学生であった。大正九年に大学を首席で卒業。そして研究科に進み古城貞吉*16の指導を受ける。他に指導を受けた主な漢学者は、二松学舎では土《つち》屋《や》鳳洲《ほうしゅう》*17（弘）・安井小太郎*18。土屋には東洋大学でも指導を受けている。津禰は大学在学中に文検（文部省師範学校中学校高等女学校教員検定試験）に合格しており、研究科を修了すると、独特な教育理念を持って自由な教育を実施していた府立五中の校長、伊藤長七によって日本初の女性の中学教員、しかも漢文教員として採用される。

しかし、栗山津禰は漢文教師として終わったのではなかった。府立五中に八年間勤めて退

＊15　碑文の正式名は「得處金子先生碑」。この三島中洲が撰した碑は銅碑であったため、戦時中に金物供出として出され、失われてしまった。碑文は『幕末之名士　金子與三郎』（前出）で見ることができる。

＊16　古城貞吉（一八六六―一九四九）、熊本では竹添井井に学び、一高中退後は独学で中国学を修め、ついで中国に渡り四年ほど研鑽に勤めた。帰国後は東洋大学や他のいくつかの大学で教鞭を執った。著作に、日本と中国を通じて史上初と言われる中国文学の通史『支那文学史』（一八九七年）がある。

＊17　土屋鳳洲（一八四一―一九二六）は岸和田藩の藩校講習館で学び、維新後は師範学校校長を経て、華族女学校・二松学舎・東洋大学などで教授を務めた。チベット探検で知られる河口慧海は土屋の私塾での教え子である。なお土屋は没するま

職し、女性のための文検準備国語漢文講座を立ち上げ、それを発展させて昭和七年には藤村《ふじむら》作《つくる》・池田亀鑑・久松潜一などを擁して紫式部学会を設立した。そして「源氏物語」の講座の実施、会誌「むらさき」の編集等の会務を、時には私財を投げうって一手に引き受け、戦後はわが国初の歌舞伎座源氏物語上演なども成功させている。[*19] その学問に対する飽くなき情熱は、第一世代の漢学者であった祖父から流れている伏流水の現われのように思える。

第三節　昭和六年から昭和一五年

斯文会の活動

この時期の「斯文会」の活動は、会としても、役員個々人の活動としても、政治や社会の情勢を無視しては語れない。昭和六年九月の満洲事変、昭和七年三月の満洲国建国、昭和一二年七月の日中戦争の開始、昭和一五年九月の日独伊三国同盟など、次々と大きな出来事が起こる。しかもそのほとんどが、漢学者の学問の対象である中国大陸に関わることであった。漢学者の立場は難しく、時にその言動が時代の風潮に流される傾向があったことは否めない。

時の動きと連動したこの「斯文会」の動きは、昭和五年秋ごろから顕著になってくる。昭和六年になると「作興運動委員会」が毎月例会として開かれ、委員が「作興運動」のための

で「斯文会」の顧問であった。

＊18　安井小太郎（一八五八—一九三八）、安井息軒の外孫。東京帝国大学古典科を卒業し、学習院大学教授の時に中国に渡って北京大学堂で教え、帰国後は一高教授となった。退官後は大東文化学院・二松学舎などでも教鞭を執った。

＊19　この「紫式部学会」との関りに関する記述ついては、栗山津禰『紫式部学会と私』（表現社、一九五九年）に拠る。

講演に出かけるようになる。「作興運動」とは、関東大震災後の不安定な社会情勢を受けて、大正一二年一一月一〇日に出された「国民精神作興ニ関スル詔書」に基づくもので、国民精神の振興と国家の興隆を国民に呼びかけるものだった。これはやがて国体擁護、愛国心の強化等を呼びかけるものになってゆく。この運動は世の風潮であったわけだが、結果として漢学者たちが「忠孝」等の徳目を用いて運動を理論づけ、支える役割を果たすことになった。

しかし、一方では従前に増して活発な学会活動、漢文教育振興活動も見られる。全国の大学・専門学校・高校の教授たちを集めて、昭和七年一〇月二二日から三日間「第一回全国漢学大会」が開催され、様々な研究発表や各校間の交流が行われた。[*20] この催しは昭和一八年まで毎年企画され、二回目からは「全国中等学校漢文科教員協議会」と抱き合わせで開催され、多くの漢学者、漢文教育者が集う大会になった。これは戦後に設立された「日本中国学会」の原形と言うことができる。漢文教育振興も新たな展開を見せる。「斯文会」年来の主張であった「高等女学校に漢文を課する件」について本格的な議論が行われ、昭和七年一二月一六日に「高等女学校に於ける教科目中、国語科を国語漢文科に改められたい」との建議書を文部省に出向いて提出し、文部大臣・次官・学務局長に趣旨説明を行っている。[*21]

また、この時期は漢学者や教育関係者の活動が国外に向かう時期でもあった。朝鮮半島、中国大陸、中でも満洲国の建国後は中国東北部との関わりが密になる。「内鮮融和」「日支親善」「日満友好」というのがお題目でもあったから、文化団体や教員の視察団、生徒の修学旅行等、

＊20『斯文会八十年史』二八〇—二八五頁。

＊21『斯文会八十年史』二八〇—二八七頁。

様々な目的で彼の地への渡航が行われた。例えば一九三三年（昭和八年）の九月から一〇月にかけての『鄭孝胥《ていこうしょ》日記』から、当時の満洲国総理鄭孝胥と会見したり、詩の応酬をしたり、宴会を開いたりした漢学者を拾ってみよう。*22

国分青厓《こくぶせいがい》・長尾雨山《ながおうざん》・土屋竹雨《つちやちくう》などの漢詩人。北京で「続修四庫全書提要」の編纂を主宰していた橋川時雄。朝鮮から訪問した京城帝大の藤塚鄰《ふじつかちかし》。日満文化委員会の会議で渡満した服部宇之吉・内藤湖南。また、この前後には多くの中等学校の漢文教師や生徒との会見も見られる。中国人との直接の交流は、それまでの漢学のあり方や漢文教材に否応なしに微妙な影響を与えたものと思われる。一例を挙げると、昭和一二年版の中学校漢文教科書*23には「満洲国皇帝詔書」が教材として入ってくる。

ではこの時期の中学校の授業風景を二つほど見てみよう。

> （白髪の漢文教師は）「これから論語を読むが」といいながら、「これは諸君などにわかる本ではごわせん」と宣言した。そして、一行読む毎に、私たちにはほとんど全く通じない感想をいつまでも独言のように喋っていた。「この字を簡野はこういって居るが、簡野などにわかることではごわせん」。—しかし、簡野道明にわからぬことが私たちにわかるはずはなかった。碁の研究が殊にさかんに行われていたのも、その漢文の授業の最中であった。子供には「どうせわからぬ」と確信していた老人は、私語さえしなければ、生徒が何をしていようと一切構わなかった。*24

---

*22　『鄭孝胥日記』（中華書局、一九九三年）第五冊、二四八四—二四八九頁。鄭孝胥（一八六〇—一九三八）は科挙の福建郷試の挙人。中国文人の教養を備えた人であった。駐神戸領事なども務め、日本人との交流は幅広い。溥儀の側近で、満洲国建国後は総理の任にあったが、満洲国の実権を握っていた関東軍の不興を買い、解任された。総理在任中は政治家や文化人に限らず、多様な日本人が彼のもとを訪れている。

*23　簡野道明編『新修漢文新制版巻四』（明治書院、一九三七年）。

*24　加藤周一『羊の歌』（岩波新書、一九六八年）七六—七七頁。

東京府立第一中学校（現、都立日比谷高等学校）で加藤周一が受けた漢文の授業である。このクラスでは漢文の授業は生徒の内職の時間になっている。「斯文会」に集う漢学者たちの中学校漢文教育に対する熱意は、必ずしも現場にそのまま伝わっていたわけではなかった。一方で、またこんな授業の学校もあった。

顔色は渋柿の皮の如く、眼は小さく、背は低く痩せぎすで、謹厳寡黙、教壇にある姿は孔子さまの塑像のようである。その教え方かたは、まず自分が読み、しかる後に教室の生徒全員に復誦させる。その他に語句の説明もあっただろうし、また一人ずつ当てられて読むということもあったに違いないが、私の記憶では、この生徒全員が一斉に雛《ひよこ》のように嘴《くちばし》をそろえて読む場面が、昨日のことのように鮮やかに思い浮ぶ。原先生は語句の細かい解釈なんかよりも読書百篇義オノズカラ見《アラ》ワルことを重んじる、古風な型の先生だったのであろう。（中略）一度も怒った顔を見せられたことはない。雛どもに難しいことを教えてもどうせ馬の耳に念仏と諦めていられたのだろうか。とにかく生徒一同に音読を命じて、其れが終るまでの間じっと眼を閉じていられた。その音読だが、先生が「はい」と合図をされると、雛の嘴がそれとばかりにさえずり始める。それは一人一人の競争なので全員が声を合せて読むわけではない。早く読み終わった者が得意になってあたりを見回し、やがて一人ずつ終って、最後の一人が声を出さなくなるまで、先生ひとり沈思黙考、ひょっとしたら居眠りでもされていたのではないかと、疑う節もある。自慢を言えば、私は最も早く読み終わる一人に属していた。早く正確に読むためには、何としてでも予習を充分にし、殆ど文章を暗記するまでになっていなければならない。私は今でも早口の方だが、その頃は早言葉《はやことば》などを真面目に実習したものである。早言葉はまた繰言葉《くりことば》とも言って、当時私たちが愛読していた少年倶楽部によく載っていた。*25

府立一中と同様の進学校であった私立開成中学（現、開成中学校・高等学校）の授業の一コマである。どちらの授業がよいなどという問題ではない。教師と生徒のミスマッチは、教師の年齢・教材の内容などによって、漢文の授業では起こりやすかったのだろう。ただ、どちらの授業も、漢文は生徒にそうたやすく理解できる代物ではないという認識の下に進められているのは興味深い。しかし、そうだからと言って何の効果もない無駄な授業ということにはならない。教師の細かな語釈などは記憶に残らなくとも、作品そのものの肌触りのようなものは、鋭敏な中学生の感性をいたく刺激している。後者の授業を受けていた少年（福永武彦）は、この文章に続けて次のように言う。

その頃最も愛誦したのは、白楽天の「長恨歌」と「琵琶行」で、……中学生の頭の中なかに、或いは心のなかに、すらすらと入って来るような、一種の流麗としか言いようのない響きを持つ。……私はそれを塩谷温博士のアンソロジーで読んだのかもしれない。

春寒賜浴華清池
温泉水滑洗凝脂

＊25　福永武彦「心中無限事」（『夢のように』新潮社、一九七四年所収）二二三―二二五頁。

楊貴妃が入浴するこういう場面に、あらゆる想像力を駆使させていたのだろうと思う。後にアングルの「トルコ風呂」の複製を見て、すぐこの二行を思い出した。漢文はその意味がよく分からない時に一層暗示的であり、日本語に移して読んでも充分に美しい。[*26]

ここで挙げられているアンソロジーを当時の漢文環境に求めるなら、例えば『少年倶楽部』を卒業したような者が読む大衆雑誌『キング』などを思い浮かべてみればよい。『キング』は大日本雄弁会講談社（現、講談社）の月刊誌で、毎月百万部を超える発行部数を誇り（ピーク時は一五〇万部）、多くの愛読者を集めていた。この雑誌は豪華な付録が売りで、昭和一一年の新年号の付録の一つには「東西名詩集（西城八十）、吟詠漢詩集（塩谷温）」がついている。[*27]漢詩集だけに限って紹介すれば、日本漢詩が四八首、中国の漢詩が三七首収められている。もちろん「長恨歌」も「琵琶行」も入っている。今日で言えば月刊誌の『文藝春秋』に漢詩集の付録がついてくるようなもので、なかなかにわかには信じられないような漢文環境である。学校教育の教科書だけを相手にしていては、漢文環境の実態を見逃してしまう。

第四節　昭和一六年から昭和二〇年

斯文会の活動

昭和一六年一二月八日、太平洋戦争が始まる。この年の一月には「斯文会」主催、文部省・

＊26　同右。引用されている「長恨歌」の詩句の読みは「春寒くして浴を賜ふ華清の池　温泉水滑らかにして凝脂を洗ふ」。

＊27　『キング』第一二巻第一号付録（大日本雄弁会講談社、一九三六年一月）。全一三五頁中、漢詩部分は四五頁。

＊28　『斯文会八十年史』四八三頁。

東京日日新聞社後援で、皇紀二千六百年奉祝記念懸賞論文が募集された。[*28]題目は、「日本精神と聖賢の道」「東亜の新秩序と儒教」。この時期の漢文環境を象徴するような題目である。事活動は次第に時局に便乗したものが多くなる。中国との戦争も泥沼化していたが、米英と事を構え、やがて行き詰まり、戦争も末期を迎える。この時期、漢学に特化した集まりではないが、文化団体の大同団結を意図する集まりがいくつも開かれている。昭和一九年一一月には第三回「大東亜文学者大会」が南京で開かれた。会議の目的は、大東亜共栄圏の文学者が一堂に会し、文化の建設について語り合う、というものであったが、参加者は立場上仕方なく参加している人も多く、大方は及び腰であった。その中にあって、「日本文学報国会漢詩漢文部会」の代表として「斯文会」から参加した漢学者が顰蹙を買う。同席していた高見順などの文学者もあきれ果てているが、「東京から用意して来た拙劣俗悪な詩を朗吟し、中国も全体的ファッショ国の一員でなければならぬように叫びたがるのには閉口させられた」とは日本側の団長、長与善郎の言である。[*29]自作の漢詩を得意げに吟じ、時局に迎合する演説を一席ぶったのであろう。戦争末期のある漢学者の姿であった。

では、漢学者はすべてこのような道筋をたどったのであろうか。いや、そうではない。その一例として、この時期（昭和一七年）に若くして逝った中島敦の一族を見てみようと思う。

＊29　長与善郎『わが心の遍歴』（筑摩書房、一九六〇年）。二四一頁。この漢学者の言動に対する嫌悪感は、『高見順日記』（一一月一一日）、武田泰淳『上海の蛍』一五四頁などでも触れられており、長与だけの所感ではない。またこの大会に参加している文学者の様子は、大澤信亮「小林秀雄　第五十八回」（『新潮』、新潮社、二〇一八年九月号）二五〇―二五四頁に詳しい。

漢学者中島家の三世代、撫山―田人―敦

第一世代の中島撫山《なかじまぶざん》（一八二九―一九一一）は、亀田鵬斎《かめだほうさい》の流れを継ぐ亀田綾瀬《かめだりょうらい》、亀田鶯《かめだおう》谷《こく》に学んだ漢学者で、初めは江戸に、維新後は埼玉県久喜に漢学塾を開いて、地域の文教に大きな貢献をした人である。男子の子は七人。以下のような人たちである。長男靖（綽軒《しゃくけん》）は、亀田鶯谷の門に学び、栃木で漢学塾「明誼学舎」を開く。二男端（斗南《となん》）は、亀田鶯谷の門に学び、中国に渡り、羅振玉などとも交流があり、漢詩文に優れ、『斗南存稿』などの著作を残す。晩年の斗南の姿は敦の小説「斗南先生」に詳しい。三男の竦《しょう》（玉振）は、「文検」に合格し、北京に渡って一〇年ほど滞在し、蒙古語・蒙古史を研究して帰国。善隣書院で教鞭を執りながら文字学を研究した。『蒙古通史』『書契淵源《しょけいえんげん》』の著作もある。四男翊《たすく》は、師範学校を卒業した後、クリスチャンになり、東京聖十字教会の管理牧師を務めた。五男開蔵は、東京帝国大学工科大学を卒業し、海軍技術中将になる。六男田人《たびと》は、敦の父である。「文検」の漢文科に合格して中学校の漢文教師となり、京城や大連など各地の中学校で教鞭を執る。七男の比多吉《ひたき》は、東京外国語学校清語学科を卒業し、満洲に渡り、関東庁翻訳課長を務め、満洲国建国後は溥儀の側近として仕えた。*30 以上七人の男子は、いずれも幼少期に父撫山から漢学の手ほどきを受けている。ただし、漢学の世界では、「斯文会」の役員の漢学者などとは一線を画する在野の人たちである。

＊30　中島家の第一、第二世代の履歴については、『中島敦研究』（筑摩書房、一九八六年）。中島家関係資料に拠った。

中島敦（一九〇九―一九四二）は、両親の離婚により、二歳から五歳まで久喜の中島家で育てられる。しかし、引き取られた時には既に撫山は没し、父の兄弟たちも年齢から推して家を出ており、久喜で誰かから漢学の手ほどきを受けたという記録もない。その後は中学を修了するまで父と一緒だが、田人が漢文を教えてやったことはないという。してみれば、中島敦の漢文力は、主に学校教育と身の回りにあった本の読書によるということになる。敦は朝鮮の京城中学の四年間を首席で通し、四修で一高に入るような飛び切りの秀才であった。「中学一年ですでに四書五経を読破し、多くの和漢の書を読みふけっている」[*31]という評判があり、敦の質問には漢文の先生もたじたじで、論争になると翌日敦に根拠となる本を示されて兜を脱ぐのがしばしばであったという[*32]。また中学四年の修学旅行で満洲に行った時などは、筆談で中国人と対話する敦を見て、「中国人といえども、かなうものは多くはいない筈だ」[*33]と同級生が言っている。この類まれな第三世代は漢学者にはならず、小説を書いた。「山月記」「盈虚《えいきょ》」「牛人《ぎゅうじん》」「名人伝」「弟子」「李陵」。いずれも第二世代の「忠孝」の漢学をそのまま祖述するような漢文世界ではない。登場人物は、自己の才能や抗いがたい運命によって数奇な人生を送ることが多く、身をよじるような苦悩と混沌とした暗い内面が描かれる。そこには複雑で奥行きのある世界を持っていた第一世代の漢学が、伏流水として現れているのかもしれない。

＊31　田鍋幸信編著『中島敦・光と影』（新有堂、一九八九年所収）の稲本晃「秀才中島敦君」一九七頁。稲本は京城中学の同級生。

＊32　『中島敦研究』（前出）所収の湯浅克衛「敦と私」二二九頁。湯浅も京城中学の同級生。

＊33　同右。二三三頁。

第五節　多様な漢文環境

「環境」は出来事だけで形成されるのではない。目に見えない空気や雰囲気を掬い取らなければその全容はつかめない。出来事に空気を通わせるには、多方面にアンテナを張り、多くの事例を集め、それを支えている状況を知らねばならない。たとえば、ここで取り上げた第二世代の漢学者は学界でも名の通った有名な人たちであるが、空気を再現するにはその人たちを支えている多くの無名の中学校漢文教師に注目する必要がある。この小論では中学の授業は三つほど垣間見ただけであるが、これと異なる教室風景を持つ授業が数多く存在していたことは想像に難くない。むしろ、有無を言わせぬ厳格な授業が通常の授業であったかもしれない。また、メディアについても雑誌だけではなく、新聞の記事、ラジオから流れていた講談、さらには戦時中のスローガンなどにまで広げて検討する必要がある。時代は移るが、戦後の映画に描かれる戦前の漢文教師の姿も興味深い。小津安二郎の映画「秋刀魚の味[*34]」には、かつての旧制中学の漢文教師が年老いた姿で登場するが、もはや生徒をぎゅうぎゅう絞ったころの面影はなく、いささかのからかいを込めた憐憫の対象となって現れる。

このように、どの出来事に焦点を合わせるかによって見えるものは異なってくるが、同じ出来事の中でもさまざまな姿が見てとれる。例えば第二世代の「斯文会」の漢学者たちは、

＊34『秋刀魚の味』（小学館DVDBOOK小津安二郎名作映画集第7巻、二〇一一年）。この映画は昭和三七年の作品。

当然のことながら、すべてが同じ言動をしていたわけではない。会としての活動を見れば一定の方向性を持ってしまうが、個々の漢学者は時局に超然としていた人もいるし、前のめりであった人もいる。在野の漢学者においては更に多様である。

そうした中で、この小論で特別な思いで取り上げたのは、第三世代の二例であった。学問への情熱をかきたてて上京し、女性最初の漢文教師になり、後半生を紫式部学会の設立・運営に捧げた栗山津禰。戦時下にあって、人間の自我や混沌とした内面の恐ろしさを小説で描いて見せた中島敦。両者の活動の中心は漢学そのものではない。しかし、その仕事の契機は漢学者の系譜の転生とでも言うべきもので、「昭和期戦前の漢文環境」を描くときには欠かせない現象である。今後はこうした第三世代の人々に注目して「漢文環境」の考察を進めたい。

【参考文献】
『斯文会八十年史』（斯文会、一九九八年）
『鄭孝胥日記　全5巻』（中華書局、一九九三年）
栗山津禰『拓きゆく道』（明治書院、一九四〇年）
『上山町史　上山郷土史』（上山市、一九七五年）
加藤周一『羊の歌』（岩波新書、一九六八年）
福永武彦『夢のように』（新潮社、一九七四年）
『キング』付録「東西名詩集・吟詠漢詩集」（大日本雄弁会講談社、一九三六年一月号）
『中島敦全集　全3巻別巻1』（筑摩書房、二〇〇二年）

第二章　受験漢文

江藤茂博

第一節　藩校由来・「漢文学」形成・言文一致

明治五年（一八七二）八月二日（新暦九月四日）の「学制」によって小・中・大学という学校の教育課程の区分と段階が示された。そこでは、「自ら其身を立て」る国民の育成が、「其身を脩め知を開き才芸を長ずるは学にあらざれば能はず是れ学校の設あるゆゑん」と、学校教育に依ることが示される。そして、それによって「邑に不学の戸なく家に不学の人なからしめん事を期す」とする目的とが、その「学制」では謳われたのである。具体的には、初等教育としての小学校での教育内容の大枠もそこで示されていた。

それに対して高等教育としての大学は、西洋近代の学問や技術の移入する機関であると同時に国家有用の人材を育成する学校でもあったので[*1]、まずは小学校の整備が急務であったことは想像に難くない。私塾等を活用しながら、設置運営を担当する「学区」を「郡区村市等ニヨリ之ヲ区分」し、負担は原則として「学区」という当該の地方行政によることとした。

＊1　当然ながら、明治一〇年（一八七七）の東京大学発足時の入学者は、国家の人材育成を目的として、経歴によってさまざまなバックグラウンドを持つものたちであった。

中学校[*2]という中等教育機関の教育内容は、必然的に初等教育と高等教育を接続する面とそこでの人材育成を完結させる面とを持つことになる。そのことが明確になるのは、こうした新たな小学校教育を終えたものたちが世に登場する明治一〇年代後半であった。

明治一七年（一八八四）一月二六日「中学校通則」、さらに明治一九年（一八八六）四月一〇日の「中学校令」と「尋常中学校ノ学科及其程度」で、中等教育の整備が進む。同年の「帝国大学令」も、こうした一連の「学校令」（「帝国大学令」「師範学校令」「小学校令」「中学校令」「諸学校通則」）のひとつとして公布されたものである。さらに、明治二七年（一八九四）六月二五日の「高等学校令」によって、中学校は、小学校での初等教育と、高校と大学での高等教育との間の接続を担当する教育課程を明確に担うことになった。

国語科に目を向けるならば、先の明治一九年六月二二日の「尋常中学校ノ学科及其程度」では、具体的に「国語及漢文」と教科が示されて、その内容としては「漢字交リ文及漢文ノ講読書取作文」と記された。それは、中等教育校のモデルのひとつとして旧藩校[*3]があり、前身である藩校での儒学的な教育内容に配慮されたものではないか。そして、端緒についたばかりの「師範学校令」による中学校教員の養成と、それに応じる具体的な中学校の現場とが大きな理由となって、この「国語及漢文」という教科を生んだのだと思う。

それに対して高等教育の領域では、明治一〇年（一八七七）の東京大学文学部に設置された和漢文学科を受け継いで、明治一九年の帝国大学文学は和文学科と漢文学科に分離した学

＊2　「明治三年二月「大学規則」ならびに「中小学規則」を制定して、中学校設置の計画を示した。この規則は大学の予備教育段階として中学を位置づけていた。いくつかの藩や府県では、この規則の影響のもとに、学制改革を試み、中学校を新設しあるいは藩校を改造して中学校を設けた。三年の東京府の中学校、京都府の中学校のように新制度を試みたもの、福山藩の誠之館、福井藩の明新館、名古屋県の明倫堂のように藩校を改造して中学校を設置したものなどがあった。」（文部科学省「学制百年史」学制における中学校の制度　学制の中学校規定）。

＊3　早くは＊2に見られる「藩校を改造して中学校を設置」の事例であり、藩校が旧制中学に組み替えられ、さらにそれを経た新制高校が、江戸期に藩であった各地での名門高校と呼ばれている。

科構成であったが、さらに明治二一年（一八八八）には和文学科は国文学科に改称されていく。こうした高等教育研究領域での「和漢文学」から「国文学」形成が、いわば高等教育側の事情である。もちろん、漢文学科も研究領域として独立形成されていく。国学と漢学の西洋近代的な学問領域としての再構成は、「和」とされる国学的な領域が、近代的な国民国家形成に対応した言語表現の近代化と組み合わされて、「国文学」新領域に移行する。

またそこには、時代背景として、いわゆる言文一致の文体を使った日本の近代小説が登場した。そうした日本語表現の推移のなかで、漢文また漢文脈の表現は、旧来の文化のものとなる。つまり、明治期前半の漢学と漢文をめぐる状況は、こうした藩校由来の教育現場の漢学から漢文へ事情と、「漢文学」という「文学」知の領域として西洋近代的な高等教育に再構築されていく事情と、さらに文芸などによる新しい日本語表現の登場という事情が生む、漢学文化を巡る最初の鼎立的な力学のなかで、「国語及漢文」が中等教育の日本語表現に関する教育教科として成立したのである（図1）。

第二節　学校漢文と国語

近代的な日本語表現の成立期には、「国語及漢文」とされた教科ではあったが、漢文については、高等教育での西洋的な専門領域区分との接続性がかなり限定されてしまうために、進学を希望する生徒たちの学習意欲や接続性のある専門領域として教室で内容を深めるのは難しかったのではないか。つまり、日本語表現に関しては、その汎用性はいわずもがなであるが、漢文表現に関しては、近代的な学問領域との結びつきは、極端に言うとほぼ無いに等しい。このことが、江戸期の漢学とされた知の領域の近代的再構築に大きな影響を与えることになるのだが、この話題はもう少し後に回したい。こうした上級学校での教育研究との接続性の少なさが、入試科目に使われる他の教科とは決定的に違っていたのではないかということをここでまず指摘しておきたい。繰り返しになるが、このことが漢文学習の意欲と教科のありかたに影響を与えることになった。

もちろん江戸期での儒学を学ぶ教育文化は、近代日本の教育制度にも受け継がれたものの、儒学的領域をいわば原典研究として近代的に再構築するには哲学思想領域でのそれであり、いわば道徳教育領域では、それを展開させる余地があまり無かった。また、明治二七年（一八九四）から翌二八年（一八九五）の日清戦争での勝利は、中国の思想に対する哲学思想領域での進展に大きく影響した。脱亜的傾向は強くなり、西洋の哲学思想領域の比重が、さらに大きくなっていくのである。

その後、中等教育における漢文教育の位置づけは、さらに揺れ続けることになる。テクストが漢文であることを特質とするとしても、解読対象が訓読文テクストである限り、それは国語という領域に組み込まれているからである。明治三四年（一九〇一）三月五日の「中学

乙号表

学年＼学科目	基本科目：修身	公民科	国語漢文	歴史・地理	外国語	数学	理科	図画	音楽	作業科	体操	基本科目総時数	増課科目：	国語漢文	外国語	数学	理科	実業	図画	音楽	増課科目ニ充ツルベキ総時数	合計
第一学年	一		七	三	五	三	二	一	一	二	二	五										三〇
第二学年	一		六	三	五	三	三	一	一	二	二	五										三〇
第三学年													第一種	一—三	二—五	一—二	一—二	三—五	一—二	一—二	一一—一五	三一—三五
	一		四	三		三	三			一	一	五	第二種	一—三	四—六	一—二	一—二		一—二	一—三	一〇—一三	三〇—三三
第四学年													第一種	一—三	二—五	二—四	一—四	三—五	一—二	一—二	一一—一五	三一—三五
	一	二	四	三			四				一	五	第二種	一—三	四—七	二—五	一—二		一—二	一—二	一〇—一三	三〇—三三
第五学年													第一種	一—三	二—五	二—四	一—四	三—六	一—二	一—二	一一—一五	三一—三五
	一	二	四	三			四				一	五	第二種	一—三	四—七	二—五	一—二		一—二	一—二	一〇—一三	三〇—三三

図１　中学校令施行規則中改正（昭和六年一月十日文部省令第二号）文部科学省『学制百年史資料編』より

校令施行規則」の「第三条」では、中学での教授概要として、「国語及漢文ハ現時ノ国文ヲ主トシテ講読セシメ」とある。そこでは、漢文に関して「平易ナル漢文ヲ講読セシメ」という範囲も示す。また、明治四四年（一九一一）七月三一日の「改正中学校令施行規則」もほぼ同じで、「平易ナル漢文ヲ講読セシメ簡易ニシテ実用ニ適スル国文ヲ作ラシメ国語文法ノ大要及習字ヲ授クベシ」と「国文ヲ主トシテ」の方向に変化はない。そして、繰り返し指摘されていることではあるが、大正六年（一九一九）二月七日の「中学校令中改正」で「国民ノ道徳養成」が加わる。さらに、昭和六年（一九三一）一月一〇日の「中学校令施行規則中改正」では、「国語及漢文」が「国語漢文」と表記の変更が生まれた（図1）。また、同年二月七日の「中学校教授要目改正」では、漢文教材を「邦人ノ著作ニ為ルモノヲ主トシ」が加わる。

第三節　中学校教員・高等教育機関・進学者数

「国語漢文」へ推移し、さらに漢文教材が「邦人ノ著作ニ為ルモノヲ主ト」するように改変されていくなかで、繰り返しになるが藩校由来の現場と、領域が西洋近代的に再構築されていく事情、そして同時代文芸による新しい日本語表現の登場という、これら漢文科をめぐる明治期の鼎立的な事情は、次にどのような変容をしたのだろうか。このことを、「国語漢文」とそれを担当する教員、そして受験漢文の問題として考えていくことにする。

中学校の漢文科の実態を考えるにあたり、中学校における教員免許と教科内容のありかたの事情と、上級学校における漢文・漢学に関する教育研究と教員免許授与という高等教育機関（さらにはそれらを統括する文部省）からの教科への圧力と、進学者数から見た教育の大衆化という事情とに分けて考察する必要がある。これが、大正期から昭和戦前期にかけて生まれた、漢文科をめぐる二番目の鼎立的な力学の現前化である。

中学校での教授内容は、国語と漢文に分かれており、教員の免許状もやはり国語と漢文とに分かれていた。たとえば、昭和一五年の欧文社『受験旬報』八月上旬号に、[*4]野澤久二「中等教員への道」という文章がある。すこし長い引用になるが、それは、「元来中等教員になるには、高師、文理科大学及びその他各種の教員養成所、例へば商業教員養成所、工業教員養成所等、教員養成を目的とした学校を出るのが正道であるが、然し教育界の現状は以上の学校の出身者のみを以てしては、到底その需要を充たすに足りないので、これらの所謂茗渓派に対峙して帝大派があり、その他私立大学出の学士、各種高等専門学校出身者、私大高等師範部卒業生等々が雑居して居る。更に之等の無試験検定群に加えて、所謂文検派の一群がいる。」で始まっていた。そして、「与えられた特典」としての「各種の高等専門学校の教員無試験検定科目を列挙」する。それは、「得策」として「中学を出て、四ヶ年の高師を卒業するよりも、中学を卒へて三ヶ年の専門学校を出れば、一年早い。年限の問題は別としても、土地の関係その他家族の事情からしてこの方法のよい場合がある。さうして勉強して高等教員の試験[*5]をパスして学究として前進すれば、ハンデキヤップも少なくなるし、前途も洋々として来る」というのである。その文書に続けて、どの高等専門学校で、どの教員科目が無試験取得できるのかという一覧表を掲げている。「高等学校　文科甲類、理科甲類―○英語理科一般―○数学（第三学年に於て数学毎週六時間を修め且その成績優等なるものに限る）註、学習院高等科、官公立大学予科、及び大学令に依る私立大学予科も右に準ずる。高等商業学

＊4　欧文社は後に旺文社と社名を変更。ここで使用したのは、昭和一五年（一九四〇）八月五日発行の『受験旬報』である。この雑誌は、同社の『螢雪時代』の前身でもある。

＊5　同時代には「高等学校教員検定試験」も実施されていた。

校　本科―商業、簿記、〇英語　註、東京商科大学商学専門部、大阪商科大学高等商業部も之に準ずる」と続く。〇は「「當該科目の成績優等なる者に限る」といふ条件付きのものであつて、いわゆる「優等」とは内規によれば七十五點以上を指し」と説明が付してある。ここでは、国語・漢文に関する「三ヶ年の専門学校」の箇所だけを抜き書きする。つまり、ここに以下転載したのは、国語・漢文の教員無試験検定の課桂を持つ高等専門学校などのリストのみということになる。ただし、関連する隣接領域の学科も一部抜き書きした。

神宮皇学館　本科―国語、漢文、歴史

大東文化学院　本科正科―漢文　甲種別科―漢文

大日本武徳會武道専門学校　武科―剣道、柔道　文科―国漢

二松学舎専門学校　本科―国語、漢文

別科―国語、漢文

東洋大学専門部　倫理学教育学科―修身、教育

倫理学東洋文学科第一部―修身、国漢

同第二部―漢文

東洋文学科第一部―国語、漢文

同第二部―漢文

大正大学専門部　高等師範科―国語、漢文

駒澤大学専門部
国語漢文科―漢文
別科甲種―漢文

立正大学専門部
高等師範科国語漢文科―国漢

國學院大學高等師範部
高等師範部第一部―修身、国語、漢文
同第二部―国語、漢文、歴史
神道部本科―歴史
神道部別科―歴史

法政大学高等師範部
英語科正科―英語
国漢科正科―国漢

日本大学高等師範部
修身公民科本科―修身、公民
同別科―修身、公民
国語漢文科本科―国語、漢文
同別科甲種―国語、漢文
地理歴史科本科―地理、歴史
同別科甲種―地理、歴史
英語科本科―英語
同別科甲種―英語

＊6　豊田徳子「戦前期日本の私学における中等教員養成の研究　私立の大学・専門学校と無試験検定―日本大学を事例として」（『東京大学史紀要』二六、東京大学史史料室編、二〇〇八年三月）では、日本大学高等師

早稲田大学高等師範部　国漢科第一種―国漢
同第二種―国漢
英語科第一種―英語
同第二種―英語

こうした国語や漢文を含む無試験での中等教員養成と、学校をめぐる状況については、すでに豊田徳子が日本大学高等師範部を取り上げて、大正期末から昭和戦前期にかけての中等教員無試験教員検定による取得者の急増を指摘[*6]しているが、ここで私が関心を向けたいのは無試験検定の要件を満たした各学校が、それに応じた専門教員を擁していただろうということである。こうした高等専門学校に相当する専門部や予科、そして高等師範部を含めると、各大学等の、国語漢文学系高等教育機関の数はかなりなものになる。[*7]それは、国文学や漢文学の研究領域に関する活性化をもたらすものでもあったはずだ。早稲田大学高等師範部が中等教員養成機能を持つ組織としたのは明治三六年（一九〇三）だが、同年専門学校令が公布されて制度化されたからでもあろう。先の『受験旬報』に紹介された昭和一五年（一九三〇）までには学校数とそれを支える生徒・学生数は共に拡大していた。そのために、旧制の大学文学部や高等師範学校からだけでなく、旧制の専門学校相当の学校からもまた国語と漢文の教員が数多く輩出されていたのである。

このように国語や漢文の教員の増加と制度的な国語と漢文の区分[*8]が、中学校教員検定と教

範部を例に取り上げて、無試験検定の許可を取得した学科での各中等教員免許状の取得者数を調べている。一九〇三年度の第一回の免許状が下付三五人で始まったものが、学校としての規模拡大もあるが、一九二三年度の八三人、一九二四年度の一五七人、一九二六年度の二四四人、一九二七年度の三四四人と、数値を調べて、中等学校の教員が増えていく実態を指摘した。

＊7　二松学舎専門学校を例に上げると、漢文科の教員数は、漢学中国学関係の専門家だけでも二二名である。（『二松学舎百年史』（一九七七年））

＊8　昭和六年（一九三一）一月一〇日の「中学校令施行規則中改正」乙号表には、「国語漢文」の時間数が示されている。このように配分として国語と漢文が分けられているのは、第二次世界大戦後も続く。

科内容のありかたの事情ともなる。言い換えると、国語と漢文という二つの系列の教員養成は、中学校における教員組織と教科内容のありかたを決める。それぞれの専門性と専門家集団の誕生である。『受験旬報』八月上旬号の野澤久二「中等教員への道」でも「勉強して高等教員の試験をパスして学究として前進すれば、ハンデキャップも少なくなるし、前途も洋々として来る」とあった。専門家、研究者としての道筋も用意されている職業として、その教育職の専門性というものを示すことができるのである。

このことは、繰り返すことになるが、大学だけでなく無試験検定を実施できる教育機関についても、国文学や漢文学の教育研究者の存在が前提になっていることを示している。専門性を認定する専門機関が、漢文という教科区分での教員を養成するということは、漢文という専門性を持つ中学校教員を認定する、やはり専門性を持つ上級学校の教員たちによる機関が必要になるからだ。

そして、中学校における漢文の教員養成の事情が、上級学校における漢文・漢学に関する教育研究認定のためにも存在させることになる。さらに、無試験教員検定という高等教育機関（さらにはそれらを統括する文部省）の教科ありかたを支える制度が、それに共犯関係となる。それを支えたのが近代日本の生徒数の推移であった。明治一九年に一〇三〇〇人だった中学生は、明治四四年には一二五三〇四人に増え、大正八年（一九一八）に一六六六一六人となった中学生は、昭和一五年には四三二二八八人とさらに増えている。[*9]中学校教員の養成、教員

＊9　文部科学省「学制百年史」。

養成のための高等教育機関の専門研究者必要性、そして中学生生徒の数が、明治期末から昭和戦前期における漢文科をめぐる二番目の鼎立的な力学であった。

第四節　試験漢文・上級学校・受験生

これまでにみてきた、明治期と明治期末から昭和戦前期との二つの鼎立的な力学のなかで生まれたのが、漢文科である。それは、漢文教育が衰退した状況を示していると言えるのだろうか。昭和五年（一九三〇）五月二〇日発行の「受験と学生」[*10]臨時増刊号第十三巻第六号（一九三〇年五月、研究社刊）は、全国の高等学校や高等専門学校、そして大学予科などの入試問題に解答を付した「臨時増刊号」である。試験科目別に取り上げられているのは、英語、数学、国語、漢文の各科で、それぞれ英語が四四校分、数学が三七校分、国語が二六校分、漢文が二四校分である（図2）。専門教授領域からの学校種を考えると、こうした入試問題の取り上げ方は、すくなくとも上級学校進学のための漢文教育は衰退したとは考えにくい。

また、先に触れた昭和六年（一九三一）一月一〇日の「中学校令施行規則中改正」以降の、「中学卒業若ハ同等以上ノ学力」を必要とした「衆議院速記者養成学校」[*11]昭和八年（一九三三）度入学試験も、学ぶことの特殊性があるにせよ、「漢文」「作文」「英語」「国語」「書取」「口頭試問」の六科目となっていて、「漢文」の問題量はほかの科目に劣らない。[*12]この「中学校

＊10　「受験と学生」は、研究社が発刊した大正七年（一九一八）創刊の高等教育機関受験情報雑誌。

＊11　衆議院速記者養成学校は、大正七年から平成一八年まで存在した学校。「昭和八年速記練習生採用試験問題」は、雑誌「受験生」昭和九年五月発行の第十一巻第五号より転載。

＊12　ただし「衆議院速記者養成学校」入学試験問題で「漢文」の試験が課せられているのは、漢語表現が使われることが多いことによる特殊事情ではないかと思う。

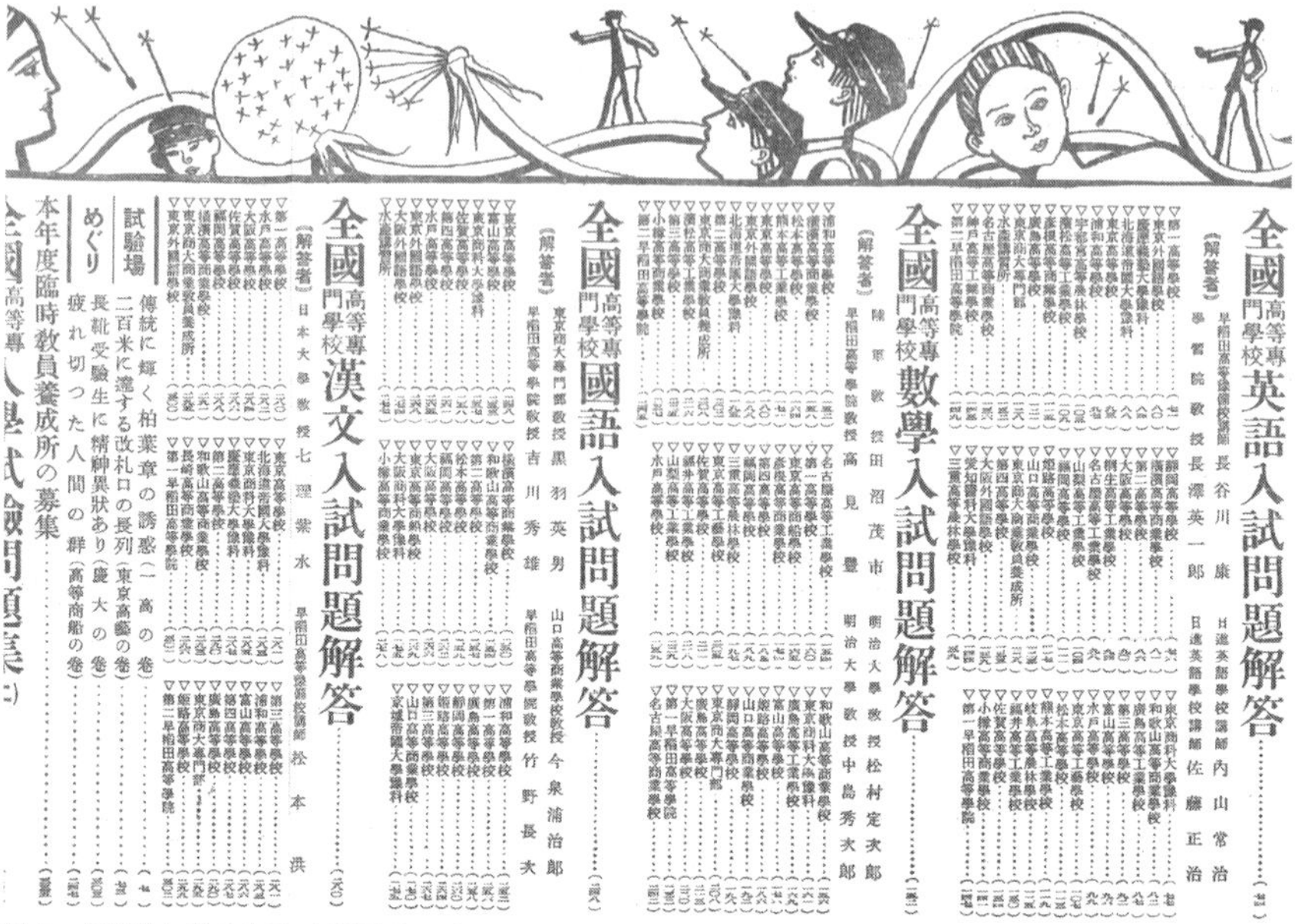
全國高等專門學校英語入試問題解答

〔解答者〕早稻田高等學院講師 長谷川康　日進英語學校講師 内山常治
學習院教授 長澤英一郎　日進英語學校講師 佐藤正治

▽第一高等學校
▽東京外國語學校
▽慶應義塾大學豫科
▽北海道帝國大學豫科
▽東京高等學校
▽浦和高等學校
▽宇都宮高等農林學校
▽濱松高等工業學校
▽彦根高等商業學校
▽廣島高等學校
▽東京商大專門部
▽水產講習所
▽名古屋高等商業學校
▽神戸高等工業學校
▽第二早稻田高等學院
▽靜岡高等學校
▽橫濱高等商業學校
▽第二高等學校
▽大阪高等學校
▽桐生高等工業學校
▽名古屋高等工業學校
▽山梨高等工業學校
▽福岡高等學校
▽姬路高等學校
▽山口高等商業學校
▽東京商大商業教員養成所
▽第四高等學校
▽大阪外國語學校
▽愛知醫科大學豫科
▽三重高等農林學校
▽東京商科大學豫科
▽和歌山高等商業學校
▽廣島高等工業學校
▽第三高等學校
▽富山高等學校
▽水戸高等學校
▽東京高等工藝學校
▽松本高等學校
▽熊本高等工業學校
▽岐阜高等農林學校
▽福井高等工業學校
▽佐賀高等學校
▽小樽高等商業學校
▽第一早稻田高等學院

全國高等專門學校數學入試問題解答

〔解答者〕陸軍教授 田沼茂市　明治大學教授 松村定次郎
早稻田高等學院教授 高見豊　明治大學教授 中島秀次郎

▽浦和高等學校
▽橫濱高等商業學校
▽松本高等學校
▽熊本高等工業學校
▽東京高等學校
▽東京外國語學校
▽北海道帝國大學豫科
▽第二高等學校
▽東京商大商業教員養成所
▽濱松高等工業學校
▽第三高等學校
▽小樽高等商業學校
▽第二早稻田高等學院
▽名古屋高等工業學校
▽第一高等學校
▽東京高等商船學校
▽彦根高等商業學校
▽第四高等學校
▽福岡高等學校
▽三重高等農林學校
▽東京高等工藝學校
▽佐賀高等學校
▽福井高等工業學校
▽山梨高等工業學校
▽水戸高等學校
▽和歌山高等商業學校
▽東京商科大學豫科
▽廣島高等工業學校
▽富山高等學校
▽姬路高等學校
▽山口高等商業學校
▽靜岡高等學校
▽東京商大專門部
▽廣島高等學校
▽大阪高等學校
▽第一早稻田高等學院
▽名古屋高等商業學校

全國高等專門學校國語入試問題解答

〔解答者〕東京商大專門部教授 黒羽英男　山口高等商業學校教授 今泉浦治郎
早稻田高等學院教授 吉川秀雄　早稻田高等學院教授 竹野長次

▽東京高等學校
▽富山高等學校
▽東京商科大學豫科
▽佐賀高等學校
▽第四高等學校
▽水戸高等學校
▽東京外國語學校
▽大阪外國語學校
▽水產講習所
▽橫濱高等商業學校
▽和歌山高等商業學校
▽第二高等學校
▽松本高等學校
▽福岡高等學校
▽大阪高等學校
▽東京高等商船學校
▽大阪商科大學豫科
▽小樽高等商業學校
▽浦和高等學校
▽第一高等學校
▽廣島高等學校
▽靜岡高等學校
▽姬路高等學校
▽第三高等學校
▽山口高等商業學校
▽京城帝國大學豫科

全國高等專門學校漢文入試問題解答

〔解答者〕日本大學教授 七理棠水　早稻田高等學院講師 松本洪

▽第一高等學校
▽水戸高等學校
▽大阪高等學校
▽佐賀高等學校
▽福岡高等學校
▽橫濱高等商業學校
▽東京商大商業教員養成所
▽東京外國語學校
▽東京高等學校
▽北海道帝國大學豫科
▽東京商科大學豫科
▽慶應義塾大學豫科
▽第二高等學校
▽和歌山高等商業學校
▽長崎高等商業學校
▽第一早稻田高等學院
▽第三高等學校
▽浦和高等學校
▽富山高等學校
▽第四高等學校
▽廣島高等學校
▽東京商大專門部
▽姬路高等學校
▽第二早稻田高等學院

試驗場めぐり

傳統に輝く柏葉章の誘惑（一高の卷）
二百米に達する改札口の長列（東京高藝の卷）
長靴受驗生に精神異狀あり（慶大の卷）
疲れ切つた人間の群（高等商船の卷）

本年度臨時教員養成所の募集

全國高等專

図２　「受験と学生」臨時増刊号目次

令施行規則中改正」に準拠した中学生が卒業を迎える昭和一一年（一九三六）一一月に発行された光学館編集部編「文法本位　漢文百題」[*13]は、その「例言」に「本書は高等学校・専門学校への入学準備用として編纂したもの」とあり、昭和一四年（一九三九）四月には二〇版を出している。なお、この一〇〇題の漢文の中で、古賀精里、大橋訥庵、斎藤拙堂、山田方谷などの日本漢文は四〇題であった。[*14]

中学校漢文科は、上級学校に漢文関係の講座および担当教員がいて、そのために漢文の入試問題が出題されるならば、その対応をすることになる。それは、いわば先

＊13　「文法本位　漢文百題」は昭和一一年一一月に光学館から発行された「高等学校・専門学校への入学受験準備用として編纂」した、全六二ページの小冊子。

＊14　昭和六年（一九三一）の「中学校教授要目改正」での「邦人ノ著作ニ為ルモノヲ主トシ」とあっても、受験漢文に関しては中国古典からのものが多い。

＊15　石川誠『文検国語科受験及就職の手引』（昭和七年一月一一日発行）では、「この中等教員の検定には無試験と試験の二種類あるが、専門程度の学校

に言及した共犯関係の現場である。入試のための漢文教育は、このような上級学校の学問領域からの要請だけはなかった。さらに「文検」と呼ばれた中等教員検定試験[*15]の漢文科受験のためにも存在する。もちろん、無試験検定が認められている学校でも、学生はある程度の漢文についての学力を必要としていたことは想像できる。そのための試験科目であり、入学段階での学力保証を手に入れるほうが、上級学校も教育の効率化を展開できる。もちろん、教育の効率化だけでなく、教科として存在する「国語漢文」にもっとも多くの授業時間数が配置されていることも、入試問題として漢文が出題される直接的な根拠のひとつだろう。

　次に受験生の文化から、漢文科に私は目を向けてみたい。ここでは竹内洋『立志・苦学・出世　受験生の社会史』[*16]を取り上げて、その指摘に沿うようなかたちで、受験生の文化を取り上げようと思う。

　まず、「受験という用語は」「明治のおわりころからの上級学校進学者たちの生活世界の端的な用語にな」ったと竹内はいう。そして、受験生向けの雑誌に掲載された「受験体験記」から、「受験準備の世界とは努力と勤勉の世界である」とさらに指摘した。また、その受験雑誌とは「『頑張らなければならない』という刺激剤」だという「私の解釈」をそこに加えている。それは、「受験雑誌は自己準拠的な円環を描いていることに気がつくはず」だという。つまり、「受験雑誌は努力と勤勉の受験的生活世界の物語を供給したが、受験生はそういう物語を完璧に生きることは困難である。困難であるからこそ刺激を与えつづけた。」という

或は大学等でその資格を認定せられる学校を卒業したものは無試験検定によつて中等教員又は高等学校教員の免許状を下付される。その折に出願する形式が無試験検定願で、所謂文検受験者には直接関係がないから、これも述べない。さて所謂文検国語科は初め現在のやうに独立してゐたのであつたが、その後国語及漢文科として合併して一科とされた。それが再び二科分立して現在のやうになつたのである。それも試験は年一回であつたが、大正十一年から年二回となつた。これは供給不足関係から醸成された制度で、その後供給過剰となつた為、昭和二年から、また年一回に逆戻りした。」と、状況に応じて制度が柔軟に対応する教員検定の仕組みがここに述べられている。

＊16　竹内洋『立志・苦学・出世　受験生の社会史』（講談社学術文庫版、二〇一五年九月一〇日）八七頁―一一一頁。

のである。

ただし、「背後の陰謀者は、暗記という大きな努力を要求する日本の大学の入学試験問題にあった。」とする。そして、日本に限らず「試験はどんな場合でも受験者に『預金型』学習を強いる。『預金型』とはつぎのようなものだ。知識はすでにパッケージとして存在している。その知識が実際に何を意味するかなど知る必要がない。従順に入れものを一杯にし、預金を蓄えようとする学習である。ひたすら暗記し、反復する学習モデルが預金型学習である預金型学習モデルは、なんらかの程度で試験のあるところどの社会にもみられる。日本の試験だけが特別というわけではないが、日本の試験は純粋型に近い預金型（溜め込み型）学習を必要とした。」という。さらに、外国の入試問題との比較の後に、戦前の各上級学校の入試問題を取り上げて、「歴史」の科目も「論述式といっても実際に要求されているのは、歴史的事実についての知識」であること、また「社会科や理科を暗記ものというならば英語も本質的には暗記もの科目だった」と重ねる。「しかも日本の場合には、試験以前に学習といえば理念型に近い預金型学習観が支配した。おそらくその源流は儒教文化圏における学習観にあるだろう。論語においては「学びて思わざれば則ちくらし。思いて学ばざれば則ちあやうし」と「学び」と同時に「思索」が強調されている。しかし、「子曰く、吾れ嘗て終日食らわず、終夜寝ず、以て思ふ。益無し。学ぶに如かざるなり」」を引用し、その「学ぶに如かざるなり」が近代日本の「学習観」の「源流」ではないかと竹内はいうのである。長い

学科目＼学年	第一学年	第二学年	第三学年
修身	一	一	一
国語及漢文	四	二	
第一外国語	八	六	六
第二外国語	（四）	（四）	（四）
数学	四	四	四（二）
物理		三	講義三 実験二 五
化学		三	講義三 実験二 五
植物及動物	二	二	（講義二 実験二）四
鉱物及地質	二		
心理		二	
法制及経済	二		
図画	二	二	（二）
体操	三	三	三
計	二八（三二）	二八（三二）	二八（三二）

図3　高等科理科の「各学科目ノ教授時数」（高等学校規定（抄）大正八年三月二十九日文部省令第八号）
文部科学省『学制百年史資料編』

＊17　大正八年（一九一九）三月二九日の「高等学校規定」に示された、高等学校における「国語及漢文」の学年配当時間数は図3、図4の通りである。

引用になったが、実は、ここで指摘されている「預金型学習」が、漢文科という教科そして漢文という入試科目を維持させてきたということが考えられるのではないだろうか。

中学校からの生徒の受験対象校としては、高等学校が最難関であり、そこから帝国大学に入学するのが、いわば戦前期のエリートコースであった。この高等学校では、「高等学校規定」[*17]によって、高等科においては、「第四条」に「高等科文科ノ学科目ハ修身、国語及漢文、第一外国語、第二外国語、歴史、地理、哲学概説、心理及論理、法制及経済、数学、自然科学、体操トス　外国語ハ英語、独語又ハ仏語トス　第二外国語ハ随意トス」とあり、また「第六条」に「国語及漢文ハ言語文章ヲ了解シ正確且自由ニ思想ヲ表ハスノ能力ヲ得シメ智徳ヲ啓発シ文学上ノ趣味ヲ養フヲ以テ要旨トス」とあり、さらに「国語及漢文ハ文科ニ在リテハ近世、近古及中古ノ国文ヲ授ケ進ミテ上古文ノ一般ニ及ホシ又普通ノ漢文ヲ講読セシメ国語文法及国文学史ノ大要ヲ授ケ作文ニ習熟セシムヘシ」（図3）とある。漢文は文科だけでなく、「理科ニ在リテハ近世及近古ノ国文竝普通ノ漢文ヲ授ケ作文ニ習熟セシムヘシ」（図4）とある。いずれにしても、中学校相当の尋常科での漢文学習は当然のこと（図5）、高等科でも漢文学習は必修であったのだ。そのために、入試での漢文科目は

学科目＼学年	第一学年	第二学年	第三学年	第四学年
修身	一	一	一	一
国語及漢文	八	八	六	六
外国語	六	七	七	七
歴史地理	三	三	三	三
数学	四	四	五	四
博物	二	二	二	二

図５　尋常科（中学校相当）の「各学科目ノ教授時数」（大正八年三月二十九日文部省令第八号）

学科目＼学年	修身	国語及漢文	第一外国語	第二外国語	歴史	地理	哲学概説	心理及論理	法制及経済	数学	自然科学	体操	計
第一学年	一	六	九	（四）	三	二				三	二	三	二九（三三）
第二学年	一	五	八	（四）	五			二	二		三	三	二九（三三）
第三学年	一	五	八	（四）	四		三	二	二			三	二八（三二）

図４　高等科文科の「各学科目ノ教授時数」（高等学校規定（抄）大正八年三月二十九日文部省令第八号）文部科学省「学制百年史資料編」

必ず課せられることになったのだろう。

明治二七年（一八九四）六月二五日の「高等学校令」により、明治四一年（一九〇八）までに、第一高等学校から第八高等学校までが設置開校された。その後の大正七年（一九一八）の「第二次高等学校令」によって、大正八年から大正一五年（一九二六）の間に、さらに二四校が設置開校された。その後、戦後の特設高校も含めてさらに九校が設置開校される。上級学校への進学者数が増えたことに加えて、漢文の勉強もまたこの竹内洋が指摘する「預金型」だったために、受験漢文は消えなかったのであろう。その理由は後の節で述べることにする。

第五節　現代文・教育漢文・漢学

明治後期から大正期にかけて、現代文教育が話題となる。近代の日本語表現が確立されて、国語科での現代文教育が話題になったである。もちろん実用的な表現としてだけでなく、現代の思想文化を表現する言葉としての日本語が成立したということである。野地潤家が「明治末期を軽く見ることは許されないが、『現代文』教授が本格的に扱われるようになったのは、大正後期であったとしてよいであろう」と指摘していた。[*18] このことが、漢文教育にどのような影響を与えたのかというと、近世までの思想言語としての漢語や漢学での価値観の共有が、現代日本語でも可能になったということである。そのために、漢学という知の領域が持って

＊18　野地潤家の「大正期における中等国語教育」は、『野地潤家著作選集第五巻』（明治図書、一九九八年三月）に所収されたもの。初出は、「大正期における「現代文」教授　一九七三年九月二〇日稿　広島大学教育学部「研究紀要」（一六）に収載、と同書「あとがき」に記されている。ここでの引用は『著作選集第五巻』一三四頁による。

いた総合性が、思想・哲学・文学・美術・芸術と近代的な知の枠組みのなかでの再構築がさらに展開されていく。上級学校での漢学という知の領域の分散と再構築によって、中学校の国語漢文科にだけ残滓のように教育漢文が残されたのである。それは漢文を日本語で読む技術であるために、国語教育と当然重なる。そのため、教育漢文は、戦前の中学校、そして戦後の高校で教授される古典の科目として長く大きな比重を占めてきた。私立大学の入試では出題が減った[*19]ものの、大学センター試験に至るまで、漢文はずっと入試に出題されつづけたのである。

国語科のなかで、現代文という領域は、確かに古文という領域区分の成立と共に生まれたのだろう。それは、いわゆる学校教育の外で、言文一致によって口語文が成立したことが、文語文という区分を生むことになったこととパラレルである。では、漢文を、そうした現代文と古文という対比区分でいうならば、古文と重なることで、古典としての教科領域に参加したことになる。しかし、漢文が近年まで入試科目として残ったのは、古典として重要視されたからかというと、それだけでもない。このことを先の竹内洋が指摘する戦前期の受験生の受験文化から再び考えてみることにしたい。

現代文の問題が客観的な解答が得られにくいことが、逆にいわゆる学校古文や学校漢文の客観的な解答、いわば知識によって解答できる部分が必要になった。そうでなければ、立身出世に向けての苦学あるいは竹内洋が指摘する「預金型学習」に報いる試験でなくなるから

＊19　新制大学で、国語科教員免許取得可能な課程を持つ場合は、カリキュラムに漢文関係の単位が必要となる。その科目の担当教員が、入試の出題者となり、漢文が入試科目の一つとして配置されることになる。

である。受験漢文は、戦前期より得点するのに簡単であると宣伝され続けていた。[*20] 文字通り受け取る訳にはいかないものの、現代文が、いわば合理性を持って客観的に点数を付けることができる試験となるまでは[*21]、そしてそうなった後も、漢文は「預金型学習」の試験として存在し続けたのである。もちろん、漢文が国語科で古典として教えられ続けていたからでもある。現在でも、漢文学科系の新制大学中国文学科で国語教員の免許が取得できるのは戦前期からの名残である。いずれにせよ、古典との領域区分を生んだ現代文領域の成立という事情、それによって古典としての教育漢文領域の成立という事情、そして努力の反映を求める受験生の受験文化の成立という、鼎立する力学がここでも働いていた。これが、昭和戦前期・戦後期と長く教育漢文が続くことになった理由だと思う。

最後に戦時下に強調された漢学の衰退という言説について、少し説明を加えたい。漢学領域は、教育漢文が、先に示した昭和六年（一九三一）年二月七日の「中学校教授要目改正」での漢文教材を「邦人ノ著作ニ為ルモノヲ主トシ」という「改正」によって教育漢文にその内容が加わったのではあるが、多くが指摘しているように、昭和一五年に明確化する大東亜共栄圏構想を背景として、圏内の文化として中国古典漢文を否定することにはならなかった。繰り返しになるが、中国からの総合的な知の領域は、近代日本の西洋的な学術移入によって、哲学、歴史学、文学それぞれの領域として再編され、日本の高等教育にも転移継承されてい

＊20　たとえば「国語や外国語の場合よりも甚しく範囲が狭い」（『螢雪時代』昭和一八年三月号〈一九四三〉）などと戦前戦後の昭和期だけでなく、現在に至るまで漢文が覚えるべき事項が他と比べて少ないことが宣伝文句のように繰り返されてきた。

＊21　江藤茂博『国語科と「現代文」入試の文化学』（平成一〇年〈一九九八〉三月「十文字国文」第四号）でこのことは詳しく論じた。

く。ただ、日本の天皇制ナショナリズムを支える漢語表現とそれに結びつく思想は、それがあまりにも情緒的な領域であったために、漢文科や受験漢文からも、そして漢学から再構築された近代知の領域からも距離が生じていたのだろう。そのために、天皇制ナショナリストたちが自らの忠臣証明として、漢学漢文や東洋文化の衰退を嘆き、それらの高揚の必要を繰り返していたに過ぎない。

具体的な事例から説明するならば、大正期のいわゆる「漢学振興運動」は、教科としての漢文科の制度的な変化とは別の動きだったのではないかと、私は考えている。大正一〇年（一九二一）三月一八日の、第四四回帝国議会衆議院本会議で提出された「漢学振興ニ関スル建議案[*22]」は、「漢学ハ古来我ガ邦ノ文化ニ貢献シ国民思想ノ涵養ニ資益セシ所大ナルモノアリ而シテ今後亦之ニ待ツ所少シトセス之カ振興ノ途ヲ講スルハ刻下ノ急務ナリトス依テ政府ハ之ニ関シ適当ノ方法ヲ施サレムコトヲ望ム」と、もちろん「漢学」という話題であり、学術の近代化のなかで「漢学」の総合性が細分化された結果、従来のあり様を取り戻そうとするものであったのは確かである。ただ、第三次建議案[*23]まで提出されたこの建議は、やはり天皇制ナショナリズムを支える思想表現の拡大獲得にあったのだろうと、その文面からは考えられるのだ。漢学の細分化を衰退と主張し、「儒教ノ振興」と「東洋文化ヲ中心トスル大東文化」という協会が設立される。その「大東文化協会」の目的として記された「我皇道に遵ひ及び国体に醇化せる儒教に拠りて国民道義の扶植を図る[*24]」は、あわせて天皇制ナショナ

＊22　「漢学振興ニ関スル建議案」。

＊23　「第二回協議会議事録」（大正一一年〈一九二二〉七月五日）は「東洋文化振興ニ関スル」議事録とされて出版された。

＊24　『大東文化大学五十年史』一九七三年九月より引用。

リズムの主導権を握ろうとする政治家たちの宣言でもあった。それは、アジア主義と反欧米主義を背景にした、イデオロギーの問題でしかなかったので、古典としての教育漢文あるいは試験科目としての漢文の広がりはここからは見えてこない。先の帝国議会衆議院本会議で審議された結果、大正一二年（一九二三）年九月二〇日に、協会を母体として旧制専門学校としての大東文化学院[*25]が認可されたことで「漢学振興」は果たされた。大東文化協会は、中学校国語漢文科用の教科書として、「皇国漢文読本」を昭和二一年（一九二七）に発行する。「漢学振興」が観念的であったために、高等教育における漢学研究の領域ではなく、中等教育の漢文科の領域に多くは結びつくことになった。天皇制ナショナリズムを帯びてしまったために、本来対象化すべき「漢学文化」の研究が戦後に忌避されてしまったのである。

＊25　現在の大東文化大学の前身。

【参考文献】
戦前期の進学雑誌各種
寺崎昌男・「文検」研究会編『「文検」の研究』（学文社、一九九七年）
寺崎昌男・「文検」研究会編『「文検」試験問題の研究』（学文社、二〇〇三年）
船寄敏雄・無試験検定研究会編『近代日本中等教員養成に果たした私学の役割に関する歴史的研究』（学文社、二〇〇五年）
天野郁夫『教育と選抜の社会史』（ちくま学芸文庫版、二〇〇六年）
菅原亮芳編『受験・進学・学校　近代日本教育雑誌にみる情報の世界』（学文社、二〇〇八年）
斎藤利彦『試験と競争の学校史』（講談社学術文庫版、二〇一一年）
八木雄一郎『中学校教授要目改正（一九三一（昭和六）年）における教科内容決定の背景　―「現代文」の定着

に伴う「古文」概念の形成』（『国語科教育』第六五集 J-STAGE 公開版、全国大学国語教育学会、二〇〇九年三月三一日）二〇一七年七月一〇日公開。

『最近東京遊学案内大正五年改正』（東華堂書店、一九一六年）

『新選遊学案内　中学書院版』（中学教育社、一八九八年）

【執筆者一覧】（掲載順）

加藤国安　別掲。

土田健次郎（つちだ・けんじろう）
早稲田大学大学院文学研究科博士課程単位取得退学、博士（文学）。現在、早稲田大学文学学術院教授、日本儒教学会会長。
主な著作に、『道学の形成』（創文社、二〇〇二年）、『儒教入門』（東京大学出版会、二〇一一年）、『江戸の朱子学』（筑摩書房、二〇一四年）、『朱熹の思想体系』（汲古書院、二〇一九年）、『朱熹『論語集注』』（訳注）一―四（平凡社、二〇一三―二〇一五年）などがある。

有馬卓也（ありま・たくや）
九州大学大学院文学研究科博士後期課程満期退学。博士（文学）（九州大学）。現在、広島大学学術院教授。
主な著作に『アジアへのまなざし 岡本韋庵』（共著、阿波学会・岡本韋庵調査研究委員会、二〇〇四年）、『近世阿波漢学史の研究 古学者高橋赤水』（中国書店、二〇〇七年）などがある。

齋藤正和（さいとう・まさかず）
神戸大学経済学部卒、民間企業に勤務、定年退職後大学院に進学。名古屋大学大学院文学研究科（中国文学）博士後期課程満期退学、博士（文学）。現在、齋藤拙堂顕彰会顧問。
主な著作に、『齋藤拙堂傳』（三重県良書出版会、一九九三年）、『全釈拙堂文話』（明徳出版 社、二〇一五年）がある。

西岡智史（にしおか・さとし）
広島大学大学院教育学研究科博士後期課程修了。広島大学教育学博士。現在、奈良県立畝傍高等学校常勤講師。
主な著作に、『明治期漢文教育形成過程の研究』（博士論文、二〇一五年）がある。

町泉寿郎（まち・せんじゅろう）

二松学舎大学大学院文学研究科博士後期課程国文学専攻修了。博士（文学）。現在、二松学舎大学文学部教授。ＳＲＦ研究代表者。

主な著作に『日本漢文学の射程―その方法、達成と可能性』（編著、汲古書院、二〇一九年）、『渋沢栄一は漢学とどう関わったか』（編著、ミネルヴァ書房、二〇一七年）、『曲直瀬道三と近世日本医療社会』（編著、武田科学振興財団杏雨書屋、二〇一五年）、『近代日中関係史人名辞典』（編著、東京堂出版、二〇一〇年）などがある。

宮本雅也（みやもと・まさや）

一橋大学大学院言語社会研究科博士前期課程修了　修士（学術）、二松学舎大学大学院文学研究科博士前期課程修了　修士（文学）。現在、学校法人河合塾　漢文科講師、二松学舎大学大学院文学研究科博士後期課程在学。

主な著作に、『新華ニュースを楽しむ中国語会話』（共編、アスク出版、二〇〇九年）などがある。

大島絵莉香（おおしま・えりか）

名古屋大学大学院文学研究科博士課程後期課程満期退学、名古屋大学大学院文学修士。現在、名古屋大学大学院人文学研究科博士候補研究員・名古屋大学施設管理部事務補佐員。

主な著作に「瑞渓周鳳『善隣国宝記』及び万里集九『帳中香』所引〈宋元通鑑〉考」（『汲古』第七二号、二〇一七年）がある。

陳文佳（ちん・ぶんか）

名古屋大学博士後期修了、博士（文学）。現在、華東師範大学外国語学院専任講師。

主な著作に『森春濤的香奩詩受容与漢詩創作』（華東師範大学出版社、二〇一九年）、『工藝之道』（訳書、北京聯合出版公司、二〇一九年）、「森春濤の王士禎受容について」（『和漢比較文学』53号、和漢比較文学会、二〇一四年）などがある。

田山泰三（たやま・たいぞう）
二松学舎大学文学部国文学科卒業。現在、香川県明善学園英明高等学校国語科教諭・資料室長。
主な著作に『香川を詠んだ歌人たち』（香川明星倶楽部、二〇〇九年）、『新しい後藤芝山像』（編）（後藤芝山先生顕彰会、二〇一一年）、『高松藩校講道館』（編）（同、二〇一七年）、校訂書『倉田貞美著作集』（明徳出版社、二〇一九年）などがある。

平崎真右（ひらさき・しんすけ）
二松学舎大学大学院博士後期課程単位取得満期退学。現在、二松学舎大学SRF研究助手、日本漢学研究センター助手。
主な著作に、「モダン、ロマン、カレーライス―「共栄堂のスマトラカレー」と「中村屋のカリー・ライス」―」（『ショッピングモールと地域』――食をめぐる文化・地域・情報・流通』ナカニシヤ出版、二〇一八年所収）、「戦時下の郵便メディア―中島一太関連「軍事郵便」を中心に―」（『中島醫家資料研究』第一巻第一号、二〇一八年五月）、「国士舘とその時代―私塾、大正、活学の系譜―」（『国士舘史研究年報 楓原』第九号、二〇一八年三月）などがある。

木村淳（きむら・じゅん）
二松学舎大学博士後期課程単位取得退学。現在、大妻女子大学非常勤講師。
主な著作に、『『明治漢文教科書集成』補集Ⅰ解説』（不二出版、二〇一七年）、『『明治漢文教科書集成』補集Ⅱ解説・総索引』（不二出版、二〇一八年）などがある。

菊地隆雄（きくち・たかお）
大東文化大学大学院文学研究科中国学専攻修士課程修了。元、鶴見大学客員教授。
主な著作に、『新書漢文大系『日本漢詩』』（編著、明治書院、二〇〇二年）、『もうひとつの生き方』（唐代伝奇小説、単著、明治書院、一九九八年）、『漢文必携』（共著、桐原書店、一九九九年）などがある。

江藤茂博　別掲。

あとがき

この第五巻「漢学と教育」は、藩校漢学での学びの領域が、近代的な学校での教育漢文と、近代的ないわゆる人文科学とに分かれながら、やがて再編されていく過程を、特に教育と結びつくテーマを各執筆者が設定して論じられた文章で編集した、『講座　近代日本と漢学』全八巻の一冊である。

この巻の全体としては、漢学者や漢学を背景とした人物、学校制度と漢文教育、漢文科と教科書などの大きなテーマを配置しながら、それらの隙間を高等教育や受験文化などで埋めることにも意識を向けた。もちろん、私がここで言う漢学と漢文は別物である。大づかみで言うと、戦前期の漢学は西洋近代の知の領域に再構築されたためにやせ細った挙句、天皇制ファシズムに利用された。同じく戦前期の漢文は、中等教育学校で広く人々に学ばれる漢文科として、国民的な教養ともなった。たとえ一九四六年に国語科と漢文科は制度的に統合されても、教科書や試験科目としての漢文は学びの対象として続き、いわゆる教育漢文は二一世紀まで受け継がれてきたのだ。ではそこに、一九世紀の藩校漢学に連なるものはないのだろうか。そうした問題を意識したことも、この巻を「漢学と教育」とした理由であった。ただ、ここでは現代の国語科や道徳科の領域までは線を延ばしてはいない。

構成としては、幕末維新期から維新期に向かう儒学及び儒教文化の再構築を、人物研究の論考をこの巻の導入とすることで、明治初期における慌ただしい制度変革を、ただ年譜的追うだけの記述に陥ることを回避できたと思う。教育制度の安定を見る時期は、国語、なかでも現代文の成立期でもあり、それらと対応した漢文科が作られていく。もちろん、漢文科の成立とその戦前期での推移、高等教育での教育研究と教員養成の関係、「文検」の漢文科の動向、さらには受験制度や戦時下の時代状況も含めて、本巻ではさまざまな角度からの考察を加えている。

さて、ここに収録した各論考の内容をあえて私が繰り返すまでのことはない。ただただ、この企画に参加していただいた各執筆者のお力添えに感謝し、編者としての大任を終えたいと思う。また、同じ編者として加藤国安先生にも大変なご苦労をかけたことも、ここに感謝の意を記す。第五巻がこのように充実できたのも、やはり加藤先生のお力によるところが大きい。最後に、担当していただいた株式会社戎光祥出版編集部の宮川さんのご尽力についても、あらためて感謝の言葉を述べたい。

二〇二〇年一月

第五巻　責任編集　江藤茂博

【編者略歴】

江藤茂博（えとう・しげひろ）

立教大学大学院文学研究科博士後期課程満期退学。文学博士（二松学舎大学）。現在、二松学舎大学文学部教授・学長。

主な著作に、『「時をかける少女」たち』（彩流社、2001 年）、『文学部のリアル、東アジアの人文学』（編著、新典社、2019 年）、『フードビジネスと地域』（編著、ナカニシヤ出版、2018 年）、また『横溝正史研究』創刊号～6（共編著、戎光祥出版 2009～2017 年）などがある。

加藤国安（かとう・くにやす）

東北大学大学院文学研究科博士課程（中国学専攻）満期退学。文学博士（京都大学）。現在、二松学舎大学東アジア学術総合研究所特命教授。

主な著作に『明治漢文教科書集成』第Ⅰ～Ⅲ期（編者、不二出版、2013～2015 年）、『子規蔵書と『漢詩稿』研究―近代俳句成立の過程』（研文出版、2014 年）、『越境する庾信―その軌跡と詩的表象』（研文出版、2004 年）などがある。

装丁：堀 立明

講座《こうざ》 近代《きんだい》日本《にほん》と漢学《かんがく》 第《だい》5巻《かん》
漢学《かんがく》と教育《きょういく》

二〇二〇年三月一〇日 初版初刷発行

編 者 江藤茂博
加藤国安

発行者 伊藤光祥

発行所 戎光祥出版株式会社
東京都千代田区麹町一―七
相互半蔵門ビル八階
電 話 〇三―五二七五―三三六一（代）
FAX 〇三―五二七五―三三六五

編集協力 株式会社イズシエ・コーポレーション

印刷・製本 モリモト印刷株式会社

https://www.ebisukosyo.co.jp
info@ebisukosyo.co.jp

ISBN978-4-86403-345-9